国家出版基金项目
NATIONAL PUBLICATION FOUNDATION

中华吉祥文化丛书

服饰卷

刘德龙 主编

董佳兰 张廷兴 著

泰山出版社 ·济南·

图书在版编目（CIP）数据

中华吉祥文化丛书 . 服饰卷 / 刘德龙主编 ; 董佳兰 , 张廷兴著 . -- 济南 : 泰山出版社 , 2020. 3
ISBN 978-7-5519-0545-9

Ⅰ . ①中… Ⅱ . ①刘… ②董… ③张… Ⅲ . ①中华文化 — 通俗读物 ②服饰文化 — 中国 — 通俗读物 Ⅳ . ① K203-49 ② TS941.12-49

中国版本图书馆 CIP 数据核字 (2020) 第 013369 号

ZHONGHUA JIXIANG WENHUA CONGSHU　FUSHI JUAN

中华吉祥文化丛书　服饰卷

策　　划　葛玉莹
主　　编　刘德龙
著　　者　董佳兰　张廷兴
责任编辑　池　骋
装帧设计　路渊源

出版发行　泰山出版社
社　　址　济南市泺源大街2号　邮编　250014
电　　话　综　合　部（0531）82023579　82022566
市场营销部（0531）82025510　82020455
网　　址　www.tscbs.com
电子信箱　tscbs@sohu.com
印　　刷　东港股份有限公司
开　　本　170 毫米 × 240 毫米　16开
印　　张　15.5
字　　数　270 千字
版　　次　2020 年 3 月第 1 版
印　　次　2020 年 3 月第 1 次印刷
标准书号　ISBN 978-7-5519-0545-9
定　　价　50.00 元

总　序

吉祥，《说文解字》释曰："吉，善也。从士，从口"；"祥，福也。从示，羊声"。此外，吉祥又为梵语，音译作"室利""师利""尸利"，又称为"吉羊"，如吉祥果、吉祥草、吉祥物等，多用于释家。后来，它与中华民族向善向好的美好生活追求相融合，形成了别具特色的中华民族吉祥文化。

吉祥文化在我国影响很大，它深深融入民众生活，不但形成了多姿多彩的吉祥民俗事象，深刻影响着民众的生活、思维、心理、精神，还形成了大量的吉祥语言，丰富了我国各民族的传统文化。

一、吉祥文化的产生

在我国各民族丰富多彩的生产生活实践活动中，在我国历代文化典籍中，都留下了大量的吉祥语言和吉祥事象，成为我国众多民族文化遗产中别具民族特色的一朵奇葩。

吉祥文化是在民众丰富多彩的生产生活中产生、传播和使用的，表达了民众对美好幸福的追求和探索，也体现了民众趋利避害的心理。例如，在农业习俗中，农家以立春作为一年农作的开始，在立春这天，过去有鞭春牛的习俗，现在的习俗则是集体"出行"，放鞭炮，并象征性地刨一刨土，说一套吉利话："一刨金、二刨银、三刨刨了个聚宝盆。"在商业习俗中，开业时往往张贴"金日开业""开门大吉"等吉利语。

我国春秋时期已经有"万寿无疆""天子万寿""南山之寿"等吉祥语的记载。那时的典籍《易经》更被认为是中华吉祥文化集大成者，也是中华吉祥文化的重要源头。它通过测算、预测，再配合某些方法避害趋利。例如关于数字,《易经》中就将其分为吉祥运暗示数、次吉祥运暗示数、凶数运暗示数、首领运暗示数、财富运暗示数、艺能运暗示数、女德运暗示数、女性孤寡运暗示数、孤独运暗示数、刚情运暗示数、温和运暗示数等多种。《易经》认为,“一”最大最吉祥,是“太极”;“三”最佳,象征天地人融洽相处;“八”象征八卦;“五”“九”为九五之尊。“见龙在田”就是吉象,象征有可能遇见贵人,得到重用,走出徒有其志的困境。吉、利、永、贞、元、亨等字,也成为我国吉祥文化中最有典型吉祥意义的表述。

吉祥文化体现的心理和意识,来源于原始信仰。吉祥文化产生于古人对生活的不安全感。先民对大自然带来的一切灾难,对自身疾病、瘟疫和死亡充满迷惑和畏惧,为了寻找精神庇佑,就产生了万物有灵的观念,并且创造了图腾,用以凝聚力量,表达人们避邪求吉的心理,这就是原始信仰。原始信仰后来演化为复杂的民间信仰,形成对观音、财神、土地城隍及家神、自然神等这些臆想的神,以及神话中的人物,或者所谓的精灵等的信仰。古人把这些信仰的对象当成自己贿赂的对象,通过向它们烧香、磕头、许愿,让它们给自己带来利益,完全把崇拜对象看成是自己的保护神。民间信仰与禁忌十分庞杂,包括自然崇拜、动植物崇拜、神灵崇拜、巫术等,也包括民间原始宗教、道教、佛教,以及民间俗信等内容。

人们还赋予动植物以吉祥的象征。如以麒麟为仁兽,认为龙是中华民族的象征,凤为百鸟之王,龟象征尊贵、安闲、长寿。仙鹤、喜鹊、鸳鸯、鸽子、麋鹿、雄狮、猛虎、牛、马、大象、鲤鱼、蝴蝶、蜘蛛等,都被赋予吉祥美好的含义。而花草树木有花有果实,也能够表示吉祥意义,如梅、竹、松、南瓜、长春花、杞菊、槐、红豆、石榴、橘、佛手、芙蓉等。在生肖中,十二生肖都可以构成大量的吉祥用语,表达丰富美好的情感。又如,在端午节,人们把插艾和菖蒲作为节俗的重要内容之一。家家都洒扫庭除,以菖蒲、艾条插于门楣,悬于堂中。还用菖蒲、艾叶、榴花、蒜头、龙船花,制成人形或虎形,称为“艾人”“艾虎”；制成花环、佩饰，妇人争相佩戴，用以驱瘴。

早在几千年前的《诗经》等文学作品中就已经有了许多美好的词语，丰富了我国吉祥文化的审美宝库。它们通过名言警句、优美的篇章、美好的故事，成为吉祥文化重要的载体和重要的创新平台、传播渠道。

明清时期，我国吉祥文化发展到了高峰，突出表现在剪纸、年画、对联、建筑、陶瓷、玉器、菜名以及刺绣、印花、请安祝颂等事象中和社会交际生活的方方面面。

二、吉祥文化的展现

经过几千年中国传统文化的传承与发展，吉祥文化已经非常繁盛。吉祥文化广泛深刻地融入了大众生活，在节庆活动、衣食住行日常生活中，在语言交际、非语言交际过程中，在生产劳动、商贸往来中，在婚丧嫁娶、庆典仪式中，在宗教信仰、精神世界中，都蕴含着大量的吉祥文化因素。徐华龙先生在其《中国吉祥文化》一文中，将吉祥文化分为物体吉祥、行为吉祥、语言吉祥、文字吉祥和数字吉祥等五类。宁业高先生则在其《中国吉祥文化漫谈》一书中将吉祥文化分为语言文字吉祥、祝词贺语吉祥、人名称号吉祥、地舆政域吉祥、天文生物吉祥、时令人事吉祥、衣食住行吉祥等七类。

大量的吉祥语言、吉祥词语，构成了吉祥文化的主要内容。它包括文明礼貌语言、吉利话、誓语、寿福禄语、诫勉语、祈语、问候语、祝贺语、颂词、口彩语、谐音语、委婉语等，是中华民族吉祥文化的主要载体。例如，道光十七年（1837 年）《临清县志》载，旧时下催妆时男家向女家赠一雄鸡，迎亲时，女家将雄鸡配以雌鸡一同送还，俗称“长命鸡”。在给新人铺床时，要撒栗子、枣、花生于床的四周，并且配上一些口彩乞巧话，如“今年吃了栗子枣，明年生个大胖小儿”；娘家在女儿妆盒内也放些麸子、盐，寓贤惠、有福，也寓“福缘”；在送亲途中,队伍前有撒“大吉”帖的,“大吉”帖用四方红纸书一“吉”字，寓吉日良辰。

祭祀是民众生活中的重大活动。在祭品上,讲究三碗菜、三碗水饺,每碗三个水饺，顺“神三鬼四”之说以表示所敬者为“神”；把用榆树枝扎成的挂满纸钱的树状物叫“摇钱树”;烧祭用的纸叫“黄表”“元宝”“金锞子”；香折了忌说“断”，而说“存”。并且在祭奠时每每都有一套讨口彩的顺口溜，如祭灶时，就说“灶君上天，有啥说啥，多加美言,少说闲话”,或说“上天去,您多言好事；下界来,您广降吉祥”。

交际场合，也有很多吉祥事象。例如，宴席必上鱼。以“鱼”谐“余”，表示虽然宴席要结束了，但幸福、快乐没有完结，仍然有余。新人结婚时,亲戚、邻居多赠送红枣、栗子等吉祥之果。在这里用“枣”谐音“早”，用“栗子”谐音“立子”，借此祝福新郎、新娘早生贵子。新娘下轿后，扬烟、栗子、枣、花生于其全身及院落，寓早生子、多子多孙、烟火绵绵；新娘入洞房前要在一个红杌子上坐坐，叫“坐坐性”,寓让其驯服；新娘迈过门槛时,脚要踏糕和筷子,谐音“高”“快”,讨“步步高、快发财、快生子”的口彩。有的新娘进房后,登床走一圈,象征着踩倒婆婆全家，不受夫权管束；新娘坐定床沿，就要吃“宽心面”，也叫“长汤”，谓不想娘家，面条顺滑，寓顺利；然后吃糕，并且故意煮不熟，主持人问新娘“生不生”，新娘一定要回答“生”；新婚之夜要灯烛长明，叫燃“长命灯”，寓意夫妻白头到老。

几乎所有的民间节庆，均有吉祥事象。如山东大部分地区春节必做年糕、枣山、豆腐。鲁中地区还做“团圆饼”，祈求年年高、全家福。鲁东南地区做“合菜”，用粉丝、胡萝卜丝等凉拌而成，红绿相间鲜美可口，象征和睦。元宵节多以灯卜丰歉，灯节时间为正月十四至十六,十四主麦，十五主谷，十六主豆，“正月十五雪打灯，当年有个好收成”。

“中国古典民居是中国古人生活与社会活动及精神世界的展现，是人居和环境和谐统一思想的体现，也是中国古代吉祥文化和各种吉祥物的体现。”[①]民居通过脊兽、影壁、门枕、墙、门等装饰，巧妙展示了吉祥文化。

房院建设过程中，也有很多吉利话。在选用建房木材时，往往以木材种类名称的谐音讨口彩，如用杏木做门，以求幸福；榆木做梁，以求余粮；松木做叉手，以求长寿。鲁西南地区喜欢用楝木做床，谐音“连子”。在安门窗时，要贴“昨日太公从此过，说是今日好安门”“安门大吉”“安窗大吉”“太公在此”的条幅或横幅。在上梁时要贴“上梁大吉”，以求吉利。梁上拴一红绸，吊一串铜钱，谐“十全”；门两边底石、影壁上刻、画蝙蝠、鹿，或书写“福”“禄”；院内多栽牡丹花、石榴树、槐树，把牡丹花称为“富贵花”，以为“榴开百子”“留子孙”。胶县（今山东省胶州市）有谚“门前一棵槐，不是进宝，就是招财”；滕县（今山东省滕州市）还有吃槐籽的祈子习俗，以求“怀子”。

此外，还有禳解时所用的一套吉利语，有的叫“巧话”，如吃了脏东西，便说“不干不净，吃了没病”；砸碎了器物，便说“旧的不去，新的不来”；钱物受了损失，便说“拿钱买寿，去钱消灾”。有的叫“顺口溜儿”，如杀鸡时，就说“鸡呀鸡，你别怪，你是我的一碗菜；有心不杀你，又怕那客来怪；罢呀罢，还是杀了罢”。有的很长，叫“佛儿”，如老太太抽烟时所唱：“我这个老嬷嬷儿八十八，耳不聋来眼不花，伸手摸起火镰匣儿，吃袋香烟解解乏。大儿做高官，二儿是探花；一对姑娘是灵芝草，一对媳妇是牡丹花。前院里一棵梧桐树，后院里一棵芙蓉花。梧桐树上落凤凰，一辈子一个状元郎，富贵荣华咱是头一家，我念弥陀佛。”

民众还喜欢吉利的数字，如衣扣的数量以单数为吉利，与扣眼合成双；送嫁妆、送粥米的人数喜双，取“成双成对”之意；以三、六、

---

① 陈燕：《浅析中国古典民居中的吉祥文化对旅游的影响》，《乐山师范学院学报》，2011年第26卷第5期，第78页。

九为吉祥数字，特别崇拜“六”，取“六六大顺”之意；又崇拜“八”，对“五一八”“八八八”等数字趋之若鹜；因为“七上八下”的成语，又崇拜“七”，寓意蒸蒸日上。

三、吉祥文化的表达

吉祥文化来自劳动，是在民众的生产劳动、社会生活、与自然和他人交往的过程中被发明创造、不断丰富、传承使用的。

首先，吉祥文化多用象征表意，即借助于一些常见的事物，表示吉祥的含义。例如春节时贴的对联，两句吉语，一方红纸，表示辞旧迎新，祈福增寿，内容多以耕读世家、万象更新、新春欢乐、福寿康宁、春山绿水、五谷丰登、繁荣昌盛为主。还要在床头贴“身体健康”，灯火处贴“小心烛火”，主屋正墙贴“招财进宝”，橱柜上贴“黄金万两”“鱼肉满橱”“衣服满柜”，院墙上贴“吉星高照”，牲畜栏门上贴“六畜兴旺”，车上贴“日行千里”或“牛行虎步，车动雷声”，门口对面墙、树上贴“出门见喜”，其他小件家具上，一律贴“酉”，谐“有”音，寓富有。除夕夜守岁，济宁曲阜一带要在中庭竖一竹竿，上悬灯笼，谓之“天灯”；济南平阴等地，使灯终夜常明，叫“长明灯”；而德州一带则将一捆谷草竖在天井之中点燃，用东西南北中五个方向代表五谷，谷草侧向何方，代表何处谷物来年丰收，叫“照天庭”“照田蚕”；济南长清则在大门外、村外烧蒿草“照天庭”；潍坊昌乐以“掌庭灯”代之；聊城东阿一带则布灯，陈设灯笼或拉出电灯来“照请”，旧时还烧“避瘟月”。这些活动，都具有一定象征意义。全家除夕吃的过年饭，也具有强烈的象征意义：一般主食是用大米和小米一块蒸的“干饭”或者水饺。菜肴讲究必须有鸡，寓“年年大吉”，有鱼，寓“连年有余”，全家人围坐在一桌，喝团圆酒。新年的第一顿水饺也很有讲究，鲁中一带常常包入花生、枣、栗子、钱币、糖块、麸皮等，祈求早得子、多子多福、人丁兴旺、生活甜蜜、发大财。煮水饺破时，不说“碎”“烂”“破”，而说“挣了”“挣了不少”，有时还故意弄碎几个，以讨口彩。

其次，谐音成趣。甲乙两个词语，甲词语的语音形式与乙词语的语音形式相同或相近，而乙词语又具有吉祥、文雅的意义内容，人们便以两词语语音相同为条件故意造成谐音双关,使两词的意义相沟通，以此喻彼,以求吉利。在此基础上形成某种风俗习惯,有的叫“意头”，有的叫“口彩”。民间春节贴福字，“福”以倒贴为好，讨“福到了”的口彩。为了强调谐音含义，民间还附会了许多故事。例如，贴福字据说是为了躲避姜子牙的老婆“穷神”，倒贴“福”字据说是马皇后为了避免朱元璋乱杀人。传说朱元璋让家家门上都贴“福”字，其中有户人家不识字，竟把“福”字贴倒了。第二天，皇帝上街查看，发现这家把“福”字贴倒了，大怒，命令御林军将这家人抓起来，满门抄斩。马皇后忙对朱元璋说：“这家人知道您今日来访，故意把福字贴倒的，这不是‘福到’的意思吗？”皇帝一听有道理，便下令放人。从此人们便将福字倒贴，一求吉利，二为纪念马皇后。在生育习俗方面，曲阜旧时习俗，女子婚后三年不生者，元宵夜到街上偷灯吃，一般偷刘姓（“刘”谐音“留”,寓意留住孩子）和戴姓（“戴”谐音“带”，寓意怀上孩子）的，民谣曰：“偷刘家的灯，当年吃了当年生；有了女孩叫灯哥，有了男孩叫灯成。”牟平、乳山、文登等地“剩”谐音“圣”，当地群众过春节蒸大饽饽临结束时，总要用剩下的几块小面团（有时干脆就是提前预备下的）捏几条头似龙或蛇、身上有刺的所谓“剩虫”。民间认为，有一种能使衣食剩余的神虫，老百姓用节日剩下的面团蒸“剩虫”，将它放在粮仓、囤子及衣橱里，祈求它会带来五谷丰登、衣食有余的好生活。此以“剩”寓“圣”,跟以“鱼”寓“余”有异曲同工之妙。“剩（圣）虫”是一个较常用的方言词。民间比喻某种东西长时间吃不完、用不完或者取不完，便会说“出来剩虫”了。这一带准备过门或过门不久的新媳妇，最希望穿上婆婆给她做的新棉裤，认为穿上婆家的棉裤，以后的新生活将会粮米成仓成库，吃穿不愁，家业兴旺。而婆婆常乐于满足儿媳这一不高的要求。其实，棉裤事小，讨个吉利事大。以“裤”谐“库”，取其寄托之义。

同样的，甲乙两词语音相同，而乙词语的内容与死亡、灾难等不吉利的意思有关，民间便采取某种方式加以避讳。避讳也是为了吉祥。古时候的渔民在渔业生产中缺乏安全保障，遇风浪造成翻船、死人的事情常有发生。久而久之，渔民们便形成一些求平安、保康宁、图吉利的迷信习俗。为了避开“翻船”的“翻”，甚至也避开与“翻”字相同的音，就称翻身为“划身儿”“划个儿”，称“帆”为“篷”，称“帆船”为“篷船”。为避开“完了”“了了”的说法，打完一船鱼叫“满了”，把酒喝完叫“把酒满出来”，如此等等。每到过年之时，胶东一带就要蒸一种很大的馒头，叫作“大饽饽”。蒸的时候，由于火势很猛，常常使大饽饽裂开口子，当地人叫“笑了”，从不说“裂口子”。笑是人的动作，当地人赋予饽饽“笑”的动作，更增加了喜庆色彩。

再次，还用冠以喜庆吉祥的字、词去称代、比喻事物。如用“喜”冠以生育词语，求子叫“拴喜”，怀孕叫“有喜”“害喜”，生孩子叫“添喜”，并到娘家“报喜”，备“喜蛋”。小孩出生后直到成年之前，又以红色庇佑其无病无灾，健康生长，如戴红肚巾、扎红腰带、钉红衣领子；每年端午节，用红布缝小鸡在帽子或衣袖上，再串上辣椒种，取名“鸡餐豆”，以祈不生水痘。传统的风筝多用人物、走兽、花鸟、器物等形象，或者民间喜闻乐见的神话故事，寓意福寿双全、连年有余、四季平安。

此外，还直接使用唱词，用表演性质的语言，表达吉祥的含义，有的叫“佛歌”，有的叫“巧话”。例如，大年初一敬天地，就有相关的吉祥歌词，供人们念叨：“大年初一天气寒，多拜老天一整年。金香炉，银供桌，两把烧香往上搓。五个供，五个馍，五碗干菜随和着，满堂儿女把头磕。”泰安则有上供歌：“大年五更地里寒，灶王老天整一年，金香炉，玉石桌，五碗供，三盘馍，五碗扁食往上托。先烧元宝后烧纸，大男小女把头磕，南无阿弥陀佛。”

最后，使用禁忌进行禁限，也是吉祥文化的一种表现方式。对于出行，从“父母在，不远游”，到“老不上北，少不上南”“老不入川，少不游广”，就是一种禁忌。旧时人出行忌“黑道日”，即每月的初五、十五、二十五不利出行；而“杨公忌”之日更是禁忌出门，即正月十三、二月十一、三月初九、四月初七、五月初五、六月初三、七月初一、七月二十九、八月二十七、九月二十五、十月二十三、十一月二十一、十二月十九，这些日子忌出行。时至今日，“三六九，向外走；二五八，赶回家”仍是大众的普遍习惯。

四、吉祥文化的传承

几千年来，中华传统吉祥文化随着中华民族优秀传统文化的传承创新，一直展现着鲜活的生命力，展现着我们民族的文化心理、文化渊源、情感方式，展现着伟大中华民族追求幸福、平安的美好愿望。

吉祥文化的传承是全面的。生产生活中节庆、交际、商贸、婚嫁以及姓名等各类吉祥文化都在继承中发展，在传承中创新。

姓名。不只是一个符号，在很大程度上，姓名代表的是父辈对后代的希冀。以前有的人家都会花钱请算命先生测孩子的生辰八字，通过五行（即金、木、水、火、土）的旺衰，预测未来喜忌，再用与五行相应的字命名。

年画。年画、剪纸等民间艺术，传承着吉祥文化。年画是喜庆、吉祥之物，能给新年带来好兆头；剪纸、红灯笼、鞭炮、窗花、福字，现在仍然是过春节的标志，烘托着喜气洋洋的节庆氛围。

中国结。一根线绳缠来绕去，环环相扣呈“八”字形，就叫“八结”，又叫“八吉”，原本是佛教法物的“八吉祥”之一，后成为民众喜欢的挂饰。

纪念币。通过经艺术设计的寿桃、蝙蝠、南瓜、藤蔓、莲花、鲤鱼、鸳鸯、并蒂莲等纹饰、图案、符号，再用借喻、比拟、双关、谐音、象征等手法，以此表现中国人的生命意识、审美情趣和民族性格。中国人民银行发行的2015年吉祥文化金银纪念币一套8枚，其中金币4枚，银币4枚。该套吉祥文化金银纪念币分别表现“五福拱寿”“瓜瓞绵绵”“年年有余”“并蒂同心”四大中华传统吉祥文化，为纪念币增添了一抹浓浓的吉祥色彩。

商标。商标是生产者在其商品或者经营标记上，由文字、图形或两者组合构成的，用于区别商品或者服务来源，具有显著特征的标志。借鉴传统吉祥文化，充分体现民族文化价值和意义的设计理念，用吉祥图案的“形”“意”“色”在商标中的创新再现，实现了形式美、形象美、意味美。①

吉祥物。南京举办的中国第十届全运会的吉祥物“金麟”，既是古都“金陵”的谐音，同时也是传统吉祥物麒麟。2008年北京奥运会的会徽采用的是中国印，使用了吉祥色中国红。而2008年奥运会的吉祥物福娃系列更是传统吉祥符号的生动体现。

为了系统展现和传播中华吉祥文化，我们民俗学会的几位同仁从十年前便召开了一系列的吉祥文化研讨会，例如枣庄石榴与吉祥文化研讨会、聊城葫芦与吉祥文化研讨会，开始酝酿研究各类吉祥文化事象，提出了大约十几个选题，准备出版一套有关吉祥文化研究与普及的小丛书，并开始撰写各个选题的初稿。由于同仁工作变动等原因，原定的十几个选题，至今只陆续完成了九部，分别为语言卷、文字卷、服饰卷、饮食卷、商贸卷、民间艺术卷、民间信仰卷、动物卷、人生礼仪卷。

由于吉祥文化研究的融合度大，学术的边际范畴划分模糊，广义

---

① 参见陈苹：《论中国吉祥文化在商标设计中的运用与创新》，硕士学位论文，苏州大学，2007。

概念很大，狭义概念难以明确，所以，在写作过程中，我们确定了一些原则，首先，必须是吉祥事象、吉祥含义、吉祥语言，不论是哪一卷，所描述、叙写、论述的内容，必须具有吉祥的意义，以示与其他文化的区别。其次，对于相同的吉祥文化载体，按照各卷角度的不同，进行叙述和描写，各卷之间相互独立，单独成书。

还有一点需要说明：在语言风格、叙述描写、论述评价等方面，我们没有强求一致，体例上只划分了一级、二级标题，制订了一些写作规范要求，以便于各位作者能够呈现出各自的风采。

习近平总书记提出了“文化自信”这个宏大而坚定的命题，这给中华优秀传统文化研究和普及带来了又一个春天。泰山出版社高度重视这个选题，积极组织、多次协调，保证了这套书的出版。各位作者对原稿又加大了修改力度，最终使书稿定型为现在的这个样子。张廷兴、王加华两位教授统筹书稿，反复审阅，付出了心血。在此，我作为主编，对他们表示真诚的感谢。盼望本丛书能给读者带来对中华吉祥文化较为系统和感性的认知，一起弘扬中华民族的优秀传统文化。

是为序。

刘德龙

2018 年 5 月 30 日

目　录

前　言

服饰是人类特有的劳动成果之一。与其他劳动成果一样，它体现了一定的实用价值，是物质文明的结晶，也表达了民族审美的观念，具有精神文明的含义。有五千年历史文明的中国，素有礼仪之邦之美誉，服饰礼仪，是众多礼仪中的一个突出代表。

本书以切合“吉祥文化丛书”之意为宗旨，从纹饰、规制、礼仪以及禁忌等方面入手，探讨古人关于“吉祥”的理念在服饰上的展示与体现。笔者认为，人们一方面强调服饰的物质性，另一方面也强调服饰的精神性，赋予了服饰丰富的精神文化内涵。服饰是人们思想观念、风俗习惯、心情、心理的直接体现，不论是在皇室还是民间，服饰总是表达着各种各样的吉祥含义，如美观、喜庆、合制、合体、合时等。

古代服饰文化中“吉祥”的含义到底是什么？从历史演变及文化内涵角度来看，主要表现在两个层面。

第一，服饰物质文化层面的吉祥含义，主要体现在人们日常生活中的穿着和佩戴饰物习惯上，包括衣服及所佩戴饰物等的搭配和穿戴讲究。一方面，人们总是按季节置办、选择衣着、装饰，即随着季节、气候的变化，选择不同的服饰；另一方面，对服饰的选择，归根结底，又要由本人经济状况、身份地位、年龄、性别以及审美观念来决定。

第二，服饰精神文化层面的吉祥含义，主要由群体的生活方式、思维习惯、伦理关系等长期积淀而成。服饰作为中华民族主张伦理教化、关心现实生活等思想的体现和主流文化的沉淀，既代表着礼仪和等级观念，又寄托人们强烈的愿望和向往，体现了集实用、美感、礼仪、风尚、习惯等为一体的吉祥因素，更强调人们精神生活的需要。

早期的服饰，其“吉祥”的含义具体表现在以下五个方面。

第一，实用就是吉祥。能够遮风挡雨，能够保暖，能够保护身体不受伤害，就是服饰原始的、实用的吉祥含义。几十万年前，我们的祖先懂得了遮身暖体，开始披上兽皮与树叶，走出了原始服饰的第一步。经过考古学和古人类学工作者的考察论证，服饰的出现和服饰文化的产生追溯到山顶洞人时期。这个时期正属于我国原始社会旧石器时代晚期。专家发现，这个时期已经出现了制作精美的骨针，这是我国迄今为止考古发现的最早的缝纫工具。而在此之前的漫长岁月都属于人类服饰的原始时期。所谓原始服饰，就是没有经过缝制的树叶、兽皮。那个时期，人类冬天时用捕猎所获得的兽皮来遮挡身体，保温取暖；夏天则捡取树叶来遮挡阳光，以避免炎热的炙烤。所以说，这种服饰就是为了实用，谈不上什么审美。

第二，遮羞与美化就是吉祥。随着时间的推移，人们发现，这些原始的“衣服”，不仅需要能遮风挡雨，护身暖体，还应具有美化的功能。先民们往往把一部分战利品串成饰物,装点在身体的某些部位。例如，男人在头上插树枝或羽毛，以此来证明自己获得了一些食物或猎取了一些动物，从而炫耀自己的辉煌战果，表明自己是一个英勇善战的人；将颜料或者猎物的鲜血涂抹在脸上、身上，显示雄健阳刚的男子汉气概，进而在部落的女人们面前献媚以求得爱情。这样，服饰就有了遮羞、装饰、炫耀、美观等种种吉祥含义。人们在北京市周口店龙骨山山顶洞人的遗址中发现了生活用品和生产工具，其中有用各种兽骨制成的骨针，针孔狭小，是用尖形器物钻制而成的。这证实，那时的人们已初步掌握了缝纫技术，能够从事简单的缝纫。先民将猎取到的野兽扒下皮来,或者收集各种具有韧性的树叶、树皮,通过剪裁、拼接，拼合成各式各样的衣服，以抵御风寒，从而形成了以缝制加工为特征的服饰文化。山顶洞人遗址中还发现了许多兽类的牙齿、骨管和鱼骨、石珠、海蚌壳，几乎都经过了人工的磨研、钻孔，有的还用赤铁矿粉染成了红色。它们是成堆成组地分布在人骨四周的，显然这都是一些装饰品。

第三，标识、标志就是吉祥。逐渐地，服饰承担起了氏族部落标识、阶级标志的作用。它起初被利用为部落的标志。尽管没有直接的证据，但是专家根据一些间接的资料推断出当时的服饰可以用作区分敌我、统一军容的族人的标识，也可以用作向神灵祈祷的统一装饰。由此可见，同一部落的人们肯定在寻求一些可以用来证明自己归属的标识，而服饰就是最简单直接的方式之一。后来，随着部落经济的发展，内部成员关系开始分化，等级观念开始产生并逐渐明晰起来，人们寻求用不同的外部装饰作为区别部落内部不同等级成员的标识。《礼记·王制》上说："东方曰夷，披发文身；南方曰蛮，雕题交趾；西方曰戎，披发衣皮；北方曰狄，衣羽穴居。"1973 年，在甘肃秦安大地湾发掘了人头形器口彩陶瓶，人头像额前短发整齐，其余头发自然下垂，呈披散状。东乡出土的人面纹彩陶盆残片、永昌出土的人头形象彩陶器物、青海柳湾出土的彩绘人像陶壶，都证明新石器时代这些地区的妇女有披发覆面的习俗。服饰能起展示、炫耀、识别作用，可代表归属感、安全感、荣誉感，就具有了一定的吉祥意义。

第四，盛装就是吉祥。早期的宗教意识对人类服饰的发展起了很大的推动作用，人们有很多服饰是为了取悦神而制作、穿戴的。对任何一个民族来说，宗教的仪式都是最为庄重也最受重视的。人们怀着一种爱戴与虔敬之情，不但拿出最好的食物供奉给神灵，也极力地向神展示自己的美丽。节日盛装的风俗就是这样慢慢形成并发展起来的。这样的节日往往还把两性与繁衍的内容列入其中，因此，节日往往同时也是村落之间男女青年相会并且举行大联欢的日子。这就传达了美丽、虔诚、祈祷、祝愿等服饰的吉祥意义。

第五，礼制就是吉祥。服饰的"制"的内涵比较丰富，大致包括质料、纹饰、色彩、规制等几个方面，此外还涉及服饰与服饰之间以及服饰与季节、场合的搭配等。服饰语言中所谓"吉祥"，是在"制"中体现出来的重要文化要素之一，较多地体现在纹饰和规制等方面。

因此，“吉祥”可以通过纹饰或规制来体现。

后来，服饰的发展延续了这些吉祥含义，又和时代融合在一起，最终形成了包含体面、美观、喜庆、合制、合体、合时等内容的吉祥含义。这些吉祥含义贯穿在中华服制文化的发展历程中，形成了中华民族特有的服饰风采。

本书对古代服饰中的“吉祥”文化要素进行了深入的挖掘，也给出了一个比较清晰的定义。按照逻辑顺序，共分为七章。

第一章属于总论，分服制形成与发展中的吉祥含义、民族服饰中的吉祥含义、传统服饰中的吉祥含义、服饰性别差异中的吉祥含义、当代时尚服饰中的吉祥含义。主要是从史的方面描述中国历代服制、民族服饰、传统服饰在其演变中体现的吉祥文化。以下各章则为分论，按照服饰的种类，逐一进行吉祥意义的梳理，特别是对典型事象的描述。第二章抽取了日常服饰的吉祥讲究，从褂子、棉衣、袍子、裙子、裤子、传统内衣、发饰、鞋子和饰物方面进行说明。第三章专门论述婚嫁服饰的吉祥意义，从彩礼服饰的说法、婚礼服饰的讲究、上头开脸的吉祥、新婚服饰的要求、婚服禁忌五个方面进行论述。第四章描述了儿童服饰的一些吉祥事象，分儿童礼仪吉祥服饰和儿童日常吉祥服饰两部分进行叙述。第五章为丧葬服饰的避凶就吉，从殓服、丧服两部分进行论述。第六章为节日服饰的吉祥象征，按照春、夏、秋、冬季的节日顺序，描述各个节日的吉祥服饰。最后一章写服饰制作、洗晒方面的吉祥风俗。

第一章 服饰的吉祥内涵

在原始社会，服饰的主要功能是实用。到了阶级社会，服饰被纳入了“礼”的范畴，由为神服务转化成为统治阶级服务。孔子在服饰的质料、颜色、搭配、加工，以及在不同时间、场合的运用等方面提出了要求：“君子不以绀緅饰，红紫不以为亵服。当暑，袗絺绤，必表而出之。缁衣羔裘，素衣麑裘，黄衣狐裘。亵裘长，短右袂。必有寝衣，长一身有半。狐貉之厚以居。去丧，无所不佩。非帷裳，必杀之。羔裘玄冠不以吊。吉月，必朝服而朝。”

在阶级社会，合礼即吉祥。合礼既能守护服饰的礼仪规范，又形成了服饰的评判标准。这种标准慢慢影响了民众的服饰，形成了特有的、复杂的吉祥含义：一是要按照等级穿着。不同的阶级、不同的身份，穿着是有区别的，“遍身罗绮者，不是养蚕人”；二是在婚礼、节日等盛大、狂欢的场合，人们可以盛装，可以突破“礼”的制约。

一、历代衣冠礼仪

古代服饰的吉祥含义与古代服饰作为礼治的工具紧密相关：历代服饰制度规定了服饰可以明贵贱，弘教化，尊祭祀，慎丧仪，禁奇异。在等级森严的封建社会，服饰的发展过程也是统治阶级一步步强化服饰的社会功能、阶级功能的过程。衣冠服饰，受到礼治的严格规范，通常先由朝廷颁制服饰体式，全国各地再严格依式实行。这些服饰包括常服和各种礼服，往往昭示着着装者的身份和地位以及特定的穿着意义，尤其是公、侯、伯、子、男五等诸侯朝聘之五礼与吉、凶、军、宾、嘉五礼使用的礼服，所以上自冠帽，下及鞋履，体式不能有任何差错。而各级各身份的服饰等差，更是不能轻易变动，如果出现了混乱，一般要以违礼甚至僭越之罪来论处。这使得服饰的礼仪具有较强的稳定性，同时也赋予了服饰吉祥含义：衣冠礼仪规定的这些服饰，就是符合身份的服饰，就是最具有吉祥意义的服饰。反之，违背了衣冠礼仪制度，就是僭越，就是不吉祥的。

此外，衣冠礼仪制度规定了专门的“吉服”，即古代祭祀时穿戴的服饰，因为古代祭祀为吉礼，故称祭祀时所穿服饰为吉服，即后来的礼服。

除了服饰体式之外，服装上的图案、佩戴的绶带、服饰的面料和颜色，也根据等级、身份不同而有差异性的要求。天子的吉服可绣制十二章纹样，皇帝的朝服上有龙的图案，被称作龙袍，在相当长的时期内只允许皇帝、皇后使用，明黄色也为皇家专用，除了宗教寺庙用以吉祥事象之外，任何人不得使用，稍有违反，就被视为谋反，将遭受杀头甚至株连九族之灾。同时，龙的图案就是最吉祥的图案，黄色也自然而然成为最尊贵的服色，是最吉利的服色。

至此，古代服饰作为艺术的、审美的要素退居了次要位置，服饰的质地、用料、图案、式样均成为不同阶级地位的象征。因此，人们按服色、形制穿着是最吉祥的。我们从“二十五史”中的历代《舆服志》有关记载里可以清楚地看到这一点。

龙袍十二章纹：日、月、星辰、山、龙、华虫、宗彝、藻、火、粉米、黼、黻

衣冠服饰礼仪制度起源于殷商时代。殷商时期，社会生产力发展迅速，物质文明程度较高。在甲骨文文字中，我们

耕织图（局部）

发现了桑、茧、帛等字样，可证明农业在当时的发展；出土的商代武器铜钺上，又存有雷纹的绢痕和丝织物残片，可见那时纺织工艺水平的高超与精湛。殷商时期属于奴隶社会时期，随着生产力不断发展和社会分工的形成，此时的衣冠服饰成了统治阶级区别名分、显示等级、体现威严的工具，并由此开始形成固定的制度。

（一）易服色、定服制

强大的西周王朝奠定了我国传统服饰的基础和其基本的吉祥内涵。一是上衣下裳。商周时代的服饰，主要是上身穿衣，衣领开向右边；下身穿裳（裳就是裙）；在腰部束着一条宽边的腰带，肚围前再加一条像围裙一样的韨，用来遮蔽膝盖，韨又叫作蔽膝。二是冕服。冕服为礼服中最尊贵的一种，在祭典中穿着，是主要的祭服。其服式主要由冠、衣、裳、蔽膝等要件组成。冕服的主体是玄衣、衣裳，衣裳上面绘绣有章纹。衣裳之下衬以白纱中单，即白色的衬衣，古代衬衣通常是白色。下身前有蔽膝，天子的蔽膝为朱色，诸侯为黄朱色。鞋是双底的，以皮革和木做底，鞋底较高。三是玄端。玄端为天子的常服，诸侯及臣子的朝服。四是褕翟、鞠衣、禄衣，这是皇后等女性的祭服，是青色的。五是深衣，出现在春秋战国，是直筒式的长衫，把衣、裳连在一起包住身子。六是帻，帻是用来包住头发，不让头发披散下来的头巾。

周代生产力发展水平不断提高，据《礼记》载，西周初年，纺织、炼染、染色和服装都有专门的生产、管理机构。随着等级制度的逐步确立，完善的冠服制度产生了。这期间有关服饰的文字记载也很多，

上衣下裳形制

浙江安吉五福乡出土的一批战国彩绘立姿拱手泥质灰陶俑，皆着深衣

青铜器铭文中就有“虎冕练里”“女裘宝殿”等记载。随着等级制度的产生，上尊下卑有了明显的区分，各种礼仪也应运而生。据《礼记》记载，礼有吉、凶、军、宾、嘉五礼，冠服制度要符合五礼，于是有了从天子到庶民的一整套繁琐的、复杂的衣冠服饰制度，包括祭礼服、朝会服、从戎服、吊丧服、婚礼服。天子、贵族用冕冠、冕服；贵妇用袆衣、揄狄（翟）、阙狄（翟）、鞠衣、素纱、椽衣等六服。此后这种服饰制度一直被沿袭了两千多年。

（二）冠服制度

秦汉时期的衣服形制，主要的有袍、襜褕（直身的单衣）、襦（短衣）、裙。自秦开始以袍作为朝服，汉代从皇帝至小吏亦以袍作为朝服，也是主要的常服。袍由此就成为具有吉祥礼仪意义的服饰。袍的服色为五时色，即春青、夏朱、季夏黄、秋白、冬黑。这也奠定了吉祥服色的基础，违背了这些规定的服色，便为“异服”，被视为不祥之兆。

汉代称呼社会上出现的一些不符合汉代常制的奇装异服为“服

妖”。从《汉书》开始，历代正史《五行志》都将“服妖”收入其中。班固说：“风俗狂慢，变节易度，则为剽轻奇怪之服，故有服妖。”《汉书·五行志》也就是说，只要是违反了冠服礼仪规定和习惯风俗，穿戴与自己的身份、地位和所处场合不符的服饰，均为不祥服饰，即为奇装异服，属“服妖”行为，在贬斥之列。

人们还将这种“服妖”视为影响天下兴亡、时代变迁的征兆，因为这些怪异服饰违背了阴阳五行、天人感应思想，违背了王制。东汉王符《潜夫论·浮侈》：“今京师贵戚，衣服、饮食、车舆、文饰、庐舍，皆过王制，僭上甚矣。从奴仆妾，皆服葛子升越。筩中女布，细致绮縠，冰纨锦绣；犀象珠玉，琥珀玳瑁，石山隐饰，金银错镂，獐麂履舄，文组采褋（屧），骄奢僭主，转相夸诧。”

东汉灵帝刘宏喜欢穿胡服、住胡帐、坐胡床，当时人认为这就是胡服妖，并将他死后不久董卓带着胡兵入京看作是他这样做的直接后果。《后汉书》还有这么一段记载：

> 和平元年，重增封冀万户，并前所袭合三万户。弘农人宰宣素性佞邪，欲取媚于冀，乃上言大将军有周公之功，今既封诸子，则其妻宜为邑君。诏遂封冀妻孙寿为襄城君，兼食阳翟租，岁入五千万，加赐赤绂，比长公主。寿色美而善为妖态，作愁眉，啼妆，堕马髻，折腰步，龋齿笑，以为媚惑。冀亦改易舆服之制，作平上軿车，埤帻，狭冠，折上巾，拥身扇，狐尾单衣。寿性钳忌，能制御冀，冀甚宠惮之。初，父商献美人友通期于顺帝，通期有微过，帝以归商，商不敢留而出嫁之，冀即遣客盗还通期。会商薨，冀行服，于城西私与之居。寿伺冀出，多从仓头，篡取通期归，截发刮面，笞掠之，欲上书告其事。冀大恐，顿首请于寿母，寿亦不得已而止。冀犹复与私通，生子伯玉，匿不敢出。寿寻知之，使子胤诛灭友氏，冀虑寿害伯玉，常置复壁中。冀爱监奴秦宫，官至太仓令，得出入寿所。寿见宫，辄屏

御者，托以言事，因与私焉。宫内外兼宠，威权大震，刺史、二千石皆谒辞之。冀用寿言，多斥夺诸梁在位者，外以谦让，而实崇孙氏宗亲。冒名而为侍中、卿、校尉、郡守、长吏者十余人，皆贪叨凶淫，各遣私客籍属县富人，被以它罪，闭狱掠拷，使出钱自赎，资物少者至于死徙。

这段记载，说的是东汉权臣梁冀的妻子孙寿梳了一个新的发型“堕马髻”，就是模仿人坠马时候的神态，将头发梳理得高高的，歪向一旁，给人一种摇摇欲坠的感觉，还发明了新的画眉方式叫作愁眉，使用了一种新的化妆方式叫作啼妆，并且发明了一种微笑方式称为龋齿笑。但二人骄横跋扈、骄奢淫逸、凶恶淫荡终于招来杀身之祸。后来汉桓帝将梁冀一家灭族。这自然成为史书中因奇装异服而招致杀身之祸的一个典型事例。

汉代经济经过四百余年的发展，丝织业发达，所以有钱人便突破布衣的制约，穿上绫罗绸缎的衣服。此外，张骞出使西域，开辟“丝绸之路”，中国丝绸被销往中亚、西亚各国，影响深远。由此，丝绸制作的服饰也就成了时尚，成为吉祥服饰。

冠服制度是秦汉最重要的服制。与古制不同，秦朝将帻颁赐武将，开始用它来表示贵贱，与冠帽同时穿戴，但只限于军旅。身份低微的执事，不能戴冠，只能用帻。幅巾三尺见方，用以裹头，也叫“头巾”。用头巾约发，本来是平民装束，刘熙《释名》说：“巾，谨也，二十成人，士冠，庶人巾”，此时却成为时髦装束。汉代冠服制度达到成熟，其职别等级主要是通过冠帽及佩绶来体现的。不同的官职有不同的冠帽，所以汉代冠制特别复杂。《后汉书·舆服志》中有冕冠、长冠、委貌冠、爵弁、通天冠、远游冠、高山冠、进贤冠、法冠、武冠、建华冠、方山冠、巧士冠、却非冠、樊哙冠等多种，文官戴进贤冠，武官戴武（鹖）冠，执法官戴獬豸冠。进贤冠，用缁布制成，冠内戴介帻，位尊者用三梁，其次为二梁、一梁。却敌冠，与进贤冠相似，卫士服之。其他，如长冠、远游冠、高山冠、武冠等，其形制大多因袭古制。较有特点的是长冠，又名“斋冠”，据《后汉书·舆服志》记载，汉高祖刘邦未发迹时戴此冠，故又名“刘氏冠”，用竹皮制作，形制如板。

据说西汉王莽因本人头秃，遂特制巾帻包头，流传开来成为风气。因巾的形制多，故称“××帻”，主要有两种基本形式：一种是“平顶帻”，就是帻顶上覆巾，使之低平，故又叫“平上帻”，男子不分贵贱均可戴之；另一种叫“介帻”，就是顶巾隆起，形似尖角屋顶的样子，这种帻多为文官所戴。身份显贵的官宦必须先戴上巾帻，然后才能加冠。职官平日闲居时，也可以免去冠帽，单独戴帻，这也就成了上层社会的常服了。

违背了这些关于冠服的规定，是不吉祥的。当年曹操为了勤俭节约，就用白布缝制帽子，称之为“帢”，到了晋代称为“无颜帽”，东晋史学家干宝认为白色是凶丧之象，“无颜”的称呼也是不吉利的。在古人看来，不吉利便意味着戴这种帽子会带来灾难。但是，有时在统治阶级眼中不吉利的、不符合既定制度的服饰，在民众眼里却成了时尚。

时尚是会有很多人向往、模仿，而时尚一旦成了很多人的追求，也就变成了世人眼中的吉祥。时尚服饰还常以吉祥的词语命名，从而赋予其吉祥的含义。有一种鞋子叫望仙鞋，前端较长，微作上曲，因秦始皇盼望长生不老，祈求成仙而得名。《中华古今注》就记载“秦始皇常靸望仙鞋”。有一种履，是用丝、帛制作的，多为达官富人所穿，在鞋面上有鸳鸯绣饰，因此命名“鸳鸯履”。有一种草屦，是用葛草、芒草等制成，古时称为“芒屦”，汉以后专指草鞋，这种鞋还有一个吉祥的美名，叫“不借”，意思是最珍贵的鞋子。晋崔豹《古今注》卷上说：“汉文帝履不借视朝。”这里的“不借”即指草屦。在当时，草鞋为社会下层人们所穿，有时也为一些贵族闲居穿用。

还有的服饰，因为特殊的用途而有了吉祥含义。例如木屐，木下施齿，方便践泥。民间传说晋文公为了悼念抱树而死的介子推，用该树制成木屐。史载孔子也曾经有一尺四寸长的木屐。从东汉开始，不拘男女，均可着之，后来专门用作婚礼上女子的婚服，于是具有了吉祥含义，成了最吉祥的鞋子。据《后汉书·戴良传》，木屐又为嫁女的鞋子："初，良五女并贤，每有求姻，辄便许嫁。疏裳布被，竹笥木屐以遣之。"后来又成了女子常服。《后汉书·五行志》就说："延熹中，京都长者皆着木屐；妇女始嫁，至作漆画五彩为系。"木屐被画上五彩以及各种各样的吉祥图案，更具有了喜庆的味道。再如皮靴，是高至踝骨以上、长筒的皮鞋。据《隋书·礼仪志》载"靴，胡履也，取便于事，施于戎服"，为北方少数民族的服饰。隋朝统一南北，靴子成为礼服一部分。唐朝人平时也是穿袍着靴，靴子于是成了身份地位的象征，被纳入了衣冠制服的行列，因此具有了礼仪的吉祥含义。时至今日，皮靴演化为皮鞋，仍然用于上班、宴饮等场合，保持了这种吉祥含义。

时尚服饰还包括头饰、发式。汉代出现了大量的时尚追求，也衍化出了明显的吉祥含义，比如合时、美好、欣赏和赞誉。汉代妇女以梳髻为风尚，样式有堆在头顶上的，有分向两边的，也有抛至脑后的。汉顺帝时，皇后之兄梁冀作奇异服装，梁妻孙寿作堕马髻，京师贵戚争相效之，成为一时风尚。有些妇女则将发髻盘成各种样式，并在髻后垂下一撮头发，名谓"垂髯"，这种发式直到魏晋时期仍为妇女的主要发式。贵族妇女还常在发髻上安插步摇、金胜及珠翠花钗，这些头饰以"金""珠""胜""花""翠"等美名命名，具有富贵、美好、昌盛等吉祥含义，成为汉代服饰吉祥内涵的重要体现。

（三）峨冠博带

到了魏晋，衣冠服制大体上仍承袭秦汉旧制。在南北朝，各少数民族初建政权时，虽仍按本族习俗穿着，但逐渐受到汉族文化的影响，也开始穿着汉族服装。帝王、百官更是醉心于峨冠博带式的汉族服饰。峨冠博带，成了当时北方少数民族最喜欢的吉祥服饰。峨冠，即高冠，为高官、士大夫的象征。唐韩愈《示儿》："不知官高卑，玉带悬金鱼。

汉代铜镜彩绘车马人物图

问客之所为，峨冠讲唐虞。”宋陆游《登灌口庙东大楼观岷江雪山》：“我生不识柏梁建章之宫殿，安得峨冠侍游宴。”博带，即宽大的衣带，用于礼服。《管子·五辅》：“博带梨，大袂列，文绣染，刻镂削。”《新唐书·刘子玄传》：“博带褒衣，革履高冠。”这些记载说明，峨冠博带为士大夫的礼服，不仅是身份高贵的象征，同时也表现着志气高远、不与世俗为伍的文人气质，具有一定的吉祥含义。

北魏孝文帝改革，史称“孝文改制”，在其影响下，北朝历代君臣皆服汉魏衣冠。此后，传统的冠冕服制被保存了下来，并一直延续到明代，祭祀典礼及重大朝会时的专用服饰更沿袭了庄重、威严、肃穆、气派的吉祥意义。

而汉族男子服装，主要是衫，衫有单、夹两式。宽衣博带被称为“魏晋风度”。衫与秦汉袍服的主要区别在于袖口宽敞。在魏晋和南朝时期，上至王公名士，下及黎庶百姓，咸以大袖宽衫为尚。在风靡一时的魏晋玄学和佛教、道教影响下，一些文人突破旧的礼教，不但穿着宽博，且有袒胸露脯的习俗。著名的嵇康、刘伶等“竹林七贤”，就穿着这种宽敞的衫子，衫领敞开，袒露着胸怀，反映了这个时期文人名士服饰的肆意和张扬。宽博恣意就是这一时期文人士大夫服饰的吉祥讲究。

同时，鞋履进一步发展，彼时盛行穿木屐，以着履为尊，以着屐为便，上至天子，下至文人、士庶都如此。在重要场合均须穿履，不得穿屐。在妇女中也盛行穿木屐。《晋书·五行志》："初作屐者，妇人头圆，男人头方，圆者顺之义，所以别男女也。至太康初，妇人屐乃头方，与男无别。"屐的主要形制有连齿木屐，前后各有一齿，还有的配有两只活络木齿，穿时可以根据需要调节，比较适用于爬山；高屐，与褒衣、博带、大冠相匹配。因为晋时风俗轻佻，一些士大夫或隐居之士都喜穿木屐，故民间认为穿屐不庄重，而穿高屐者尤为轻慢。可见，轻慢、自在成了当时服饰流行的基本追求。

履的颜色有一定的制度：士卒百工为绿、青白，奴婢侍从为红、青。在形制上，妇女之履讲究质料，有丝履、锦履、皮履等，式样则有凤头履、聚云履、五朵履、重台履、分梢履、立凤履、笏头履、五色云霞履、玉华飞头履、鸠头履等。从名称上可以看出，其图案、样式都具有吉祥含义，比如丝锦，象征华丽富贵；凤头、云朵，均为中国传统的吉祥图案；重台、笏头，代表官家气派；五色、玉华也是华美绚烂的意思。

（四）兼收并蓄

唐代是中国封建社会的鼎盛时期，它的服饰制度上承前代，下启后世，呈现出一派开放、繁荣的景象。另外，京师长安也是当时著名的都会和东西方文化交流的中心，在长安城居住的，除了汉族以外，还有回纥、龟兹、吐蕃、南诏等民族，以及前来朝觐、留学和从事商贸的日本人、新罗人、波斯人、阿拉伯人等外国人。他们带来了各自特有的服饰风俗。而对外来的服饰风俗，唐朝政府一律采取兼收并蓄的态度，这使得唐代服饰特别丰美、华丽，尤其是妇女装饰之盛，达到了前所未有的程度。丰美、华丽就成了唐代服饰的吉祥符号，它既体现在服饰风格上，也体现在服饰的装饰与穿着风俗上。

〔唐〕周昉 《挥扇仕女图》

唐代服饰有四种，即常服、公服、朝服、祭服，配穿鞋履也有不同规定。《旧唐书·舆服志》记载："朱衣、裳素、革带、乌皮履，是为公服。"而穿常服则着靴。

唐代妇女的鞋饰尤为丰富多彩，有云头锦靴、锦鞦靴、重台履、凤头鞋、小头鞋、平头小花履、浅鞋、岐头履、绢制刺绣鞋等。重台履，前部高高翘起，形如重台，比喻步步登高，多在礼仪场合穿用。云头鞋，将翘头制成云朵形状，云朵图案代表着祥云，是吉祥和高升的象征。云纹是我国传统装饰图案中最常见的一种吉祥纹样，它是从周代中晚期开始逐渐在楚地形成的。楚地常以动物和云纹结合，组成抽象的云纹作为装饰。到了秦汉时，云纹已经在全国范围内普及使用，并达到了极盛。鞋履做成云头状，具有很强的吉祥含义，意为"平步青云"，也寓意登上仙界，名列仙籍，进入一个极乐世界。直到现在，部分农村制作的寿衣，仍用这种样式，以登仙长寿为吉祥内涵。

男子服饰主要有幞头、纱帽和圆领袍衫。幞头是一种包头用的黑色布帛。据北宋沈括《梦溪笔谈》记载："幞头，一谓之四脚，乃四带也。二带系脑后垂之；二带反系头上，令曲折附顶，故亦谓之'折上巾'。唐制，唯人主得用硬脚。晚唐方镇擅命，始僭用硬脚。本朝幞头，有直脚、局脚、交脚、朝天、顺风，凡五等，唯直脚贵贱通服之。又庶人所戴头巾，唐人亦谓之'四脚'。盖两脚系脑后，两脚系颔下，取其服劳不脱也；无事则反系于顶上。今人不复系颔下，两带遂为虚设。"由此可见，这种幞头多是身份的象征，除了通用的，其他都要符合身份。其中软脚幞头为文官与学士所戴用，圆顶直脚幞头为朝臣与地方官吏所用，方顶硬壳幞头为宋代官员所好，宋代帝王也常戴用，结式幞头为将尉、壮士所戴用。因为幞头都是有身份的人戴用的，因此在社会上就形成了对它的一种尊重、崇拜心理，其本身也就具有了象征地位的吉祥含义。纱帽也是如此。纱帽是一种用来视朝、听讼和宴见宾客的首服，在儒生、隐士之间广泛流行，其样式可视各人所好而定，某种程度上代表了知识分子形象。

《旧唐书·舆服志》记载，天子的常服为穿赤黄袍衫，戴折上巾，系九环带，穿六合靴。“九环”，意为环环相扣、繁衍无边，法力无边。《西游记》里如来给唐僧的五件宝物中，就有九环锡杖。如来对菩萨言：“这袈裟、锡杖，可与那取经人亲用。若肯坚心来此，穿我的袈裟，免堕轮回；持我的锡杖，不遭毒害。”“九环带”以“九环”命名，喻长久、尊贵。“六合靴”也是以吉祥词语命名的。“六合”，指上下和东西南北四方，泛指天下或宇宙。后来，“六合”成了天下的一种借代说法，也比喻天下太平，是传统文化中重要的吉祥词语。

在唐代，有一种官职的公服叫襕衫，就是圆领的袍服。《新唐书·车服志》：“太宗时……士人以棠苎襕衫为上服。”它不但代表了官职身份，代表了庄严和尊贵，同时，它在膝处有一道接缝，称为横襕，一般认为这道横襕是对裳制古意的恪守而刻意加上的，这使襕衫具有了传承与古意。襕衫领子多用圆领，也暗含美满、团圆的意思。到了宋代，它得到了学子们的欢迎。《宋史·舆服志》记载：“襕衫，以白细布为之，圆领大袖，下施横襕为裳，腰间有襞积，进士及国子生、州县生服之。”明代出现无膝襕衫，多以蓝色布料制作，乡间也称作“蓝衫”，也是知识分子的服装。这种样式，一直延续到民国时期。鲁迅小说里说的孔乙己，就穿这种长衫，以示与短打扮的工农的区分。

古代男子大多穿靴。靴原为胡服，后用为戎装，至唐已不限于戎装，一般文武官员及庶民百姓都可以穿着，只是样式略有差别。以前入朝只能穿履，唐代则可以着靴。这些自由随意的变化，打破了严格的服饰礼仪，成为一代官民服饰的风尚。风尚，其实代表了每一个时代服饰的审美特征，体现了特定的吉祥含义。

〔唐〕阎立本 《步辇图》

唐代妇女的首服，初盛行幂，复盛行帷帽，再盛行胡帽，经历了几个不同的阶段。“幂”，最初是西域地区少数民族的一种装束，由面衣发展而来。面衣又叫“面帘”，西北地区风沙大，西北少数民族习惯骑马，风起飞尘，遮天蔽日，用面衣盖蔽，为的是不受风沙侵袭，后来发展为戴时披体而下，障蔽全身，这就是“幂”。幂是一种大幅方布，一般用轻薄透明的纱罗制成，本来男女都可以用，到了唐代，男子已不用它，妇女也不是任何场合都用，只是将它作为出门远行时的服饰，一方面用来躲避风尘，另一方面也用来防止路人窥视。很明显，这种幂，已经不限于它的使用价值了，而是附有了守身、正经、严谨的吉祥意义了。帷帽，又称为“席帽”，是一种高顶宽檐的笠帽，在帽檐周围或两侧、前后缀有一层网状面纱，下垂至颈，永徽年间出现，逐渐代替幂而盛行，后来去掉网纱，使整个面部全部袒露在外。这种变化体现了唐代妇女以新奇为美、以容颜为美、以裸露为美的服饰风尚。

唐代妇女发髻名目多，装饰繁复，大多以吉祥字眼命名。如唐诗中描写到的就有烟髻、云鬟、宝髻、松髻、蝉鬓、春鬓、轻鬓等多种。太宗时，发髻渐高，玄宗天宝以后，又流行起假髻，并在髻鬟上插有各种金玉簪钗、犀角梳篦等作为装饰，也插戴花朵。此外，妇女十分讲究脸部妆饰，脸上敷以铅粉，抹以胭脂；额上画有鸦黄；施眼眉，还在额眉之间饰有金、银、羽翠制成的五彩花子，叫“花钿”；在面颊两旁用丹青、朱红等颜色点出各种形状，或月形，或钱样，叫“妆靥”；嘴唇也以胭脂点染。这就说明，唐代以盛妆为美，以艳丽为吉祥。

唐代妇女的日常服装名目繁多，有袄、衫、袍、腰巾、抹胸、裙、裤、膝裤、袜、鞋靴等。最常见的是小袖短襦及长裙，裙腰很高，直接束于腋下。盛唐以后，衣袖逐渐变得宽大起来，衣服的领子也出现了多种形式，有圆领、方领、斜领、直领和鸡心领等。还有一种名为“半臂”的上衣，为短袖或无袖上衣，最先为宫女所服，后传至民间。中唐以后，这种半臂渐渐少见，而出现了帛、帔，女子在室者搭披帛，出嫁则披帔子。唐孙逖《贺铸天尊表》：“金姿玉色，不假琢磨；霞帔霓裳，非因藻绘。”唐韦庄诗：“嫦娥曳霞帔，引我同攀跻。”由此看来，那个时候已经有了“霞帔”这种以云霞吉祥纹样为主的帔，后发展为宋代命妇的礼服。

妇女下裳主要是裙子。裙子在质料、色彩、式样以及装饰方面，都非常丰富，大大超过前代。其中的百鸟毛裙，在贵族妇人中十分流行。裙织百鸟之状，精细华美，栩栩如生。这种百鸟图案，既是古老图腾的遗存，又体现了百鸟来集、百鸟朝凤、百鸟争鸣的太平吉祥。普通妇女则以穿着石榴红裙为尚。石榴红是石榴花的颜色，为高色度和纯度的红色，带有一种美艳的色彩，具有美艳的吉祥意义，在南北朝时期就很受年轻女子的青睐，被诗人倍加赞赏，唐万楚《五日观妓》有“眉黛夺将萱草色，红裙妒杀石榴花”、南朝梁何思澄《南苑逢美人》有“风卷葡萄带，日照石榴裙”等美妙诗句。后来“石榴裙”常常被用来代指美女。这种裙子一直流传到明清时期。

综合来看，富贵雍容、艳丽华美是唐代女子服饰吉祥的重要内涵。

（五）纲常服饰

从整体上来说，宋代崇尚礼制，故冠服制度较为严格。宋代官服仍以袍制为主，用冠式、纹饰、配件、色彩等来区别官阶等级。宋代幞头在唐代的基础上，完全脱离巾帕形式，演化成为真正的帽子。褙子是宋代服装中很有特色的一种服饰，它不仅适用于男子，还作为女子的常服与礼服，一直沿用至明清时期。

由于政治上的保守、程朱理学对思想的禁锢以及对外政策表现出的妥协退让，宋代服饰以古色古香、简洁质朴为吉祥，不再讲究艳丽奢华。主要表现在三方面：一是宋代女装拘谨、保守，色彩淡雅恬静，襦衣、褙子的遮掩功能加强，讲究包裹度，以包裹为美，裸露为耻。二是服饰向舒适、典雅方向发展，不论是皇亲国戚，还是一般百姓，都爱穿着直对襟的褙子，既舒适便捷，又显得典雅大方，以典雅为佳，花哨为次。三是缠足，除了有些劳苦人家从事田间耕作的妇女，大多数妇女都没有幸免于难，被缠之足美其名曰"三寸金莲"，体现了宋代以约束为美的内敛风格，由此缠足成为摧残妇女最为惨烈却又为畸形的社会心理欣赏的"风尚"。

宋代，幞头被赋予了多种吉祥的称呼，是男子的主要首服，上自帝王，下至百官，除祭祀典礼、隆重朝会需服冠冕之外，一般都戴幞头。幞头的形制也从巾帕演变成一种帽子，在这种幞头的背后，一般都伸出两脚，内用铁丝、琴弦或竹篾为骨，外裱纱罗，并弯制成各种不同的形状，所以有"直脚""曲脚""交脚"等名称。由于幞头变成了帽子，并成为文武百官的官服，所以士庶百姓

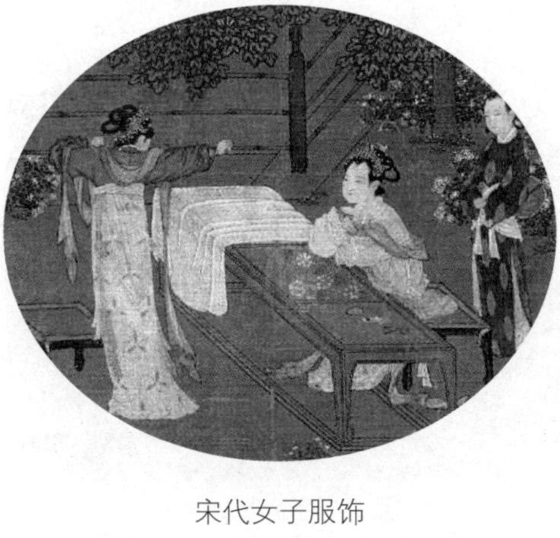

宋代女子服饰

就很少使用了。一般文人儒生便又恢复了古代的幅巾，以裹巾为时尚。幞头的吉祥名称，有“东坡巾”以显高雅、“程子巾”以显儒风、“山谷巾”以显自然、“高士巾”以显气势、“逍遥巾”以显自由等。到了南宋，朝廷的高级官员也以系裹巾帕为尚，世俗为美。

男子服装仍以圆领袍衫为主。百官除祭祀朝会之外，也都穿袍衫，其制以袍衫的颜色区别等级，有紫、绯、朱、绿、青等色。于是，就有了服色的吉祥意蕴，“紫”便成了最吉祥、最为人崇尚的服色，凡紫色和绯色，均为公服。据《新唐书·车服志》所记，唐代三品以上官员袍衫紫色，束金玉带。为了更突显吉祥的意义，还都必须在腰间佩上一个金、银为饰的鱼袋。宋龙大渊《古玉图谱·古玉双鱼佩》说，这种鱼袋“长二寸三分，阔二寸，厚二分三厘。玉色甘青无瑕，瑑刻作双鱼对列，贯之以柳”。鱼袋沿袭唐制，唐朝时叫“鱼符”，分成左右两半，一半留在朝廷，一半让官员随身携带，上面刻着官员的姓名、职务，出入皇宫时用作凭证，不用时装在一个鱼形口袋里。宋代朝廷不刻官名，用金银装饰，以明贵贱。官员穿紫色公服佩戴的是金饰鱼袋，穿红色公服只能佩戴银饰的鱼袋。据说它的吉祥含义来自鱼眼，鱼眼昼夜不闭，故有“常备不懈”的寓意。佩戴鱼袋，一来标明身份，二来警示为官者要恪尽职守。于是，“穿紫佩鱼”被视为荣耀。如果官职太低而又有特殊情况需要佩挂鱼袋时，必须先借用紫、绯之服，时称“借紫”“借绯”。宋代王溥《唐会要》记：“军将在阵，赏借绯紫，本是从戎缺胯之服，一得以后，遂别着长袍，递相仿效。”下注：“天授二年八月二十日，

〔宋〕赵佶　《听琴图轴》

左羽林大将军建昌王攸宁，赐紫金带。九月二十六日，除纳言，依旧着紫带金龟。借紫自此始也。”与此类同，品级不到五品而不能服绯者，如蒙特许，亦可用绯，俗称“借绯”。由此更彰显了服饰的吉祥意蕴。

〔元〕钱选 《招凉仕女图》

女子服装，上衣有襦、袄、衫、大袖、褙子、半臂、背心等多种形制，下裳多穿裙、束裤，其面料为罗、纱、锦、绫、绢。在用色上，一般上衣比较清淡，通常采用间色，如淡绿、粉紫、银灰、葱白等色，以质朴清秀为雅；下裙颜色较为鲜艳，有青、碧、绿、蓝、白及杏黄等色。这些颜色，就成了服饰的吉祥色。

女裙样式，有“石榴”“双蝶”“绣罗”等名目，以石榴花的红色最注目，叫“石榴裙”。贵族妇女有的用郁金香草浸染裙子，这种裙子穿在身上，会散发出阵阵香气。北宋以后，裙子的样式稍有变化，因为“幅”谐音“福”，所以裙幅多在六幅以上，有六幅、八幅、十二幅不等，有求多福的吉祥寓意，用料一般为罗纱。贵族妇女着裙的褶裥更多，中间施有细裥，称“百叠”“千褶”，腰间用绸带系扎，并有绶环垂下。石榴裙、褶裙成了妇女对吉祥富贵的服饰追求。

宋代，妇女多穿鞋而不穿靴，时兴色鞋和刺绣鞋，有“绣鞋”“锦鞋”“缎鞋”“凤鞋”“金缕鞋”等名称。云头履，又称“朝鞋”，为官员穿用，前头三层重叠呈云形装饰，一般用绒、棉布等制作，云头中间镶黄金色“福”等吉祥字样。这种样式的鞋至清代仍然流行。儒士平日多穿元色双脸鞋，庶民则禁穿锦绮镶鞋，只能穿“朜靸”，一种深口而有些屈曲的鞋子。云头锦履，是一种以布帛为之、鞋首絮以棕草的高头鞋履，因其高翘翻卷，形似卷云而得名，男女均可穿着。锦靴，以彩锦制成，其质较厚，外表美观，穿着轻便，多为青年女子穿用。宫廷里宫人侍左右者，皆着红锦靴，歌舞者也都着锦靴。

宋代妇女儿童服饰

缠足之俗，至宋已烈。缠足者因脚尖纤小，着靴不便，所以多穿鞋。女鞋多以锦缎制成，上绣各种图案，按照材料、制法及装饰，分别叫“绣鞋”“锦鞋”“缎鞋”“凤鞋”“金缕鞋”。这种绣鞋大都用红帮做鞋面，“帮”即女鞋的鞋面，鞋头是尖尖的大都做成凤头样子，又在鞋子上加以刺绣，所以又有“红绣鞋”之称。也有用青色为之者。那些不缠足的妇女俗称“粗脚”“大脚”，她们所穿的鞋子，一般制成圆头或平头，鞋面也同样绣有各种花鸟图纹。江南农村则常常穿薄草鞋，以便于劳作。金莲之鞋，多以吉祥纹路、吉祥花鸟为绣制图案。

（六）繁缛喜庆

宋至元时期是中国服装发展历程中又一个民族服装大交流、大融合的时期。宋代北方大片土地沦为女真贵族统治领地，《续资治通鉴》记载：“临安府风俗，自十数年来，服饰乱常，习为边装。”可见南宋京都也尚北服。同时，五代十国以后，中国先后出现了辽、西夏、金、元等民族政权，其衣冠服饰保留了民族的特点，但也受到汉族服制的影响。

明代文官补子，盘丝绣

明代，苏州地区纺织业空前发达，纺织品品种繁多，纺织花样新颖，大大超过了元代水平。植棉业遍及全国，棉纺织业也随之迅速发展，棉花取代了丝、麻，成为人们服装的主要原料。随着提花织布技术的不断改进与提高，人们已经能织出各色奇巧的花布，棉织品的质量有了显著提高。

刚夺取天下，明太祖就下令禁胡服、胡语、胡姓，废弃了元朝服制，他根据汉族人的服饰制度，吸取了周、汉、唐、宋各个阶段的特点，再加上自身对服饰制度的一些思考，对服饰制度做了重新规定，突出了礼制性、阶级性、秩序性，制订了区别官阶的又一重要标志——补子(即补服)。明代官服上的补子,用不同的动物图案来标识不同的品级，区别不同的官阶，这是历代服饰中最具文化意义的一种新的创造，也成为这个时期服装形态的标志性特征。

礼制的强化使皇帝冠服、文武百官服饰、内臣服饰各有规范，其样式、等级、穿着礼仪也非常繁缛。在具体形制方面，明代服装的吉祥图案很有特色，洋溢着浓厚的喜庆气氛，形成更为直接、美观的服饰纹样，寄托和抒发了人们心中的美好愿望与情感。喜庆，成为明代服饰的吉祥主题。前襟用纽扣代替了延续几千年的带结形式。女装上衣逐渐拉长，膝盖上下甚至是脚踝以上全部被上衣所遮蔽，衣领也从宋代的对襟领变为圆领为主。这些，都在说明理学观念下社会的开放程度和女人的社会地位。

此外，女子服饰的花纹，均为吉祥图案，图案细致、缜密，有很强的艺术性。

服饰的吉祥命名，在明代也特别突出。例如忠靖冠，是明代的一种冠服，冠帽以铁丝为框，外蒙乌纱，平顶，中间略高为三梁，三品以上用金线缘边，四品以下不许用金，冠后竖立两翅，比冠略高，为品官燕居服饰首服。

忠靖冠

巾帽，主要有乌纱帽、六合一统帽、幞头、网巾、四方平定巾、包巾、二仪巾、披云巾、飘飘巾等。上朝视事要戴乌纱帽，重大朝会、奏事、谢恩则戴幞头。幞头形制仍为宋式，两脚伸展，长如直尺。

四方平定巾，是职官、儒士的一种便帽，因造型方正平直，呈倒梯形，又称“四角方巾”或“方巾”。据《七修类稿》中记载，士人杨维祯见明太祖朱元璋时就头戴这种巾式。太祖问此巾叫什么名，杨维祯讨好朱元璋，说叫“四方平定巾”。朱元璋大为高兴，于是命制四方平定巾式，颁行天下，要求官员和儒士戴这种巾帽。

网巾是明代首创的一种巾式，又名“一统山河”或“一统天和”。据《七修类稿》记载，明太祖朱元璋见神乐观的道士用网巾裹头，问他是什么巾式。道士回答说：“此网巾也，用以裹头，万发皆齐。”朱元璋认为非常便当，下令照样制作，全国通行。网巾用黑色细绳、马尾、棕丝等编织而成，因式如渔网而得名，网口用帛作边，称作“边子”。边子的两边各系一绳，交贯于二圈之内，

乌纱帽

顶束于发。网巾一般衬在冠帽之内，也可以单独使用，直接露在外面。除了约发之外，网巾还是男子成年的一个标志。

瓜皮帽，为男子常服。相传为明太祖朱元璋所创，以大片罗布缝合而成，呈六瓣形，有“天下六合一统”之义，故称“六合一统帽”。夏用结棕或漆纱，冬用绒或毡制成，又名“瓜拉帽”。因为它取意国家安定和睦，六方统一大治，在政治上有一定象征意义，所以这种帽子也是由政府规定式样，令全国通行的。

值得强调的是，明代女子冠服制度较此前更加完备，其中凤冠、霞帔是最具代表性的贵妇礼服，它所表现的女子形象成为古代妇女形象的典型。因此，明代女子冠服制度在中国妇女服装史上具有重要地位和历史意义。

凤冠，明代妇女的冠式，有龙凤冠、彩冠、金冠等。龙凤冠用金属丝网为胎，冠上饰以龙凤以及花朵、翠叶等。龙凤冠有两种形式：一种为后妃所戴的凤冠，皇后冠上缀着九龙四凤；另一种是普通命妇所戴的彩冠，上面不允许缀龙凤，只缀珠雀、花钗，但习惯上也称为“凤冠”。金冠的名目很多，有“金厢玉仙玉兔冠”“金大珠八仙冠”“刘海戏金蟾冠”“金厢楼阁众仙冠”等，工艺精湛，巧夺天工，是明代饰品中的精品。

凤冠

霞帔，命妇所穿的服装，是命妇朝见皇后、礼见舅姑及祭祀时的服饰，其具体形制，如质料、色彩、纹样和尺寸等，都有明确规定。命妇平常所穿的服装，以长袄、长裙为主，制度不甚严格，服饰面料绫罗绸缎都可使用，只是在纹样和边饰上有些具体规定。

2015 冬季中国婚博会上表演的明制婚礼，
新娘着凤冠霞帔

（七）满汉庞杂

清代服饰制度发生了重大变化，满族人的服装取代了传统的汉族服饰。清王朝统治者用暴力和禁令强制人们改冠易服，以满族的服饰装束为主，其服饰呈现出典型的北方游牧民族特色。历时数千年的宽袍大袖、拖裙盛冠、“纤弱柔美”的服饰传统和审美观念，逐渐演变为衣袖短窄、“素朴肃穆”、制作简便、穿着便利的满族旗装。[①]但是，图案和装饰更为华丽，多为吉祥图案，如图 18 这件旗袍，就装饰着华丽的、繁复的镶边，图案中的蝴蝶谐音“耄耋”，含有富贵长寿的意思；栀子花枝叶繁茂，叶色四季常绿，花朵芳香素雅，被视为吉祥如意、祥符瑞气的象征，寓意高雅纯洁。

① 周汛：《中国服饰的演变历程》，《艺术家》，1996（3）。

清代宫廷女子绣袍

尽管清王朝强迫汉人遵照其习俗，改服满族服饰，但是，清代实际上存在着满、汉两大服饰体系。[①] 所以，清代的服饰形制也最为庞杂和繁缛，并含有一定的民族情感。

（八）世纪百年，巨大变迁

20 世纪是我国社会大变革时期，也是农业社会向工业社会、信息社会过渡，手工工艺向机械工艺转变的时期。由此带来的是服饰的功能由礼制向实用性、审美化转变，民族特色向世界大潮靠拢，其吉祥讲究逐渐减弱，吉祥含义慢慢让位于实用美观。20 世纪初的中国，服饰形形色色。1949 年以后，提倡艰苦奋斗，伴随着人民当家做主，服饰开始以工农服装为主，朴素的衣裤、难忘的“补丁”是其浓厚的特色。改革开放后，人们的生活水平提高了，对服装新潮和时尚的需求扩大，开始出现喇叭裤、蛤蟆镜，然后是蝙蝠衫、幸子服，再是防寒服、T 恤衫、松糕鞋，直至吊带装、透视装……民间服饰进入了一个新的时代。

总之，在我国几千年的服饰发展历史进程中，服饰作为一种制度，成为礼仪的主要外在标志，起到了重要的礼制作用，其吉祥含义也体现在合乎礼制上面，这主要体现在以下三个方面。

一是别身份。阶级社会尊贵卑贱的阶级关系，促使服饰开始形成

① 清徐珂：《清稗类钞》，第十三册，《服饰类·诏定官民服饰》载：民人“生必从时服，死虽古服无禁；成童以上皆时服，而幼童古服亦无禁；男子从时服，女子犹袭明服。盖自顺治以至宣统，皆然也”。

〔清〕仇英　《四季仕女图》

固有的制度。周朝是冠服制度逐步完善的时期，随着等级制的产生和上下尊卑的区分，各种礼仪也应运而生。反映在服饰上，出现了祭礼服、朝会服、从戎服、吊丧服、婚礼服。这些服饰礼仪适用于天子与庶民，沿用于二千多年的封建社会之中。受这种影响，服饰穿着的差异主要表现为地位差异、身份差异、性别差异、地域差异、年龄差异。

二是遵礼制，即遵礼成服。这是服饰的群体性特征，也是对民众穿着进行约束的一种手段。历代服制对社会各阶层衣服的质料、样式、颜色，都有严格的等级制度，士农工商、诸行百户，衣裳各有本色，不能逾制。如果穿戴违背了礼制，就会受到社会、群体的非议，重者就是犯法，就是作乱，甚至要被处以极刑。

三是重礼仪。如居家常服、婚服、丧服等各种人生礼仪服饰，按照礼仪规定分场合着装，适时穿着就是吉祥的。

二、民族吉祥服饰

我国是一个多民族的国家，56 个民族各有特点，其丰富多彩的民族服饰蕴含深厚而独特的服饰吉祥文化含义。

每个民族的服饰都与他们的生产、生活、性格特征、审美爱好、居住环境等有着密切的关系，所以，“民族服饰能比较鲜明地反映一个民族区别于另一个民族的显著特点；人们也是从不同的服饰上去辨认其民族属性的”。[①]服饰成了各民族极具代表性的标志。

汉族是我国也是世界上人口最多的民族，其服饰历史源远流长，服饰文化辉煌灿烂。从历史上看，汉族的服饰在式样上主要有两类，一类是上衣下裳，就是上身为褂子、棉袄，下身穿裳，即裙。一类是衣裳相连，就是深衣、长裙、袍装。在上衣和袍装方面，以大襟右衽为鲜明的特点，和少数民族的左衽形成了明显的区别，并以此为吉祥。在服色上，汉族视青、红、皂、白、黄五种颜色为正色，具有吉祥含义，并且有“夏黑、商白、周赤、秦黑、汉赤、唐黄、明赤”的说法。唐代以后，黄色长期被视为尊贵的颜色，仅仅限于天子或皇亲国戚使用。在服饰的质料上，主要有麻布、丝绸、棉布、毛呢、皮革等。汉族的染织工艺在世界上独树一帜，享有盛誉。染色技术极为卓越，颜色种类多，色泽艳美，上色牢固，不易褪色。在服饰的图案纹样上，多采用动物、植物和几何纹样，纹样上下均衡、左右对称、布局严密图案细腻逼真、栩栩如生，充分显示了汉族人民的勤劳与智慧。但是，近百年来，与其他民族服饰相比，汉族服饰的特点已经不鲜明。所以，现代所谓民族服饰，实际上指的是汉族以外的民族服饰。

每个民族的服饰风俗都与他们对吉祥文化的追求有着密切的联系。我国各民族服饰绚丽多彩、精美绝伦，在质地、款式、色调、纹样等方面，各具特色。它们有的古朴，有的艳丽，有的粗犷，有的素雅，在衣服装饰的式样、结构、工艺、色彩、线条和图案等方面，极大地丰富了我国服饰文化，成为我国服饰吉祥文化百花园中一朵朵艳丽的鲜花，深刻地反映着各民族在历史的发展过程中所形成的文化传统和吉祥心理特征，给人以光彩夺目的美感和深沉含蓄、博大精深的震撼。

① 陈佩琳：《南民族服饰文化在现代服饰设计中的地位》，《科技信息》，2006（10）。

（一）独特的制作

1. 原料以天然为吉祥

在我国，很多少数民族居住在高山深壑，以渔猎、畜牧为生，其服饰一般以皮、毛为原料。如鄂伦春、鄂温克等民族曾长期从事狩猎，便以狍皮、兽筋缝制衣服；蒙古族、藏族、哈萨克族、柯尔克孜族、裕固族等以畜牧业为主，穿戴多取之于牲畜皮毛。其中，藏族的皮袍很有特点，一般是使用不加面子的板皮，皮袍肥大，袍袖宽敞，由于肥大，夜里可以直接用作被囊，白天则脱去一袖或二袖，束在腰间，一只臂膊斜伸出袍装之外，便于劳作。而从事农业的民族，则以当地出产的棉、麻、丝为原料，纺织成布帛、丝绸等来缝制衣服。汉族、回族等许多民族多属于这种。农区藏族的服饰有长坎肩和腰下的花围裙，藏语叫“邦单”，一般用氆氇制成。

有些民族的服饰原料来自原始的物物交换，如西双版纳的布朗族，衣料多数是以山货与坝区傣族换取而来，少数为自纺自织的棉布。

普遍的一种情形是，各民族对工业纺织布料和服装均经过了一段漫长的接受期。人们叫这些衣料为洋线、洋布，称这些服装为洋装，甚至一度认为化纤面料危害人身体，是大不祥。

2. 服饰以简朴为吉祥

在过去，由于生产力水平低下，生活条件差，各民族妇女们从事的家庭纺织远远满足不了生活所需，所以缺衣少穿是十分普遍的现象。

在这一方面，独龙族的情形很典型。独龙族主要聚居在云南省西北部怒江傈僳族自治州贡山独龙族怒族自治县的独龙江峡谷两岸，由于直到 1949 年还停留在父系家族公社阶段，生产方式为刀耕火种，生产力十分低下，所以衣着也极其简朴。据清道光《云南通志》《永昌府文征》、乾隆《丽江府志略》载，当时独龙族“男子披发，着麻布短衣裤，跣足。妇女耳缀铜环，衣亦麻布”，“男女均散发，前垂其眉，后披其肩，左右则盖及耳尖，稍长则以刀截之，不知用剪。两耳皆穿，或系双环，或系单环，或以竹筒贯之。不知缝纫之法，男子上身但用麻布一方，斜披背后，由左肩右腋抄向胸前而拴结之，下身亦仅以麻布一块，用于臀股前后，遮羞而已。女子则以长麻布两方，自肩斜披至膝，左右包抄向前。其自左抄者，腰际以绳系紧贴肉，遮其前后；自右抄左者，则披脱自如。男子左佩利刃，右系篾箩，女子头面鼻梁两颧及上下唇均刺花纹。又男女颈项皆悬砗磲烧料等珠为饰，有悬至数十串者”。这些记叙，基本反映了当时独龙族的服饰状况。

直到现在，在有些地区和有些人的心目中，繁丽的服饰和光鲜的穿着依旧是败家的表现，是大不祥。

3. 形制以与大自然和谐为吉祥

民族服饰独特的风情与生存环境有极大的关系。大理风光迷人，苍山、洱海的白雪、红花、霞光、碧波相交映，形成了白族独特的审美观，一直保持着服饰明快、洁净的特点。白族服饰具有鲜明的尚白的传统，这种吉祥服色既适应于白族人生产劳动、生活休闲，又与其所处环境的气候特点和秀丽的湖光山色融合在一起。白族妇女头上戴的头帕叫“风花雪月”，就代表着这种服饰风情。而羌族妇女则喜欢在衣领、袖口、围裙和勾尖鞋上绣上美丽精致的图案。这些图案，有的是人物，有的是景致，还有的是花草虫鱼、龙凤狮虎，其构图严谨，错落有致，花纹图案与底色融为一体，艳丽多姿，和谐统一。这些图案基本是“团花似锦”“鱼水和谐”“龙凤呈祥”等主题，表现了人们对大自然的热爱和对美好生活的向往。

有些民族的服饰还表现出了先民对自然的依赖和征服自然、改造自然的愿望，带有或朴素、或神异的吉祥色彩。如土族妇女有一种五彩花袖长袍，从肩至袖口用红、绿、黑、黄、白五种颜色的布条、氆氇或彩缎拼接而成，颜色排列有序，各有不同的吉祥寓意；哈尼族叶车姑娘头戴一种用白布缝制的尖顶软帽——“帕常”，表示对白云的怀念、爱恋，因为传说在一次战乱灾祸中，叶车人曾受到白云的掩护才得以生存下来。

大自然的山川秀色哺育着各族人民，也给各族服饰带来了影响。

所以尽管一些少数民族居于偏远地区，生活条件原始落后，但是他们的服饰，特别是节日盛装却繁盛华丽、清雅古朴、雄浑凝重，令人叹为观止。

综合来看，各民族衣物在款式制作、图案构思、色彩调配以及刺绣、织锦、蜡染的技艺上均有各自不同的吉祥讲究和说法，令人折服。

（二）鲜明的风格

各民族都有自己风格鲜明的服饰，其特色不仅是各民族品格的外在表现，也表达了本民族服饰的主要吉祥含义。

民族服饰的款式、图案、饰物纷繁，各有特色，区别明显。大致来看，民族服饰有长袍和短衣两类。穿袍子的民族一般在北方，因为北方寒冷，必须用长袍、棉袍御寒，还要戴帽蹬靴。而穿短衣的民族一般在南方，因为南方炎热，气温高，短衣凉爽、便利，并且多不用帽子而用巾帕裹首。在服装的式样方面，各个民族也有自己的审美观念和吉祥思想，有的喜欢袍子高领大襟，如蒙古族、满族、土族等，有的喜欢袍子无领斜襟，如藏族、门巴族等。而维吾尔族等则喜欢右衽斜襟式样，还有坎肩式长袍。裙子款式更是多样，有百褶裙、筒裙、短裙、连衣裙等。无论是袍、衣，还是裙、裤，不同的民族在结构、工艺、风格等方面都有差别。同是高领大襟袍，有开衩和不开衩的，有前后开衩的，有前后开衩和周围镶边的；同是筒裙，黎族为棉制锦裙，景颇族为毛织花裙，德昂族为横条纹裙，而傣族多为市购布料裙。

朝鲜族的吉祥色为白色。《三国志·东夷传》载扶余“衣尚白，白布大袂，袍、裤，履革鞜。”《海东绎史》记载，高丽“衣皆素白而布缕多粗，裳则离披而襞积衣疏”。可见，朝鲜族喜着白色或素色衣服有悠久的历史，认为白色是服饰最吉祥的颜色，故有“白衣民族”之称。而白色，多为麻布、土布的本色，因不用染料，也含有清洁、干净、朴素、大方的吉祥意义。朝鲜族妇女的服装常用丝绸制作短衣长裙，有粉红、浅绿色、天蓝色等，色彩艳丽，形态优美。短衣较短，仅及胸，为斜襟，无纽扣，以长布带在右肩下方打蝴蝶结。裙有筒裙和缠裙，筒裙多褶，上至胸，裙头缝有小背心。男子的服装是白色短上衣，斜襟，无纽扣，以长布带打结，外加深色坎肩，下着白色或灰色裤子，裤管以肥硕为特色。

藏族男子头戴毡制的礼帽或皮帽，帽子的式样较多，有喇叭形，有露出前舌或双舌的，有镂以金丝的，有用狐皮缝制的。内穿短衣，外穿大领开右襟、无纽扣的长袍，下穿长裤，套入用皮或氆氇缝制的长筒靴。藏族农区妇衣多穿一件色彩艳丽的内衫，外罩宽大的氆氇长坎肩，腰间束带。内衫一般是无领短衣，但袖子特长，劳动时卷起，歌舞时舞动双袖，飘洒自如。腰下的花围裙，藏语叫“邦典”，一般用氆氇制成，以红蓝色横条为主调，加上其他色条，交错组合成十分美丽的图案,厚重而色彩鲜艳。邦典的吉祥含义比较突出。一般来讲，牧区的妇女常佩戴宽条纹色彩艳丽的邦典，城镇居民常佩戴细条纹色彩朴素高雅的邦典；年轻的女子喜欢佩戴颜色靓丽的邦典，老年人则喜欢佩戴颜色深暗的邦典。在藏族女孩成人仪式上,佩戴头饰“巴珠”和邦典是成人的标志。

壮族喜欢黑色、深蓝色衣服。那坡妇女穿靛蓝染成的蓝黑色土布服饰，因从头到脚都是青、黑二色，故被称为“黑衣壮”。很多地区的壮族人嫁衣婚服也喜欢用黑色。据说穿着黑色嫁衣裳是表示喜庆，因为代表喜庆的喜鹊也是黑色的。黑色嫁衣裳是由男方家缝制的，在新娘出嫁前，托媒人送到女方家。其中广西北部地区的妇女内穿深色或有小花的短上衣，外套是长及腰间的白色对襟无领上衣。上衣胸前有两组纽扣，“V”字领能露出带花纹的深色内衣，内外相互衬托，显得清爽秀丽。下装是青蓝色长裤，膝下镶有一宽一窄两道红色或蓝色的花边。她们内穿浅蓝碎花衣，外套对衣，“V”字领亮出浅色内衣，胸前仍有两组纽扣，袖肘镶花边，接翠蓝袖口。广西西北红水河流域的南丹、东兰县壮族妇女上衣无领、大襟右衽，在盘肩、袖口、襟边镶黑色宽边和一条窄边，上绣五彩花卉纹，再以五彩丝线画龙点睛般绣上图案，使衣服典雅中显出秀丽。那坡壮族妇女上衣为短而窄小的斜领、大襟、右衽衣，仅到肚脐，两侧开衩，下摆呈弧形。襟边、下摆、袖口均绲蓝边或镶白牙边。下装是宽脚长裤，外套长到膝下的百褶黑裙，走路时将裙摆上提并掖于腰间。由于上衣、长裙和长裤三层长短各有变化，故又称此装为“三层楼”。东兰一带妇女下穿长黑裤，膝下镶一宽一窄两花边；裤的材质是外镶饰挑绣精美花纹样的黑地土布，与上衣相呼应，其花纹为多对五彩凤鸟纹，羽冠和尾羽夸大，二方连续纹样。

壮族还喜欢包头。南丹、巴定壮族妇女用白毛巾包头，少女外出则将长条白毛巾折叠三四折后呈方形，再搭在头顶，腰围满襟的黑围裙，围裙上端绣有精美的寿字纹、凤鸟纹。巴马一带的壮族妇女包红花头巾。那坡壮族妇女挽鬓于脑后，插银簪和银钗，再包蓝或黑色长巾，使之呈扁平的梭形。其包法特别：将头巾左右交叉重叠在头顶，有花纹的帕端露在上面，脑后的银饰露于头帕外。隆林一带的壮族妇女则挑有黑花边的白头帕横搭于头顶，帕穗垂于肩上。在大新和靖西，壮族女子包白色或浅色花头巾，交叉地盘于头顶成梭形，有穗的两端自然地垂在肩上，显得飘逸潇洒。

壮族妇女喜爱佩戴银饰，且种类繁多，有银簪、银针、银钗、银圈、银帽、银耳环、银链、银锁、银排、银项链、银手镯、银戒指、银脚环等。这些银饰上有的饰有栩栩如生的动物图案，有的饰有秀丽多姿的自然景物图案，有的饰有各种几何纹饰或吉祥图案，有浮雕的，也有透雕的，立体感强，有浓郁的吉祥含义和地方民族风格。其吉祥含义主要表现为：反映了古代人们历经战乱而产生的智慧。他们在战乱逃难时，把值钱的银两打造成饰品戴在身上，方便携带；佩戴这些银饰起到了装饰美化的作用；银饰成了身份的象征；银饰逐渐被赋予各种特殊的吉祥意义，如银手镯是壮族男女爱情的信物，银脚环、耳环是独子的标志；其图案多选花、草、虫、鱼、鸟、兽等，形象可爱，充满生命活力。

与盛装的瑶族妇女合影

瑶族人衣着较为朴素。布料主要用自己织的白布，放入自配的蓝靛染料中浸染，色泽较为灰暗。男子上穿黑布或蓝布缝制的无领对襟长袖上衣，下穿宽腰、阔裆、肥裤管长裤，头戴用四块红布和四块黑布拼接缝制的红黑相间瓜形圆帽。妇女也喜欢黑色或蓝色衣服，上穿无领对襟上衣，下穿长裤，上衣圆领口、袖口都用红布镶边，袖口、裤脚镶边处都绣有精美的图案花纹，胸前的衣襟上也绣有各种花纹作装饰。纹样有几何纹、动物纹、植物纹和星辰山河纹等数种，题材包括了飞鸟、鲜花、游鱼等。盘瑶族无论男女老少，都要用红、黄、绿、白、黑五色丝线在服饰上绣五彩斑斓的精美图案，为的是与具有五彩皮毛的盘瓠图腾相一致。《后汉书》记载："有畜狗，其毛五彩，名曰盘瓠……帝不得已，乃以女配盘瓠……经三年，生子一十二人，六男六女。"庞新民《两广瑶山调查》说："女人帽之尖角，像狗之两耳，其腰间所束之白布巾，必将两端作三角形，悬于两股上侧，系狗尾之形。又男人之裹头巾，将两端悬于两耳之后，长约六寸，亦像狗之两耳，男人腰带结纽于腹下……"。如此打扮，皆因"瑶人相传，彼之祖先乃一狗头王，故男女之装饰，均取像狗之意"。可见服饰体现着其纪念祖先的吉祥含义。瑶族服饰上的鸟纹图案，有的羽冠高耸、羽毛丰满，有的大鹏展翅，有的列队飞行，这是以凤鸟为图腾的吉祥表达。2014 年 11 月 11 日，瑶族服饰经国务院批准列入第四批国家级非物质文化遗产名录。

哈尼族衣服多用黑色或青色的粗布缝制。哈尼族以黑色为美，认为黑色庄重圣洁，将黑色视为吉祥色、生命色和保护色。成年男子穿宽松的无领左衽短衣和宽腰大裤管裤子，喜欢用黑布头巾缠头。成年女子穿无领黑色对襟上衣，系长二尺许的黑色百褶短裙，衣宽裙短，喜用银泡、银片、银币、珠贝、彩羽、彩穗及各色圆珠穿串作饰。少女喜爱以银链和成串的银币、银泡作胸饰，戴耳环或耳坠，还配有银链、银镯、银牌、银腰带、银项圈，有的喜戴大银耳环。在哈尼族人看来，银饰品不仅是美丽的象征，更是财富的象征。

傣族视孔雀、大象为吉祥物，服饰淡雅美观，显示了热带、亚热带旖旎风光。男子一般喜欢穿无领对襟或大襟小袖短衫,下着长管裤，多用白布、水红布或蓝布包头，并普遍有文身的习俗，喜欢纹虎、豹、象、狮、龙、蛇等动物或经文等图案。妇女多穿浅色大襟短衫，下穿长裤，束一小围腰，婚后穿对襟短衫，花色或黑色筒裙，或上着白色、绿色、天蓝色等紧身内衣，大襟或对襟圆领窄袖衫，下身多为花色长筒裙。这些筒裙，有别于一般的裙子，展开后布料的幅宽远远大于腰围，裙子的长度一般都要盖住脚面。这些特点都具有礼仪方面的吉祥含义：傣家女孩的裙子短了是对人的不尊重，尤其不能露出脚踝和脚趾。

阿昌族姑娘们打包头，穿蓝色、黑色对襟上衣和长裤，已婚妇女改穿筒裙，中年以上妇女多穿黑色土棉布的上衣，戴黑包头，有的包头高至一尺。有的年轻姑娘们喜欢穿白色或天蓝色上衣和蓝、黑色长裤，盘发辫于头上，也有少数打包头的。过去结婚后的妇女有嚼草烟、芦子的习惯，并以齿黑为美。男子除老年人缠包头外，其他与附近的傣族、汉族男子基本一致，没有很明显的区分。已婚妇女的包头都很高，是因为一段典故。传说阿昌族在与敌人的一场恶战中箭用完了，有位妇女想出了一个主意，让前方的男子们包上高包头，吸引敌人将箭射在上面，然后将这些箭取下再射向敌人。妇女们为了纪念这次战斗，就保留了这种箭翎包头。只要是女子结婚，必须举行这种高包头仪式。因此包头就成了他们不忘过去、纪念祖先的象征和寄托。阿昌族青年男女还喜欢在包头上插饰鲜花，这些鲜花是他们品性正直、心灵纯洁的吉祥标志。

拉祜族服装为黑衣、长衫、长袍，以带缠腰。拉祜族男女常剃光头，戴黑红相间的瓜皮圆帽；有的则是男子缠黑色头巾，女子顶花格方巾。成年男子多穿黑布缝制的无领右开襟上衣，下着宽腰、阔裆、肥管裤子，裤管略短，宽松肥大。上衣镶银泡于边沿作饰，以银泡、银币、铜币作为纽扣。有的妇女还用黑布裹腿。青年小伙子多在对襟短衣外面配上一件黑面白里的褂子，姑娘们则在衣衫下衬上一件白汗衫,下摆露在筒裙上面。他们把这种白色与黑色相配当作吉祥色，认为与喜鹊的颜色一样，是最漂亮的，代表了吉祥喜庆。

土家族在1949年之前多用自织、自染的土布作衣料。男子多穿黑色或蓝色，上衣为琵琶襟，后来逐渐穿对襟短衫和无领满襟短衣，腰缠布带。他们的裤子肥大，裤脚大而短，以青、蓝为吉祥色，多打绑腿。他们还用青丝帕或五六尺长的白布包头，包成“人”字形，脚穿偏耳草鞋、布鞋或钉鞋。女子喜欢“鹿子闹莲”“喜鹊闹梅”“双凤朝阳”等富有喜庆意味的吉祥图案，上衣矮领右衽，领上镶嵌三条花边，襟边及袖口贴三条小花边栏杆，下穿八幅罗裙。她们也穿大筒裤，喜欢在裤脚上镶三条彩色花边。姑娘喜欢外套黑布单褂,里面穿白衣，以为这种打扮像吉祥的鸦鹊，称为“鸦鹊衣”，以此为美。她们也用一丈多长的青丝帕包头，也缠成“人”字形，只不过多了银梳、瓜子针、茉莉针、芭蕉扇等饰品。她们喜欢戴耳环、耳坠、手镯、戒指等金、银、玉制的首饰。土家族的服饰，早在《后汉书》中就有所记载了，南宋《溪蛮丛笑》说其“绩五色线为方，文采斑斓可见。俗用为被或衣裙，或作巾，故又称峒布”。可见，土家族以五彩为吉祥。其中最爱红色，喜红者诸多，有色必有红，无红不成喜，有喜必有红。儿童帽子更讲究吉祥。人们喜欢在儿童帽子上用五色丝线绣“喜鹊闹梅”“凤穿牡丹”“长命富贵”“易养成人”“福禄寿禧”等花鸟和文字，还常常在帽檐正面缝上“大八仙”“小八仙”“十八罗汉”等银菩萨图案。土家族的绣品均用五彩丝线，喜欢“鸳鸯戏水”“鹭鹅采莲”“龙凤呈祥”“鹿鹤青松”之类的吉祥福寿图案。

哈萨克族的服饰宽大结实，多用皮毛，具有明显地牧区服饰的特点。皮衣有的不带布面，叫“托恩”，有的带布面，叫“衣希克”，有的用驼毛做里，叫“库普”。衣袖一般都长过手指。男性喜在腰间束皮带，上系小刀，内衣衣领较高，多绣花边，套西服背心；妇女喜着鲜艳花色，胸前绣花纹，多穿连衣裙。其绣织的图案和花纹多为花草纹、羊角纹、人字纹，有崇尚自然、向往美好生活的含义。人们喜欢的吉祥颜色多为蓝、红、白、绿。蓝色象征蓝天，红色象征太阳和太阳的光辉，白色象征真理、快乐和幸福，绿色象征春天和青春，各有其吉祥含义。男女都穿长筒皮靴。哈萨克族姑娘们的帽子很有特色，为绒布硬壳圆形花帽，帽子上用珠子和金银片点缀，帽顶插一撮猫头鹰羽毛，象征勇敢、坚定，寓意吉祥。

最为复杂的要算是苗族服饰了。仅仅根据服饰的不同，就可以划分为白苗、红苗、花苗、大花苗、青苗、长裙苗、短裙苗、歪梳苗等。贵州西北部、云南东北部的苗族男子多穿有花纹的麻布衣服，肩披羊毛毡，上面织有几何图案。其他各地苗家男子多穿对襟或左大襟短衣，下着长裤，束大腰带，头缠青色长巾，冬天多打绑腿。各地苗族妇女的服饰差异很大：湖南西部、贵州东南部一带的苗族妇女多着大襟右衽衣，下穿裤子，衣袖、裤脚、衣领镶花饰，并多系用彩色丝线织成绚丽图案的花带；其他各地苗族妇女则多穿大领短衣，下着长短不一的各种百褶裙。有人根据苗族妇女的裙样，将其称为“长裙苗”或“短裙苗”。衣裙上有各种花纹，也有用平绣、辫绣、缠绣、结籽绣、破线绣、皱绣、堆绣、锡绣、锁绣、贴花绣、茧片绣等多种手法绣制的图案，其图案多为折枝花鸟、鸡头龙袖花等。折枝花鸟是对人与自然的和谐交融的艺术加工，又表达了人们对青春、美丽、活泼、繁育等多种美好寓意的追求；鸡头龙袖花是将鸡头、龙的鳞甲、花瓣叠加交错在一起，公鸡与蛟龙共生，既表达了人们对公鸡唤出太阳的崇拜，又寓意龙凤呈祥。苗族服饰上的龙纹式样多变，有牛龙、猴龙、鱼龙、羊龙、虾龙、花龙、树龙；从形态看有游动的龙、带翅膀会飞的龙、盘旋的龙、雄踞的龙、对视的龙等，可见对吉祥祈求的源远流长。有些领边、袖肘处绣有红、黄、蓝、白等色的花纹，纹路多呈花状、江水状，据说这些服饰花纹都有一定的象征意义，如红、绿波浪花纹代表江河，象征着苗族的生活环境；交错的条纹代表田埂，花点代表谷穗。

（三）丰富而久远的吉祥含义

很多少数民族都没有自己的文字，于是服饰成为他们历史文化的载体。服饰的形制、颜色、图案、装饰等各个方面，能够反映各民族独有的吉祥文化和审美观念。

基诺族没有文字，却在服饰上记录着民族的历史和文化。传说基诺族的创世始祖阿莫小白从水里浮出时，头戴白色尖顶帽，身穿素白裙。为了纪念自己的祖先，人们就比照她的装束缝制了白色的三角尖帽和衣裙，并且在衣裙上镶制花边。花边的图案有很深刻的含义："人"形图案放在代表"地"的图案之下，以表示"地下的人"。用这种把"祖先"和"祖灵"绣在衣上的方式继祖承宗。此外，在基诺族传说中，男人有九个灵魂，女人有七个灵魂，于是在男子服装前襟图案周围镶九道花纹，妇女前襟上镶七道花纹表示吉祥护佑的愿望。

叶车是哈尼族的一个支系，叶车妇女头戴白色尖顶帽，上身穿靛青色对开式短袖土布衣，布衣是一件一件地套着穿的，少则七八件，多则十余件，里长外短，可以清楚地数出衣服的件数。下身穿黑色短裤，裤脚口打上褶纹，褶纹数与上衣数大致相等。大腿以下全部裸露。相传叶车人南迁时，被强族围困，男子用锅灰抹黑面部，女子则改穿短衣短裤，分十二路突围成功，最终迁入红河流域定居。为了纪念这次突围，叶车妇女将那时的穿着沿袭至今。

藏族服饰有镶裘皮边的习俗。青藏高原气候十分恶劣，物产贫乏，生存环境恶劣。他们为了鼓励在战斗中的勇士，对其所获奖励做了详细规定：在战场上机智勇敢、英勇杀敌、表现突出者，可以得到一绺水獭皮，凑够一定数额后可换取一小组豹子皮，豹子皮凑够规定数额时，就可换取一张老虎皮，虎皮凑够规定的数额时，就可得到封赐的奴隶和土地。据说最早是将奖励的虎、豹、水獭皮绺佩戴在脖子上，因为不便，就改为绕脖子斜挎到右腋下拴结，最后才改为缝在衣服边上。于是，镶裘皮边不仅是装饰，更成为勇敢和富有的标志。

佤族尚黑，将黑色作为吉祥色，看作是美的象征。喜欢打扮的男女，一般黑衣下面穿件白衬衣，或黑衣裳配银纽扣，使得黑色服装显得更加大方、漂亮。早在过去，佤族妇女还以黑齿为美，每年农历的八月间，她们会上山采摘鸡矢藤尖或果实，嚼鸡矢藤尖或果实可以将牙齿染得又黑又亮。头发也是越黑越好，不论男女，头发厚密而黑亮的，就会受到人们的青睐。

布朗族人将拴红线、饰红绒花看作是吉祥、幸福的象征。布朗族女子裙子上部织有红、白、黑三色线条，小腿裹缠白色绑腿布，头缠黑色或青色包头巾，头巾或发髻上往往插银簪、银链、多角形银牌、银铃等饰物，并夹杂红绒线花，耳垂上也往往在银圆片或玻璃珠上夹杂红绒花。年轻妇女背的背包，也多以金属件与红绒花相杂为装饰。

黎族的五个支系散居在不同地区，各有独特的民俗和审美情趣。崖州藤桥黎女以粉脸红唇为美，在节日聚会等活动中，常常可见三五成群的黎女咀嚼槟榔染红嘴唇以美容的风景。万阳孝人则以戴又大又多的耳环为美，耳环圈径长六寸，用白银、锡片、铜片制成。人们以耳环多寡辨贫富，以大小分美丑，有的妇女佩戴十余枚耳环，重十两以上。而美孚黎人则以穿华丽的筒裙为美，她们认为“月有影，女有筒”，要靠筒裙巧装扮。她们的筒裙分两种，一是通体扎染织，一是上部彩织下部扎染织，花素相间。画纹有几何纹、动物纹、竹竿舞纹、古灯舞纹等，其中的鸟翼图案被认为是幸福的化身，深得姑娘们的喜爱。

很多民族都有自己独特的信仰，这些信仰体现了对美好生活的追求与渴望，人们也通过服饰来展现这些信仰。

纳西族的绣锦是蛙形图案。绣绵的脊带连接处缀有两个直径五寸左右的圆形绣锦描花，其下是四寸的羊皮光面下摆，横缀着七个圆形描花绣锦，在这七块圆形绣锦上又分别引出两条麂皮细绳。绣锦以黑色羊皮为佳，形状为青蛙状。青蛙是纳西族的崇拜物。传说很久以前，一只神蛙娶了一个美丽的纳西族女人为妻。有一天妻子发觉自己的青蛙丈夫变成了一个才貌双全的勇士，便悄悄盗走他的蛙皮，并且把蛙皮烧掉，认为这样丈夫就不能变回青蛙了。在这个故事里面，青蛙是幸福美满爱情的象征。还有一个故事是，天神要把智慧之水遍赐人间芸芸众生。然而，乌鸦却传错了话，让人独自喝光了智慧之水。于是百鸟和千兽大怒，纷纷攻击人类，青蛙灵机一动，指着河水说："智慧之水不是被人喝掉的，而是被倒进河里了。"说完它便装出要抢喝河水的样子，"嗵"的一声跳进河里，从而引开了百鸟千兽，解救了人类。在这个故事里，青蛙是人类的救命恩人。所以，纳西人不准伤害青蛙，更不准吃青蛙肉，把它作为吉祥如意的象征，装饰在披肩上，世代相传，以示永志不忘。

在西藏错那地区，门巴族妇女无论老幼，背上都有一张完整的小牛皮。穿戴时皮毛向内而皮板朝外，小牛皮头部朝上，牛尾朝下，四肢向两侧伸展。他们的装束反映了原始的图腾崇拜，具有保佑平安的吉祥意义。

云南藏族妇女们爱戴金、银并镶有珊瑚、绿松石之类的耳坠，胸前佩戴着金、银丝盘制的经盒，内装护身符、子母药等物，也有人用皮制小袋装着。她们认为，佩戴护身符盒会有神灵保佑，能逢凶化吉，吉祥如意。她们还喜爱戴镶有珊瑚、宝石的戒指，左手戴银钏，右手戴海贝串制成的手镯，并从小戴起，终身不取。

佤族有的年轻人喜欢在颈上佩戴用竹藤制成的项圈，富有人家则戴银项圈。过去，佤族男子有戴耳坠银圆圈的习俗。传说生时若不打耳洞，死后在阴间还要打耳洞，那时就不是坠银圆圈，而是在耳朵上坠蚯蚓。佤族男子也有戴银制手镯的习惯，取平安之意。

基诺族有用梨木烟子染齿的习俗，其方法是将燃烧后的梨木放在竹筒内，上面盖上铁锅片，待铁片上的烟子成发光的黑漆状时，就可以手持铁锅片上的梨木烟子染齿了。此风俗是基诺族的古老传统。

彝族男子头顶上蓄有一撮头发，头发要编成小辫，用头帕竖立包裹起来。其风俗认为它是男子的尊严，内藏天神，主宰本人的吉凶祸福，是神圣不可侵犯的，绝对不允许他人随意触摸。如果被触摸了，则是最倒霉的事情，也是最令人不能容忍的事情。这种头饰风俗，反映了古老的“头发是灵魂的栖息地”的观念。在汉民族的风俗中，也有这种观念，一些小孩子留有“茶壶盖儿”，即在俗称“天灵盖”的地方保留毛发。人们认为小孩子头盖骨没合死，有缝隙且较软，因此不能剃去胎毛，要留着毛发以保护骨头。并认为“天灵盖”是藏灵魂的地方，如果不加以保护，灵魂就有可能从这里出走，小孩子就会夭折。彝族男子的这种发型其实也说明了这个问题。

德昂族妇女下身穿着筒裙。与众不同的是，红色德昂裙下端有片红色；黑色德昂裙则在裙上织几条深红色带子，中间夹几条白带；花德昂裙下端有四条白带，中间夹一道红色。传说，很早很早以前，德昂族三姐妹一起杀牛，牛倒地翻滚挣扎时，牛尾染血乱甩，三姐妹的筒裙都溅上了不同程度的牛血。于是她们按照筒裙上牛血的位置和颜色织出新裙，形成了三种不同花色的筒裙，传至后代。

水族妇女喜欢在服饰上绣花边。传说很早以前，水族居住的地方山高林密，杂草丛生，毒蛇出没，有一个名叫秀的姑娘想为人们找出一种防御毒蛇的办法。她用红绿丝线在衣领、袖口、襟边、裤脚处分别绣上一条红红绿绿的花边，又在鞋上绣了一些花草纹样。她穿上这身衣裤和鞋子劳作，毒蛇见了就逃走了。从此，水族妇女的衣裤和鞋子便都绣上了花边。后来，凡已婚妇女穿绣花边的衣裤、花鞋，未婚的姑娘则只穿绣花鞋。

民族服饰还会随年龄的变化而发生较大的变化，在人生的各个阶段都有专门的吉祥服饰加以体现。哈尼族有“服饰三变”的说法，服饰在儿童、青年、壮年和老年时期各不相同。童年戴圆帽，穿黑衣，男童一般不加饰品，女童圆帽多用银泡、彩穗作饰，饰物随年龄的增长而增多。年满十五岁以后，男女均要改变衣服式样，并以众多银泡、银片、珠玑、彩羽、彩穗饰衣饰头。男子改用黑布头巾缠头，佩戴银链，穿衣襟边沿镶有银饰品、后摆绣有彩色图案的衣服；女青年改戴圆筒帽、帽子边沿上镶满银饰和彩穗的帽子，佩戴镶满银牌的束胸布“腊霞”，穿绣着彩色图案的上衣，腰间有飘带，小腿上缠特意绣制的叫作“克绑”的护腿布，打扮得格外漂亮。等到做了父母以后，人们便逐渐减去鲜艳的饰物。四十五岁以后，男子的银链、银泡从衣上取下，准备传给后代；女子要去掉帽的圆筒、帽饰，也不再佩戴胸饰，而穿一身朴素的黑衣蓝裙，突显素雅、庄重的风格。

摩梭人服饰以年龄和性别区分。过去，在未满十三岁还没有举行成丁礼以前，不论男女，均穿长衫，腰间系一根腰带。只不过男孩子脑门上留一绺头发，其他部位剃光，女孩子则留一小辫。孩子佩戴的饰品多为獐牙和海螺壳等饰品。据说佩上獐牙，毒蛇和毒虫都不敢近身，对孩子起到保护作用。到十三岁时，举行“成年礼”和“穿裙礼”仪式。请祭师祭祖并念祝福经，由母亲给孩子脱去孩童装，穿上成人服，宣告长大成人。从此，男女的服饰也有了区别。

佤族女子从三四岁起就戴耳坠、耳环，中青年时坠银质耳环，老年时戴银耳塞。老年妇女大都盘发，有的还缠包头，包头缠成圆槌形，包头上佩有两个多色绣球。中青年妇女喜欢将发辫盘卷于头上，发辫上装有两个用多种毛线组成的小绣球。少女有的将发辫盘卷在头上，也装有两个小绣球，头发不加编梳，自然后披；有的头戴银箍或藤箍，银箍将头发从刘海以上部分拢在背后，自然、活泼。

朝鲜族的服装别具一格。妇女的服装是用丝绸制作的短衣长裙，色彩艳丽，形态优美。短衣为斜襟，无扣，以布带打结；而裙的长短视年龄大小有别，长及脚面的多是中年以上的妇女穿，短至膝盖的多是少女穿。

有些民族服饰还可作为是否成人、是否结婚的标志。一旦混淆，便为不祥。如东北地区的满族，幼女的发式为披发，少女的发式则为抓髻，将头发扎成双角形或单角形，单角顺梳头顶，双角横梳两旁。至结婚后，就要梳“两把头”。两把头是满族已婚妇女的典型发式。

朝鲜族少女们一般梳双辫，婚后要改变梳成一根光滑的大发辫。土族未婚姑娘梳一条长辫，扎红头绳，并系一块海螺片，戴一条绣花头巾，小腿部分套着红色的“帖弯”。已婚妇女，发辫佩饰和帖弯的颜色不能相同。哈尼族妇女蓄发编辫，成婚前后，服饰有明显区别：红河、墨江一带少女多垂辫，婚后盘辫于头顶；墨江少女大都头戴青布小帽，系白色或粉红色围腰，婚后去帽，改系蓝围腰；西双版纳及澜沧哈尼族，未婚妇女裙子系得高，紧接上衣，已婚则系得低。哈萨克族未婚少女戴马皮制成的叫作“吐麻克”的圆形小帽，帽顶平，上插一撮猫头鹰羽毛，胸佩珠串；已婚妇女则蒙白头巾，头巾宽大，一般遮住头、肩及腰部，头巾长垂，直达臀部以下。大理一带的已婚妇女梳发髻，而未婚少女则垂辫或盘辫于头顶，有的则用红头绳缠绕着发辫下的花头巾，侧边露出飘动的雪白缨穗。哈尼族叶车女子凡十六岁，都要编辫，乌黑发亮的大辫子盘绕于头顶。婚后就将大辫子除去，挽成一支独角。少女时期用剃刀修剃发鬓，额上喜欢留一撮飘洒的流苏；阿昌族男子以包头颜色来区别婚否。未婚者打白包头，已婚者打藏青色包头。而已婚妇女则多穿窄袖对襟黑色上衣，由着裤装改着筒裙装。裙与裤成了区分婚否的标志。

在云南贡山的丙中洛地区，怒族女子的腰间总挂有一个装着绒线团的篾篓，只要一有空闲，她们就会拿出绒线团编织羊毛袜。如果姑娘爱上了小伙子，她就会把亲手织的羊毛袜送给他；如果小伙子穿上了羊毛袜子，人们便知道他已经有情人了。

在云南贡山、碧江一带，男女青年相恋时，姑娘就会剪下一截自己的辫发，用手帕包好，送给男子，表示与他结以终身。这就是一个我国古代剪发定亲习俗的典型的例子。我国传统婚俗中，男女往往以赠发作为定情礼物，青丝一缕，就是爱情的信物，故有结发、合髻之说。

德昂族是一个爱美的民族，女子成年后，都要在青色的紧身短衣和裙子之间的腰部佩戴上少则几个、多则几十个的腰箍。德昂族认为，姑娘身上的腰箍越多，做得越精致，表明姑娘越聪明能干、心灵手巧。

德昂族姑娘如果不系腰箍便会被人耻笑。青年男女在恋爱时，为了表达爱意，也常常用腰箍作为爱情的信物。

各民族服饰所拥有的社会赞誉，表面看来是对服饰吉祥内涵的评价，事实也是对人品、人格、价值观的社会认可和评价。石屏、峨山已婚彝族妇女要围围腰，而围腰刺绣水平的高低，则可使妇女们获得与之相对应的社会声誉，所以一幅围腰会绣得特别精致美观，其中凝结着妇女们的智慧和辛勤劳动。

佤族有这样一句俗话："旱地宽，荒得多；姑娘白，懒得多。"他们认为肤色白嫩的女子懒惰，肤色较黑的女子勤劳。所以，佤族人喜爱黑色服饰，黑色象征着庄严和肃穆，是诚实而勤劳标志。佤族男子喜欢佩带长刀、持弩和背铜炮枪。长刀、弩和铜炮枪既是男子的装饰物，也是自卫的武器。佤族人认为，男子若不佩带长刀，不持弩，不背枪，会被视为衣冠不整，没有男子汉的气概。佤族男子七八岁时就开始学射弩，佩带长刀。手持弩箭或者身背铜炮枪，一直被佤族人看成是男性美和力量的象征。

德昂族妇女以戴银饰多为美，以此表示勤劳。在喜庆节日里，妇女着盛装，上衣前后及肩上都钉有许多银泡、银片，颈上戴六七个银项圈或一串银链、银响铃等，跳起舞来叮叮作响。耳朵戴的银耳筒，有的比手指还长，手腕上戴一对或两对粗大刻花的银手镯。

藏族人也喜欢佩带腰刀，腰刀是藏族人民的一种信物。腰刀分长、短、小三种，有的刀把和刀鞘都用黄铜、白银镶边及绘有各色图案，有的还嵌有宝石、玛瑙等贵重物品。长刀用来自卫防兽，短刀和小刀除装饰外，还可以用来宰杀牲口，切肉切菜。

基诺族风俗认为男子不打耳洞不佩耳珰不美观，是懒人，因而会受到歧视，甚至得不到姑娘的爱慕；而有的耳洞被塞进粗约二指的耳珰，则被认为是美观勤劳的表现。随着时代发展，耳洞和戴耳珰以及男子留三撮毛之习已不流行。

满族妇女注重耳饰，满族旧俗，女孩儿出生后，一耳穿三孔，戴三钳，称为“一耳三钳”。耳钳亦称“耳环”，富者用金、银、翠、玉为质，贫者以铜圈充之。这种习俗，是满族妇女必须遵守的。据记载，乾隆年间选秀女时，乾隆就说过：“旗妇一耳带三钳，原系满洲旧风，断不可改饰，朕选看包衣佐领之秀女，皆带一坠子，相沿至于一耳一钳，则竟非满洲矣，立行禁止。”这种习俗，区别于汉族妇女的一耳一环，成了满族妇女的标志，直到20世纪初，在东北满族聚居的地方，仍可见到。

三、传统穿着讲究

传统服饰穿着讲究分季节、年龄、性别、场合着衣，与现代服饰风俗相比，在观念、审美习惯、服色讲究方面都有很大的差异，体现了传统服饰特有的吉祥内涵。

（一）珍惜衣服

惜衣，是传统观念中人们对衣服的态度。在过去，大部分底层民众缺衣少食，甚至一部分人赤脚没有衣服穿。一件衣服，老大穿了老二穿；或者一衣三穿，既当棉，又当单，又当夹。还讲究“新三年，旧三年，缝缝补补又三年。”人们叫这“笑脏不笑补”“不怕有补丁，就怕有窟窿。”传统观念上还是以衣服的实用功能作为买衣服的标准，服装的实用价值是第一位的，款式、面料、颜色都是第二位的，有没有必要买、买什么，都受这种态度和感情的影响。民间还说：“若要富，穿粗布，若要穷，穿绸绫。”“有了新棉袄，别忘旧蓑衣。”“是饭就充饥，是衣都挡寒。”“有衣多寒，无衣少寒”，都是这种观念的反映。

在这种观念支配下，过去民间形成了以下穿着习俗：一是爱惜新衣。新衣是作为礼服对待的。一般人家每人冬夏仅做一两件新衣，对布料稍好的“遮面衣”百般爱惜，只在喜庆日子或走亲戚时才穿一穿，事后马上折叠起来，这样的“遮面衣”，不止“新三年”，有的要“新”半辈子。春节时，晚辈向长辈恭贺新禧，会得到红包，俗称“结衣彩”。

人们走亲串戚时要穿戴齐整，以干净鲜亮的衣服拜访亲戚，以示尊敬。二是讲究补衣。在补衣方面，还总结出了很多经验，如“衣服早补补丁小”“一针不补，千针难缝。”“补一补，一百五，连一连，穿三年。”“老大新，老二破，老三穿个补丁摞。”“三补顶一新”。

（二）按季换衣

传统穿着讲究按季节穿衣、换衣。一是到什么季节穿什么衣服。二是民间积累了很多关于季节与穿衣的宝贵经验。如“春捂秋冻”“春不减衣，秋不加帽。”“一月休把棉衣撤，三月还下桃花雪。”“立了春，撂棉墩。”“麦子不倒，不去棉袄。”“麦熟蚕老，离不了棉袄。”“不怕穿得少，就怕脱得早。”“热不马上脱衣，冷不马上穿棉。”“过了清明冷十天，脱了棉衣永不穿。”“秋后风凉落叶黄，一早一晚添衣裳。”“高粱倒，穿棉袄。”“一件单衫耐得冻，乍脱棉袄冻成病。”等，说的都是相同的道理。对北方人来说，如何度过寒冷的冬天是一个大问题。人们在这一方面也总结出了一些方法，如“宁穿一把棉，不穿十件单。”“一层布，一层风，十层布，过个冬。”“腰上扎个绳，强似穿上十层。”

（三）注重打扮

民间有谚：“佛要金装，人要衣装。”“钱是人的胆，衣是人的脸。”“人靠衣裳打扮，佛靠金装威风。”“人是衣裳马是鞍，打扮起来赛神仙。”“三分人才，七分打扮。”这些都强调了人要注重服装穿着、首饰的佩戴和发型的修整。所以，在生产力水平低下的日子里，衣服作为一种“奢侈品”，自然是层层叠叠、穿得越多越好。于是就衍生出一部分人将里面的衣服一层层显露出来以示炫耀的现象。人们议论贫富，也是“不看吃的看穿的”，以衣服多少为标准，由此形成了特有的服饰风俗。

在打扮的方式上，传统观念中有独特的审美标准：“男要俏，一身皂，女要俏，三分孝。”“俏人不穿棉”，“两只小脚遮半身，梳上个油头十分人。”“时样的裙子，还得时样的衫。”

同时，传统又讲究自然："好吃不过家常饭，好看不过素打扮。""长得俏才是俏，打扮俏惹人笑。""风流不在衣着。"[①]这是受大众经济条件制约所衍生的一些观念。

（四）男不露脐，女不露皮

这是民间服饰审美观念。民间以为，男子如果露脐，风邪就会趁机而入，导致重病；女子如果不穿长袖、长裤，且扎束不紧密，风邪就会从裤管侵入下体，导致妇女病。这是民间对穿着的审美要求，也是对服装穿着的规范。因为保守，这种传统着衣方式以现在的时尚观念来看是"封建"的。

肚兜图案

这种服饰审美观念确实来自封建文化思想，即裸露禁忌。服饰纳入社会礼仪体系以后，成了社会身份、地位的象征。男子成年累月在外劳作，可以赤膊上阵；女子则"大门不出，二门不迈。"围着锅台、女红转，如果出门，必须将全身裹得严严实实。长此以往，有了严格禁忌，不能"露皮"。

封建的传统观念认为女子的衣服、饰物不能随便触摸，女子的绣鞋、手帕、荷包可被当作定情之物使用。

民间还有一些特殊的穿衣标准，"笑冬不笑夏，光腚都不怕。"冬天如果没有棉衣，就会被人耻笑；而夏天则不必讲究，"二八月，乱穿衣。"这些是民众根据生活环境和生活条件形成的审美标准。在过去，贫穷的农村孩子大多赤身露体，大人也破衣褴褛，这种生活状况使他

① 李万鹏、罗福腾、张廷兴编：《中国谚语集成·山东卷》，中国 ISBN 中心，2009。

们的审美观念降到了最低层次。

（五）衣冠楚楚

这是传统穿着方面的规范，是民间对服饰的社会品德要求，也是服饰吉祥文化的基本内涵。民间讲究穿衣戴帽端正、重礼仪，忌讳歪戴帽子、敞胸露怀。帽子是重要的服饰，而头最禁忌他人触碰，故谚曰“摸人不摸头，打人不打脸。”作为保护头的帽子，自然也有了禁忌。在民间，如果谁的帽子、斗笠被风吹落在了地上，是掉脑袋的预兆。所以，帽子不能胡乱扔到地上，不能歪戴，不能反戴。戴歪帽子被视为心不正，是不成大器之相。

类似的讲究还有：衣服里大外小，富贵不了；袖子要长，要覆盖手面，袖子短了，主讨乞。

（六）红到三十绿到老

所谓“红到三十绿到老”，是民间对着衣在年龄与服色方面的要求。对于红、绿等颜色，民间以年龄而分，年轻女子、儿童以艳丽为美，已婚女子以暗色为美，也叫“红到三十，绿到四十”。

老年服装更是以黑、深蓝为主。

（七）忌反穿衣

传统服饰文化中有忌穿反衣之俗。因为不少地方丧葬“接外客”或“套衫”时必须反布反衣。“接外客”俗称“接外家”，即家中女眷去世，入殓前，须迎接女眷娘家的舅舅前来审视。这时，丧家预先放置一张桌案于门前，桌巾必须反面而结。所谓“套衫”，即为死者套上“寿衣”，寿衣分三层、五层、七层不等。寿衣并不直接穿在死者身上，而是反面朝外层层套在“孝男”身上，然后再剥下穿在死者身上。因此，民间忌穿反衣。

还有一种迷信说法为“反穿罗裙，另嫁男人。”在传统风俗中，如果反穿罗裙，便为凶兆，主死丈夫。古代女子出嫁须凤冠霞帔，全身火红，光艳照人，以映衬其红闺黄花。而女子再嫁，则不能享受这种灿烂，只得反穿罗裙，步行到再嫁之家。因此按照民间的思维方式，反穿罗裙自然不吉利。佤族服饰禁忌中也有这种讲究：不要反穿衣裳，只有死人才会反盖被子、反穿衣裳，正常人若反盖、反穿了，就易生病。

（八）讲究服色

在服饰的色彩上，民间视青、红、皂、白、黄五种颜色为正色，为吉祥颜色。历史上的服色崇尚也是夏黑、商白、周赤、秦黑、汉赤，唐黄，明赤，这显然与统治阶级的服制有密切的联系。

民间传统服饰以红色为吉祥色，是喜庆的标志。汉族喜欢在新春或结婚、祝寿等喜庆场合用大红色，以烘托热烈、喜庆、祥和的气氛。塔吉克族人也喜欢红色，男女的皮靴多染成红色，订婚时男方要送女方大红头巾。新娘要头披红头巾，辫梢系红丝穗，身穿红色长裙，外罩红色袷袢，脚穿红皮靴。连新郎的帽外也缠红白两色相间的彩布。

其实，崇尚红色是古代禁忌的遗风。最初的红色染料大概就是血液，后来改用赭土。人们很容易把对血液的禁忌转移到对红颜色的崇尚上来。新婚时的红嫁衣、红头巾、红花衣、大红花轿，都是人们以红克邪、求吉利的表现。旧时人喜欢胸前穿红兜兜，小儿衣领上缀一绺红布条，这都体现着人们对红色辟邪的愿望。“本命年扎红腰带”，也是这个意思。

妇女喜欢着红色，但是有很多讲究。据《福建省志·民俗志》载，旧时福建连城一带婚服并不尚红，新娘只能穿白、蓝、紫三色衣，配上凤裙。莆田、仙游一带的山区、平原各有喜好。山区一带，旧时有虎患，俗信红易引虎，所以妇女从不穿红衣，遇喜事以玉色衣服为吉服，但已婚妇女可穿镶花边的红裤；平原地区妇女，凡已婚者，每年自农历十二月二十五日起穿红衣裳，直到次年正月十五或二月初二止，以兆吉祥。寡妇则忌穿红衣，甚至连内衣裤也忌红色，但老年妇女中丧夫者，若子孙富贵，威望高，在被人邀请为新娘梳头或为满月婴儿剃头等场合，可在外衣内套红裳。莆田涵江已婚妇女，除婚嫁、探亲访友或参加寿诞、满月、春节“围炉”时须穿红衫外，若其夫外出，生死未卜，或患不治之症卧于病榻时，也都穿红衫以祈求彩兆。旧时仙游一带的人若出门做客或时逢节庆，如女子不穿红衣被视为不吉，会遭人指责。民间传说，仙游建城时，因建房选址不当，冲了“风水”，使民间纠纷不断，官司常打到县衙。县官被这些民事搅得坐卧不安，遂出告示，要全县妇女一律穿红衣以镇邪气，自此百姓和睦相处。由此，穿红衣红裳遂成习俗流传下来。过去，福州一带妇女认为穿红裙是吉利的，故喜穿红裙，而丧夫者则穿黑裙。

同样是红色，依年龄不同，还有深浅之别。少妇多穿深红色或粉红色，中年妇女以紫红色、玫瑰红为主，老妇则穿大红或暗红色。

传统服饰以黄色为尊。从唐代以后，黄色曾长期被视为尊贵的颜色，是天子权贵的象征，只有帝王之家才能穿用。民间若用黄色，就是“图谋不轨”，有造反篡位之嫌，就连藏有黄布，也等于造反。所以，除了庙宇装扮神像、民间进行歌舞等表演活动外，民间禁止使用黄色。

传统服饰以绿色为雅静。绿色属暗色，象征清新、宁静、娇艳。民间用它做绿裙、绿裤，搭配红袄，衬托新娘的娇艳，并且成为年轻妇女的服装颜色。但是，民间忌讳男子着绿衣、戴绿帽。因为绿又为贱色，元、明、清三朝更是将其视为不好的服色。

传统服饰以蓝色为大众色，蓝色是民间百姓的主要服色，有深蓝、浅蓝之分。民间有谚语形容男子穿着漂亮，即：“浅蓝裤子小青袄，这样的男人哪里找。”

传统服饰以白色为晦色，因为白色是孝服的颜色，因此人们忌讳穿白衣、白鞋。平时若穿白衣、白鞋，就会被视为不吉，同时也不喜欢扎头发的装饰物用白色。穿鞋也忌蓝、白色。

紫色，又叫香色，是成熟、老练的颜色象征。传统服饰中将它看作权力的象征，一般为老年人的服色。民间还把它与“子”联系起来，用于婚礼，表示早生贵子，多子多福。

黑色，民间认为是神秘的象征。一般当作冬天的服色。

20 世纪 80 年代以后，随着经济的不断发展，人们封建迷信的思想逐渐消除，民间对服色的禁忌已经普遍淡化，青年人服色已无太多讲究了。

第二章　日常穿着的吉祥讲究

传统的日常服饰分为上衣、下衣、内衣、鞋帽和饰物五大类。上衣一般有短衣、长衣之分别。下衣主要有裙子和裤子两种。内衣指的是贴近皮肤以保健、卫生为目的的衣服。对于内衣，民间在很长一段时间里都羞于言说，而称之为“小衣裳”“兜兜”“汗衫”“短裤”“背心”“小褂儿”。帽子按照用料可以分为草帽、竹帽、皮帽、毡帽等。鞋子和袜子在古代为“足衣”“足服”，有草鞋、皮鞋、木鞋、麻鞋、丝鞋、布鞋等。饰物主要是头饰、发饰、颈饰、胸饰、腰饰以及其他饰物。日常服饰也有很多讲究，涉及命名、衣料、缝制、部件、功用等各个方面，也包含着很多吉祥寓意。

一、褂子

褂子按照用途和式样，大致可以分为四类：大褂儿，即长衫，民间指旧时的礼服，20 世纪 50 年代以后逐渐消失，但是现在还常用“长袍马褂”比喻穿戴整齐光鲜；套褂子，指套在棉袄外面的褂子，也叫“袄罩”“罩衣”“罩褂子”“外套儿”“外罩儿”“套袄褂子”，是为了防止棉袄弄脏、磨损，也为了保暖、美观；单穿褂子，即单衫，指春秋单穿的长袖褂子，有传统的汗褂子、大襟褂子、对襟褂子（也叫对门小褂），夏天用麻布制作，叫“夏布衫”，基本相当于现代的衬衣；小褂儿，指的是短小无袖的上衣，或是夏季服装，或是内衣，根据其样式，有“半截找儿”“汗小褂儿”“汗塌儿”。女性小褂叫“小衣”“背心”，属于内衣。

（一）褂子的部件与吉祥说法

衣襟，褂子的前片，有大襟、小襟、对襟、一字襟、琵琶襟等不同式样。大襟褂子中，将上衣襟称为“掩襟”，下衣襟称为“底襟”，为省布而不裁下襟，叫“缺襟”。旧时大襟衣服，汉族和一些少数民族都穿，式样有有领无扣、无领无扣、有领有扣、在右衽穿一带子打结代扣等多种。女式多为短大襟，长不过膝，短不露腹；男式有长和短两种。对襟，古代叫“裎衣”，是汉族和部分少数民族的传统上衣式样，两襟相对，纽扣在胸前正中。

1．右衽吉祥

衽，就是衣襟。传统褂子式样分右衽和左衽，衣领直接连着左右襟。右衽指前襟从左边掩向右边，在胸前相交，左襟长，压在短的右襟上面，在右腋下挽结或者扣衣扣，是从古到今中原一带传统衫袍的式样；左衽，与右衽相反，前襟向左掩，用左手扣扣襻，是古代北方少数民族的服装式样。

其吉祥意义的渊源，则是中华文化对左、右排列的讲究。从皇帝坐北朝南的位置看来，东边为上，故中国古代男尊女卑，男左女右，左为上右为下，即东上西下、左上右下。但是，以大臣位置为坐标，则右手为东、右为上，左手为西、左为下。皇帝的标准只有皇帝专用，故民众还是用大众的标准，即右手为东、右为上。故《史记·廉颇蔺相如列传》记载：“既罢归国，以相如功大，拜为上卿，位在廉颇之右。廉颇曰：‘我为赵将，有攻城野战之大功，而蔺相如徒以口舌为劳，而位居我上，且相如素贱人，吾羞，不忍为之下。’”左衽、右衽本来只是服饰的一种习惯，按照民间思维，也有了尊与卑的说法了。

2．元宝领子

领子是褂子的脖颈部位，包括领口儿（指领子的开口部位）、领弯（指缝衣领处的弯形开口）、领座。清末出现较高的硬领，叫“元宝领”；民国时期，衣领变低，领口开成方形、圆形、鸡心形、金刚钻形；现在见到的，一般有无领（有坦露胸颈的一字领、圆领、V形领、方领

元宝领

等，有的用花边、牙子等装饰）、立领（常见于中式传统服装，中山装、旗袍、高领毛衣等）、翻驳领（即西装领，起阔胸、宽肩的作用，有大翻领、小翻领两种）、趴领（也叫“娃娃领”，没有领座）、关领（领口关闭）、花环领（做好花环，手工绷扎在领子上）、领带领（领子上连接各种飘带）等。

具有吉祥含义的是元宝领。元宝是古代的一种货币，由贵重的黄金或白银制成，一般白银居多，黄金的稀见，叫“金元宝”。明代的领子，有交领（斜领）、直领（对襟）、盘领（圆领）、合领（高领、立领）几种，领子通常没有镶边。到了清代，满族服饰的立领一般都有镶边，为元宝型，弧线绕襟开边，装饰性极强，富贵气息浓厚。

3. 衣缘美饰

旧时的衣服，多用镶边，即在领口、袖口、衣襟、衣摆的边缘进行镶边装饰。特别是小孩褂子和女性褂子，以及裙装和裤子。

镶边，也叫贴边儿、绀边儿、栏杆，衣服镶滚有白绀边、牡丹带、盘金等名色。这些镶边，到了清代中叶，道数以多为美，有些衣服上的镶边层叠多达十几道，被统称为“十八镶滚”，显得富

十八镶

丽堂皇。

除部件外，也在衣服上使用一些有吉祥意义的纹饰。

（1）葫芦镶边

葫芦镶边

葫芦作为农作物之一，在我国有悠久的历史。浙江余姚河姆渡遗址就发现了7000年前的葫芦种子。葫芦在我国古代有多种叫法，如“瓠”“匏”“壶”“甘瓠”“壶卢”“蒲卢”,《诗经·豳风·七月》就有“七月食瓜，八月断壶。”之语，说的是八月是收获葫芦的季节。葫芦形体优美，色黄如金，产量高，含籽多，寓意吉祥，是我国很多个民族崇拜的对象。在我国神话传说中，开天辟地的人就叫盘古；伏羲和女娲就是坐在葫芦里漂到了昆仑山上，重新创造了人类。葫芦还与我国文学、艺术、宗教、民俗、神话传说等关系十分密切,文化蕴含非常丰富。葫芦的吉祥意义有很多，一是被视为求吉护身、避邪祛祟的吉祥物。古代夫妻结婚入洞房饮“合卺”酒，“卺”即葫芦，其意为夫妻百年后灵魂可合体。二是成仙得道的法器。葫芦是成仙得道的标志之一，是酒与长生不老药的象征，与铁拐先生、尹喜、安期生、费长房这些神话人物时刻不离。三是祈求子孙万代、生育能力强的象征。葫芦藤蔓绵延，结子繁盛，籽又特别多，因此被视为祈求子孙万代的吉祥物。四是富贵的象征。有谚语曰“厝内一粒瓠，家风才会富”，意思是说，在家里摆放一个葫芦，才会发财、富有。故古代人家中多挂一些葫芦，里面存放多种豆类、蔬菜等的种子，用来春天播种。

以葫芦为图案或者为纹样作为镶边图案，其吉祥意义不言而喻。

蝴蝶镶边

（2）蝴蝶镶边

蝴蝶，因为身美、形美、色美、情美而被人们用作传统服饰常见镶边纹样，具有青春、美好、美丽、灿烂的吉祥意义。中国传统文学常把双飞的蝴蝶作为自由恋爱的象征，表达人们对自由爱情的向往与追求，而且蝴蝶忠于情侣，一生只有一个伴侣，是对爱情忠贞的代表，人们将蝴蝶用作镶边图案，寓意甜美的爱情和美满的婚姻，表现对至善至美的追求。此外，“蝶”与“耋”同音，被赋予了长寿的内涵，因此蝴蝶成为老年人服饰常用的镶边图案。

（3）梅竹镶边

梅花是中国十大名花之一，与兰花、竹子、菊花一起列为“四君子”，与松、竹并称为“岁寒三友”。梅可分花梅和果梅两类。花梅主要供观赏。果梅的果实主要用于食用或药用。

在中国传统文化中，梅以它高洁、坚强、谦虚的品格，给人以立志奋发图强的激励。在严寒中，梅开百花之先，独天下而春，成为人们欣赏的对象，历代有关梅的书、文、诗、画有很多。另外，梅花探波傲雪、剪雪裁冰、一身傲骨，所以，在“四君子”中最为高洁。

作为镶边图案，人们常将梅花与竹子和两只喜鹊画在一起，取其谐音，表达着“梅竹双喜”的吉祥含义。除此之外，还有梅竹傲霜、梅竹双清、梅竹平安、梅竹鹤石、梅竹相依等多种构图，凸显吉祥内涵。而画喜鹊站在梅梢上鸣叫，则寓意喜上眉梢、喜事临门。

兰花空谷幽放，香雅怡情，在传统文化中是美好、高洁、贤德的象征。兰花有好多种，如小苍兰、蝴蝶兰、文心兰、蕙兰等。在传统图案和镶边图案中，兰和灵芝搭配，比喻高尚的美德长在。兰花与桂花搭配，为兰芳桂馥，意为恩泽长留，历久不衰，后来也象征子肖孙贤，显贵发达。兰草和蕙草搭配，为兰姿蕙质，比喻女子人品贤淑，纯洁高雅。

竹子，因其中通外直，清淡高雅，挺拔修长，四季青翠，故在“四君子”中代表谦虚，在“三友”中则代表正直、不屈。传统吉祥图案中，其与梅搭配，称为梅竹双清，喻人品格高尚，不为权势所动。

菊花，凌霜飘逸，特立独行，不趋炎附势，在“四君子”中代表隐士。东晋陶渊明特别喜爱，称菊花有坚韧不拔、孤傲冰清的气节。此外，重阳与菊花九月盛开相叠，素有饮菊花酒的习俗，故菊花还有着吉祥高寿的寓意。

20 世纪初，随着西方文化传入中国，传统衣服式样发生变化，阔滚条过时，改行狭条，叫“韭菜边”，圆的是“灯边”，又叫“绿香滚”。

（4）动物镶边

在中国传统文化中，有一些动物被称为吉祥动物，它们也经常被用来当作吉祥图案或者镶边图案。如青龙、白虎、朱雀、玄武象征祥瑞，仙鹤象征长寿，孔雀象征美丽，麟、凤、龟象征灵性，貔貅象征辟邪，大象象征吉祥，鲤鱼象征富有，喜鹊象征喜庆，鹿象征福禄，燕子象征财运，猫和蝴蝶象征长寿。另外，也有多种动物或者动物和植物等其他事物相配搭，利用谐音构成吉祥意义的产生，如鹿鹤同春、金玉满堂、连年有余等。

鹿草镶边

（5）吉祥纹样镶边

经常用于服饰镶边的纹样，一是云纹。云纹中较为优美者曰“祥云”，形态似飞鸟者曰“瑞雀”，象征高升和如意。二是八卦纹。《易

云纹镶边

传》认为《周易》中的乾、兑、离、震、巽、坎、艮、坤八种图形，象征天、地、雷、风、山、泽、水、火八种自然现象，故很多宗教服饰多以此为镶边纹样。三是万字纹，即“卍”，在宗教中常被认为是太阳或火的象征，在梵文中意为“吉祥海云”，认为它是“吉祥之所集”。唐代武则天长寿二年（693年）制定此字读作“万”，意为“吉祥万德之所集”。其用作镶边图案，寓意绵长不断和万福万寿，也叫“万寿锦纹”。四是回形纹，即呈圆弧形卷曲或方折的回旋线条，也叫云雷纹，象征回环往复、源源不断。此外还有“寿”字纹、盘长纹、葫芦纹等。

4. 扣子

扣子是用以联结两襟或者衣兜的线与粒状物，有的只起点缀作用。旧时为布纽扣、布扣鼻儿，现在多为塑料、金属材质的。传统布扣子按形状称为“蒜疙瘩”“核桃疙瘩”，是用布条作成布绳，再用布绳打成的疙瘩结。女子可以用盘花、蝴蝶等大扣子。有的服装为了华美，缀纽扣较多，脖领上双扣双鼻，大襟肩头上双扣双鼻。现代的扣子其中有一种叫“揿钮”，也叫作“摁扣”“姊妹扣儿”“子母扣儿”，分凸出和凹陷的两部分。

衣服纽扣数量是有吉祥讲究的。无论男女，褂子多用三颗或五颗，不能是四、六、七，因为“四六不成材”。俗语中还有类似的许多说法，如“不着四六”“四六不懂”“没六儿”等，这些都用了数字“四”和“六”，表示了一些不好的含义。相传这种说法来源于科举考试的八股文。八股文中，有些句子要用骈文，即上句与下句必须使用统一的四字、六字对偶的句式，即“四六文”。所谓“不成才”“不通”“不懂”，是不会写文章、考不上科举的评价，也有人认为与《易经》八卦相关。在《易经》中，阳爻的起点和阴爻的终点是“天四”，阳爻的终点和阴爻的起点是“地六”，所以无论是起点还是终点都是不可用的。还有人根据文字的笔画，联想不用四六的原因，认为“天”字四画，“地”字六画，即不知天地；“父”字四画，“母”字六画，即不知父母；“文”字四画，“字”字六画，即不知文字；“孔”字四画，“老”字六画，即不知孔（子）老（子）；“夫”字四画，“妇”字六画，即不知夫妇；“凶”字四画，“吉”字六画，即不知凶吉。更有甚者，联想到了孔子教学的六艺：一曰五礼，二曰六乐，三曰五射，四曰五御，五曰六书，六曰九数。认为这六种学问和技艺都不懂，就是不成材。

旧时的扣子，分为扣襻和扣眼。扣襻多用布条缝制成，形式多样；扣眼也要用。

（二）传统褂子的吉祥命名与说法

1. 马褂

马褂，又叫“得胜褂”“胜褂”，原来是满族士兵骑马作战时穿的外褂，穿上它显得干净利落，后来成了礼服。马褂形同传统小袄，圆领，较外褂短，长仅及于脐，穿在长衣袍衫之外，康熙朝后穿的人日益增多。马褂式样很多，有长袖、短袖、宽袖、窄袖、对襟、大襟、琵琶襟等式样。马褂的袖口是平的，从领子往下缀有布或者铜的纽扣。马褂用料讲究，多用细布或者绸缎，服色多为黑、蓝、紫，老百姓穿的则用粗布。嘉庆年间马褂往往用如意头镶边，到咸丰、同治时期用大沿镶边，到光绪、宣统时期则兴短马褂，尤其在南方，甚至把它减短到脐部之上。色用宝蓝、天青、库灰，料用铁线纱、呢、缎等，甚至有用大红色者。到20世纪二三十年代，马褂做工更为细腻和高档，袖口、领口、下沿都要镶饰花边。有身份的人，冬天出门，长衫外面必须加一件马褂或者坎肩才成体统。民国时期推行改装，马褂流行至20世纪30年代后期，在50年代以后绝迹。

对襟马褂，初尚天青色，至乾隆中期尚玫瑰紫，乾隆晚期的名臣福康安好着深绛色衣服，人们也都仿效之，谓之“福色”；嘉庆时尚香色及浅灰色，夏天纱衣则用棕色。其大袖对襟马褂，可以代替外褂穿用，色用天青。康熙时有一种长袖、衣身较长、不开衩的马褂，也叫“阿娘袋”“卧龙袋”，民间年老者多穿之。

大襟马褂，即衣襟开在右边，四周用异色为缘边，属于便服类。

琵琶襟马褂，因右襟短缺，成琵琶错落之状，故名，也叫“缺襟马褂”。

黄马褂，衣色为明黄，原为皇帝穿用，同时皇帝近侍也例准穿用，所以成了皇帝赏赐的重要物品，只有有功之人才得此殊荣。

黄马褂

翻毛皮马褂，即将毛露在外表，始于乾隆年间，到嘉庆年间时兴，料用贵重的玄狐、紫貂、海龙、猞猁狲、紫羔等，有丧事者则用银鼠、麦穗子（俗称“萝卜丝”）等，均属达官贵人之服。

民间还经常用“长袍马褂”指代有身份、有地位的人，与“短打扮”的劳动者形成了鲜明的对比，从而使之获得了另外的吉祥含义。

2. 马甲

也叫“坎肩”“坎子”“坎甲”，是只能盖住臂膀的一部分而没有袖子的上衣，南方称“背心”，吴语称“马甲”。马甲有长短之分。长的是无袖长衫，腰身很长，下摆直到胯下，缀五颗扣子，其中脖子一颗，右肩头一颗，腋下一溜三颗，冬天罩在棉袍之上，一是为了束住棉袍保暖，二是为了遮蔽棉袍以免弄脏。短坎肩比较常见。坎肩有棉的，有夹的，也有毛的、皮的、革的，旧时棉的与棉袍配合穿，夹的与长衫配合穿，现在大都直接穿在毛衣、褂子、裙子外边。其款式有大襟、一字襟、对襟、多纽式几种。

清朝有一种一字襟马甲，前身有一横襟，横襟有排扣十三道，它的吉祥名字叫"巴图鲁"坎肩或"十三太保"，"巴图鲁"在满族语中是好汉、勇士之意。其用皮制成，衬穿于袍内，对襟式，左右两腋下也开襟，都以纽扣联系。如果热了，只要解开两腋纽扣以及胸前的排扣，即可以拽出。后来，八旗子弟喜欢将它套在衣外穿，以显示威武。

3. 红主腰

贴身无袖上衣，也叫"裹肚""腰子""兜肚"，有棉、夹之分。主腰由腰身、背搭、搭帘三部分组成。腰身为长方形，正中与背搭相连，三者形成一个整体，穿在身上既可保暖，又不影响手臂活动。

一般人穿着主腰是为了护住肚子，防冷防寒；妇女穿上则为了方便给孩子喂奶。旧时在晋北、大同一带，随处可见这种"红主腰、红裤带、外穿皮袄敞开怀，腰里别着大烟袋"的打扮。同时，穿红有吉祥的意义。大同还有"七开心，八补裆"的讲究，其中"七开心"就是七岁开始穿红主腰，"八补裆"就是八岁才能穿上补裆裤子。

4. 少数民族褂子

少数民族褂子的命名和讲究更具有吉祥含义。

有的以此为美。居住在云南碧江和泸水的傈僳族青年男女，就喜欢在衣服外面穿上一件黑白相间的用细横纹麻布缝制的"言褂子"。"言褂子"是傈僳语"麻褂子"的意思。这种褂子穿在身上，恰好遮住了肩、背及臀部，挡住了在生产劳动中衣服最容易被磨破的身体部分。在田间休息的时候，还可以用褂子的下摆当坐垫。

有的以此为华贵。叶车姑娘的上身穿三件不同式样的服装，叫"却葩"（汗衫）、"却巴"（衬衣）、"却"（外衣）。"却"像乌龟的背壳，故也称龟式服。外衣和衬衣都是无领对襟短衣。衣摆边半圆形状，两侧圆形开口，在襟的左侧镶有十七个假布扣，上衣的下角边镶嵌各式彩色的绲边。一件“却”要在衣襟边缘上折叠九至十二层，表示穿九至十二件衣服。

有的以此为纪念和信仰。白裤瑶、红瑶的女子夏装称作“挂衣”。挂衣没有衣袖，前面一块，背后一块，两边肩上各用十厘米宽的黑布条连着，腋下没有扣子。挂衣底为黑色，背面用彩色丝线绣成各种图案。大多数图案都像一块方印，意为瑶王的大印永远在瑶家人民的心中。传说很久以前，瑶王按照瑶家的传统习惯，出榜招得了一位英俊潇洒的女婿。一年后，可爱的小外孙降生，瑶王非常高兴。为了哄逗外孙，瑶王常常把装有瑶家大印的木匣拿给孩子玩。谁知女婿竟是垂涎瑶家山寨的莫家土司之子，他趁招婿之机骗取瑶王的信任，乘机盗走了王印，并带领莫家土司的士兵攻打瑶王。瑶王没了印，一时又调不来各寨瑶兵，结果打了败仗。自此，为了不忘夺印之仇，瑶族妇女们就在自己的衣背上和头巾上绣上了瑶王的大印。除此之外，青海土族青壮年妇女有一种外衣，叫花袖衫，通常用红、黄、蓝、绿、紫五色彩布或者绸缎缝制成套袖筒，缝接在坎肩或者长衫的肩部，鲜艳美丽。据说，古代土族妇女原本是战士，勇敢善战，后来才逐步发展为操持家务、从事农耕生产，她们为了表达对戎马生涯的怀念，也为了适用于生产劳作，就将战袍改制成了花袖衫。

（三）现代褂子的吉祥命名与说法

1. 中山装

以孙中山的名字命名，在国际上被视为中国男式礼服的代表性服装。中山装造型大方、严谨，能很好地展示出中国男子内敛、深沉、持重、自尊的特性。其面料既可用高级的，也可用一般的，自身既可以当作礼服，又适宜平时穿用，因此深受大众喜爱。

20 世纪初，西服在中国出现。但是西服并不符合中国人的生活方式，因此中山装应运而生。中山装是由孙中山创制而得名的。对于这一服装的原型，有说是参照了英国猎装，也有说是由日本陆军士官生服装而改制，还有说是起源于日本铁路工人服。不论哪种说法，人们普遍认为是辛亥革命后，孙中山从欧洲（也有说从日本）返回上海，来到上海荣昌祥呢绒西服号定做服装（或说将一件西服改造），荣昌祥服装店的老板王财荣是浙江奉化人，曾经是上海奉帮裁缝会的会长，他参照中国原有衣裤式样，吸收了南洋华侨中的企领文装特点，把这件衣服做成了这种样子：单立领，前身门襟九个扣子，上下左右四个口袋，袋褶向外露，后身有背带缝，中腰处有一腰带。后来，人们进一步改进它，将九个扣子改成了五个。关于这五个扣的吉祥含义，说法不一，有说是象征五权宪法，也有说是表示五族共和。还将后背改为无缝式，将大口袋改为贴口袋，上面的两个小口袋改为平贴口袋，每个袋盖上都有明眼，胸前两个口袋的兜盖做成倒“山”字笔架形状，称为“笔架盖”，表示革命要重用知识分子；腹部两兜做成长方形布袋式，袋的四周不与衣体相贴，兜盖为横长方形，可以放书、笔记本等学习和工作用品。前边左边还有一个小暗兜，叫“表袋”，放怀表的。这种服装结构合理，穿着自然舒服，很快在城市流行开来。20世纪20年代末国民政府重新颁布《文官制服礼服条例》，中山装被确定为法定制服，荣昌祥也因此名声大振，生意兴隆。[①]

中华人民共和国成立后，中山装成了国服，党和国家领导人出国访问、接待外宾、节日庆祝等公开场合都穿中山装，国家公务员也将它当成职业装。所以，中山装既是礼服又是常服，民间称它为“干部服”，一直流行到20世纪80年代。

2．军便服

由军服演变而来，样式基本类似于中山装，二者差别为：军便服衣身稍微宽松，有两个兜，男式的衣兜在上，扣鼻缀在兜盖里侧，扣上后不露扣子，袖口也没有装饰性的扣子；女士式样为小开领，有三

---

① 周畴、徐国峰：《是谁做出我国第一件中山装》，《中国服装》，1988（4）。

颗扣子，两兜在下。

军便服在20世纪六七十年代是革命和身份的象征，代表着青年人对军服和革命的崇拜，也是学生、老师等公职人员的常服。由此产生出军人、革命、身份等特定时代的吉祥含义。

3. 列宁服

是20世纪50年代我国具有中西合璧的特点的服饰。款式为大翻领、斜插兜、收腰，两襟不对称，左大右小，左襟自上而下缀双排大纽扣，特点是活泼有朝气，是青年服装，具有洋气、大方、时尚、青春等吉祥含义。后来，其式样被便服、套裙等所借鉴。

4. 夹克

是束袖口、束下摆，长至腰部或臀部，肥腰斜兜的一种上衣，口袋有拉链式、摁扣式、普通开门搭门式三种，20世纪80年代开始时兴、普及，具有以下特征。一是有单、夹、棉之分，单的面料薄，在初夏穿；夹的双层，在春秋穿；棉的内絮棉絮、毛毡、丝绵，在冬季穿。二是有许多夹克是带帽子的，冷时戴上，不戴时缀在后面当装饰。三是有的互为里表，正反都能穿。四是衣襟、兜口有的用扣子，有的用拉链，有的二者皆有，拉链往往带有装饰性的拉头。五是式样、颜色多样，城乡、老少、男女等不同人群都能挑选到自己满意的式样和颜色。它具有简洁利落，富有朝气的特点。

5. 西装

也叫“西服”“洋装”，通常指男西式套装。从清末开始，西服就由去西欧留学的学生传入我国，但因为它敞胸露怀，需要衬衣、马甲相配，且不符合中国传统服饰审美和实用观念，又加上帝国主义对中国的侵略而使国人对外来物品产生了憎恨、敌对的民族感情，因此没有普及。革命战争年代，男人西装革履，女人短衫长裙，是资产阶级、小资产阶级情调的象征。20世纪50年代，西装革履又成了商界人士和华侨的标志，普通民众与之无缘。直到20世纪80年代末才在全国普及，成为主要的礼服和常服，上班族大都是西服、领带、公文包。

在相当长的时间里，这种标准的打扮风靡一时，是职业人士的标准装束。

其吉祥含义表现为：一西服是正规衣着，用民间的话说，穿上“板正”，显得整齐、高雅、冷静、沉着，因此西装适合正规场合。二西装本来是礼服，它包括西服上下衣、皮鞋、腰带、领带，三件套的还有马甲式的西服背心。而男士着西装有许多讲究：扣子个数不同，哪个该扣哪个不该扣；西装与衬衣和领带的颜色怎样搭配才能协调；着西装者发型要梳理成什么样子；脚上的鞋袜怎么要求，以及口袋应装什么，怎么装等，都不是随意的。

穿着西装有很多讲究，总括列为以下十三条：一忌西裤短，标准的西裤长度要裤管盖住皮鞋；二忌衬衫放在西裤外；三忌衬衫领子太大，领脖间存在空隙；四忌领带颜色刺目；五忌领带系得太短，一般领带长度应是领带尖盖住皮带扣；六忌不扣衬衫扣就佩戴领带；七忌西服上衣袖子过长，应比衬衫袖短一厘米；八忌西服的上衣、裤子袋内鼓囊囊；九忌西服配运动鞋；十忌与皮鞋和领带颜色不协调；十一忌缺失扣子，包括袖口的装饰扣子；十二忌西装的上口袋不宜插笔及眼镜，走路时也不要把双手插在西装上衣或裤子口袋内；十三衬衫的袖口应露出在西装袖口外面，且衬衫袖口的扣子一定要扣上。

女式西服大致分为裙套、裤套、三件套三种，各种套装没有固定格式，但是，女西服套装都能突出女性的体型美，不应过于宽松。一般女西服用手感柔软、舒适、挺括、质地较好的纯毛或化纤面料。妇女穿西服不一定穿颜色相同的套装，可穿浅色的上衣配深色裙子或裤子，马甲、裙子也可根据季节变化配穿，有的可搭配精巧漂亮的胸花，要与皮鞋、皮包的式样颜色和发型相互搭配，给人以稳重、干练之感。

6. 衬衣

旧时的衬衣叫“里褂子”“小褂”，大都是白色、月白色的，但那时也有一部分人都不穿里褂。后来，随着衣着观念和穿着习惯的变化，才有了穿衬衣的概念，一般当夏季外衣穿。穿的时候，则要挽袖子至小臂上，甚至到胳膊肘以上，下半部分不扎在裤腰里。后来，半袖衬衣渐渐流行。

20 世纪 80 年代以前，男女衬衣在式样和颜色上区别较大。女式衬衣在袖口、胸前有花饰，或者领子、袖口有蕾丝镶边，衬衣领口一般用圆领、尖领、敞领，袖口有平袖、敞袖、束袖之分，扣子也由传统的五颗变成了四颗或六颗。到 20 世纪 80 年代，各色各式衬衣开始流行，90 年代以后，男女衬衣已经没有太大差别了。有一种女式短袖衬衣，夏季穿用，为半袖、小半袖，一般是小开领，有三个或四个扣，以麻、葛、纱、丝、重磅真丝为面料。

目前，衬衣的种类较多。从领子的形状来看，可分为标准领衬衣，是礼服衬衫中最常见、最普通的款式；异色领衬衣，是配一个白领子的素色或条纹衬衣，有的袖口也做成白色，领型多为标准领或敞角领，领尖形状颇多，通常为圆形；暗扣领衬衣，衬衣左右领尖上缝有提纽，领带从提纽上穿过，领部扣紧；纽扣领衬衣，衬衣领尖以纽扣固定于衣身；长尖领衬衣，衬衣领尖较长，通常为白色或素色图案。从图案分类看，有粗竖条纹衬衣、铅笔条纹衬衣、交替竖条纹衬衣、多色方格衬衣。从用料上看，有棉布衬衣、的确良衬衣、混纺衬衣等。

7. 文化衫

在汗衫和背心上绘图案、印标志性文字的现象在 20 世纪五六十年代开始出现，一般是作为国别或地方、单位的标识，如运动员穿的背心、革命圣迹和风景名胜留念背心、青年突击队等生产单位和军队战士的背心。到 20 世纪 80 年代后期，发展为一种“文化”。中央电视台在 1998 年 7 月 25 日主办的《风雨同舟,情暖人间》义演晚会上，演员和节目主持人穿着印有“风雨同舟”大红字样的文化衫，使台上台下、全国人民和灾区群众的心连在了一起。几位回来探亲的台湾老兵，身着“我回家了”字样的文化衫，表达了回到家乡的喜悦之情。当今的文化衫则更加个性化。

二、棉衣

棉衣，指在两层面料之间絮了棉花以御寒的衣服，主要有棉袄、棉裤、棉大衣、棉帽、棉鞋等，其中长度到膝盖的各式棉上衣，民间统称为“棉袄”。

（一）棉袄的讲究

棉袄有大小、厚薄、男女之分，各有不同的穿着讲究，形成了特有的吉祥意义。

1. 小棉袄

男人的小棉袄因为对襟窄小、下摆短，加上旧时有些百姓不习惯穿衬衣，稍一弯腰挺肚，就能露出肚皮来，所以也叫“紧身子袄”“撅腚子袄”“撅肚子袄”。冬天时，我国北方天气寒冷，为了御寒，人们一般要在小袄的外面穿上棉袍或大棉袄，或者罩上褂子。单穿时，很少系扣子，常常是将两个衣襟交叉一掩，使之紧紧包在身上，在腰间束一条布带子或者布、麻绳。20 世纪初，小袄多用自织自染的老黑布，也叫深蓝布，家境好的也有用斜纹、哔叽的；形制为圆领，对襟，钉五颗布扣子；一个兜，用一块同色布缝在左襟下方，也有两个兜的；套以棉絮，春秋天拆除棉絮当夹衣穿。20 世纪 70 年代以后，多用市布，用缝纫机缝制，不用布扣而用塑料扣、摁扣，兜成了两边腋下的暗兜。20 世纪 80 年代以后，棉袄成了活里活面的，用纽扣连接面和棉里子，颜色也丰富起来。其中用麻纱料子制作的香色小袄成为时尚。

在女式的小棉袄中，中青年女性大多用大红、油绿、湖蓝，或者用各种花布；中老年女性则用黑、蓝。女式小袄一律大襟、右衽，被左大襟遮住的右小襟上缝有长方形直兜，皆用布纽扣，可以用五个或七个。一般妇女都喜欢用直贡呢或者红缎子制作小袄，用于节日或者出门穿着。旧时的小袄绣得团花簇锦。女子平时穿袄还喜欢系一个围裙，护住前胸、下摆，节日或出门时则罩一个干净漂亮的大布衫。到

20世纪60年代，有了对襟小袄，姑娘、媳妇开始穿花袄，多用盘花扣，把衣扣和扣鼻盘成蝴蝶、菊花、琵琶形状。也有的像男人那样罩花单褂子、制服褂、军便服褂，此方式从20世纪70年代开始形成风尚。

民间一直有“女儿是小棉袄”的说法，说的是女儿体贴母亲，懂事、懂情、懂理，又有孝心，能细心、细致地照料家人。将女儿比作小棉袄，可见小棉袄的贴身和温暖，以及人们对它的喜爱。

鲁西南地区有“全福人”（儿女双全、父母健在之人）故意将套袄的褂子下摆短于里边的红缎子小袄或者绿缎子小袄的习俗，以此作为儿女双全、家庭和睦、生活富足的标志。

2. 大红袄

民歌《回娘家》有段歌词：“风吹着杨柳嘛唰啦啦啦啦啦啦，小河里水流得哗啦啦啦啦啦啦。谁家的媳妇她走呀走得忙呀，原来她要回娘家。身穿大红袄，头戴一枝花，胭脂和香粉她的脸上擦。左手一只鸡，右手一只鸭，背上还背着一个胖娃娃呀，咿呀咿嗬喂。”说的就是女子最喜欢的大红袄。它的吉祥意义在于红火喜庆、幸福美满。大红袄一般用在喜庆场合，例如回娘家、婚礼、庙会等。

在山东长岛妇女喜欢红褂子，有谚曰：“砣矶岛，三大宝，大红裤子大红袄，穿着绣花鞋满街跑。”在招远一带则流行“三滴水”，即一次做新单衫三件，最里一件蓝色，最长，中间一件大红色，次之，外衣又为蓝色，最短，穿起来下襟边缘处蓝红蓝三色，层次分明，是年轻妇女的骄傲、荣光。

3. 半大衣

半大衣是20世纪六七十年代流行的冬季服装，即稍小的大衣，衣长仅及胯，钉有站麻绒或者毛皮领子。但是样式变化很大，一般为小翻领或圆领，左胸一个暗兜，腰间两个斜兜，兜上无盖无扣，用于插手取暖；胸前用大扣，活表或活里的用五颗小扣。半大衣多用黑、蓝、灰色，布料用斜纹、哔叽、条绒、的卡，也有用黑色、老蓝色粗布的。

其实，20世纪40年代的时候就有半大棉袄，也叫“小大袄”，款式为对襟，长及于膝，并且在两侧做斜插口袋，行、立都可以插手其间用来取暖，叫“抄手布袋”。半大衣也具有一定的吉祥含义。它是富有、休闲、自在生活的标志。

4. 棉囤子

棉囤子是极厚的棉背心，穿起来滚圆饱满，形如粮囤，故得名。农村一般用它做小孩棉装，将它与棉裤连接成为一个整体，即不要棉裤的腰，直接将棉囤子下摆缝在棉裤上，然后在棉囤子的两肩处开口作为穿着的进出口，穿上以后将两肩上的扣子扣住。谁家的孩子穿上棉囤子，那可是生活富裕和受疼爱的标志。取名“囤子”，也含有祈求丰衣足食，保佑儿童健康成长的吉祥意义。

5. 皮袄

皮袄是用动物皮毛制作的袄，旧时所用皮毛种类多样，有羊皮、羔皮、狐狸皮、猞猁皮、狸子皮、貂皮等，其中常见的皮袄是狗皮袄、羊皮袄、羔子皮袄，皮袄只有富家有，与大西北赶羊人常备的老羊皮袄不能相提并论。它里面为毛皮，外面缀有棉布或绸缎表。皮袄以羔子皮袄为贵,这是富有人家的过冬服装。还有一种光板皮袄,也叫“白茬袄”,用山羊皮缝制,而不缀里子或者外表,可以穿,也可以当被褥,防寒，防潮，经久耐用，这就是放羊人的皮袄，俗语叫“没反正”。

大皮袄适合老年人冬季御寒所穿，一般做成长袍形状，右衽，长至腿弯处。外面是布料或者丝绸，里面是羊皮或狗皮，或再缀一层软布里子。民间认为老年人没了活力，难以抵御严寒，故孝顺的儿女都给父亲做一件皮袄穿。所以在民间，老人穿皮袄是儿孙孝顺的象征，是儿孙的脸面，进而成为吉祥衣着。

山东临清有一种袄叫“千张袄”,始于明,盛于清,从雍正到光绪,历年都是贡品。当时此地有皮袄作坊几十家，作坊主每到年终总是将裁制皮袄的下脚料分给工人，名为“年终馈赠”。工人们为了养家糊口，就将分得的边角斜料按皮毛的颜色、形状，缝制成大小不同的方块，拿到市场上卖，人们再将它们搭配、裁剪成皮袄。因为这样的一张袄要用许多皮碎料拼成，所以被称为“千张袄”，“千张”意为多和富有，具有富贵多财的吉祥意义。这种袄物美价廉，人们争相购买，渐渐成了临清的名产、名品，也成为富有和时尚的代表。

（二）毛衣的讲究

毛衣也叫“毛衫”，用毛线制成。原为手工打制，叫“打毛衣”。女子将毛线缠成球状，利用业余时间用毛线针、钩针挑制，或自己穿，或给家人穿，或送给心上人。如果男子身上穿一件漂亮的毛衣，说明他的老婆心灵手巧，而得到一个姑娘赠送的毛衣，小伙子是非常欢喜的。正因为毛衣有这种特殊的意味，所以一般情况下，女子不会轻易给别人打毛衣。

20 世纪 80 年代以后，毛衣可以通过机器成批生产，多用羊毛线、棉线，后来又用马海毛线、腈纶线、驼毛线、牦牛毛线等，已成为基本服装。特别是较流行的羊毛衫，薄轻又修身，深得女子的喜爱，既可以当内搭，也可以单穿。毛衣款式有中袖、短袖、长袖及背心多种；毛衣领有高领、反高领、露颈圆领等。有的色泽明亮艳丽，有的加上镂空设计呈现出半透明效果，突出了女性形体的美。还有的女式毛衣有着长长的袖子，超长的袖子并没有实际的功效，只作为一种装饰而存在，营造出女性独特的优雅和妩媚。毛衣也可以搭配合适的裤装或裙装，既暖和又美观。

男式的毛衣多用鸡心领、小圆领、盘领，颜色多灰、蓝、黑，饱满而有力量。一般用作内搭，成为西装、夹克服的标配，具有帅气的吉祥意义。

三、袍装

袍装是较长、较大的外衣，不分上衣下裳，自汉代起，就被用于朝服，纳入服饰礼制。起始多为交领、直裾，衣身宽博，衣长至跗，袖较肥阔，袖口处收缩紧小，臂肘处形成圆弧状。到了唐代，变成圆领裥袍。到了明代，又改为直身长袍，穿着者多为知识分子及统治阶层。鲁迅写的小说《孔乙己》，主人公就一直穿长衫，以此与“短打扮”的民众作区分。那时袍装代表的是一种不事生产的上层人士及过着清闲生活的文化人，有中国独特的文化内涵和吉祥意义。

（一）长袍

长袍是清代至20世纪50年代男子的主要长衣。男子在里衣外面要罩长衣，单层者为衫，称“长衫”，双层及加棉者为袍，称“夹袍”“棉袍”“皮袍”，笼统称为“长袍”。长袍马褂代表着身份、地位和富足的生活，是与民众的“短打扮”相对而言的，故具有身份、礼仪、悠闲等多个特定的吉祥含义。

衫、袍的吉祥色大多为月白、湖色、枣红、雪青、蓝、灰诸色。早时，长衫、长袍要外束腰带，腰带也称“汗巾”“腰巾”，多为丝织品，忌红色，以湖色、白色为多。中上等人家衫、袍外面套一马褂，或穿马甲。马甲料用绸、纱、缎，色用宝蓝、二蓝、天青、酱色、元色、泥金等。一般为浅色的细布长衫单着或加罩于袍袄之外，形成上身深而下半身浅的色调。清末以后，袍子多不束带，不套马褂和马甲，称“秃笼袍子”。

衫、袍初期尚长，以长为吉祥。顺治末年减短，及于膝，其后又加长至踝上，并且往往把用于御寒的姑绒等衣料做单衣，应作暑热时单衣的轻纱类衣料反被做棉、夹袍绵褂，所以有“有里者无里，无里者有里”之说。袍、衫在同治年间还比较宽大，袖子有一尺余长的，光绪庚子年之后，变成修身和窄袖的式样。《京华百二竹枝词》：“新式衣裳夸有根，极长极窄太难论，洋人着服图灵便，几见缠躬不可蹲。”这是说其式窄几缠身，长可覆足，袖仅容臂，形不掩臀，偶然一蹲，动至破裂。

20世纪初至50年代，春秋天穿的长衫是富有阶层、知识阶层男子的主要日常服装，也是民间婚丧嫁娶、喜庆问吊的礼服。这时的长衫多为黑、蓝颜色，式样为右衽、大襟、高领，右边用本色布扣相系，布扣一般为五个，脖领一个，肩部一个，腋下三个，年轻人为了显示脖子长、秀气，往往在脖领加上两个扣子作为装饰；左边至胯下开叉，开叉高度及手，下垂至中指末端。有钱人家用洋布，两幅相缝，一般人家用当地土布，四幅相缝。

棉袍则左右均开叉，前襟后摆阔大，腰间多束一条大宽布带，系时从前面绕至后腰，结一个扣，再绕到前面，一端掖在腰间，一端下垂至髀间，作为装饰。

而农民和一般市民都是短打扮，平常很少穿长袍、长衫。民间有谚曰“穿长袍的总能遇见亲家”，说的就是只有乡邻亲友之间有什么婚丧喜庆大事，才穿这些行头。

民族袍装中，长袍类的藏袍、蒙古袍、鄂伦春冬袍很有特点。

藏袍其长过身，穿着时，头顶衣领，使长袍披及膝盖，扎上腰带，然后伸出头来，使上部“初巴”下垂，腰间可储物件。腰带是用红色或其他颜色编织成的宽毛带，也有的是装饰精美的有口袋的宽皮带，可装钱币等贵重物品，有的还系有佛像等，作为护身符。

在内蒙古自治区牧区，蒙古族男女老幼一年四季都喜欢穿长袍，俗称“蒙古袍”。春秋穿夹袍，夏季穿单袍，冬季穿棉袍。男袍比较肥大，女袍比较修身。

（二）旗袍

旗袍是中国传统服饰中袍装的经典，它经历了清代的旗女之袍、民国时期的新旗袍和当代时装旗袍三个发展阶段，其中以民国时期的新旗袍最为典型。狭义的旗袍指的是民国旗袍，它以传统的直身平面裁剪为主，又融合了西方的审美观念和工艺，分别使用装袖、装垫肩和拉链等工艺，使旗袍成为传统与时尚相结合的民族传统服饰典范。而它的吉祥含义也在于此。

1．旗袍的历史

满族人的旗袍是旗袍的源头，古时泛指八旗男女穿的衣袍，清初形制为无领、箭袖、左衽、四开衩、束腰。箭袖，就是窄袖口，上加一块半圆形袖头，因形似马蹄，又称“马蹄袖”。马蹄袖平日挽起，干净利落，打猎作战时放下，覆盖手背，可以御寒。四开衩，即袍下摆的前后左右都开有衩口，开衩上至膝。左衽加束腰，便于紧身保暖，同时也方便行军打猎时在前胸大襟里放置干粮、随身物品。男子的长袍以蓝、灰、青色为吉祥色，女子的旗装多以白色为吉祥色。

满族旗袍还有一个特点，就是在旗袍外套上坎肩，穿上坎肩骑马显得精神、利落。在满族入主中原后，与汉族共处，受汉族服饰大领大袖的影响，旗袍由箭袖变成了喇叭袖，四开衩演变为左右开衩。

在长期的民族服饰融合过程中，八旗妇女日常所穿的长袍被汉族女子所效仿，满汉妇女服饰风格的互相交融，使双方服饰的差别日益缩小，为旗袍在全国流行奠定了基础。

袍是旗女最重要的衣装。袍里面穿裤，礼服袍还要加马蹄袖和繁丽的装饰与附件。除了贵妇朝服中的朝裙，八旗妇女从不穿裙，朝服、常服皆穿用袍装。

旗袍之外，还穿着衬衣和氅衣。衬衣圆领右衽，捻襟直身平袖，无开襟，有五个纽，衣长掩足，面料多绒绣、织花、平金，周身加以边饰，常穿在里面。夏季衬衣可单穿。氅衣穿在衬衣外面，左右开禊至腋下，开禊顶端饰以云头纹样，工艺华丽考究。边镶和纹饰繁复精细，还缀有花边、花绦子、狗牙儿。这些图案，象征美好、富丽、秀气、吉祥的寓言，故多穿于正式场合。

清朝后期，旗女所穿的长袍衣身宽博，造型平直，长至脚踝，并普遍使用元宝领，有的领高盖住腮、碰到耳，袍身上多绣以各色吉祥花纹，领、袖、襟、裾都有多重宽阔的吉祥图案绲边。有的甚至整件衣服全用花边镶绲，更显得服装吉祥、美好。

20 世纪 20 年代起，旗袍在民国时期得到发展。“倒大袖”在上海诞生，故又称“上海旗袍”。开始，短袄外面的长马甲代替了长裙，后来长马甲同短袄合并，形成了民国新旗袍。20 世纪 20 年代末，受欧美短裙的影响，旗袍开始收腰，摆线提高至膝下，袖口变小，镶绲

时尚旗袍

简洁，色调淡雅。上海女学生穿的旗袍，摆线已提升到膝盖处，袍身变得合体，大大方方地露出她们秀丽而健美的小腿。再加上进口丝袜淘汰了老式长裤，旗袍的开衩位置大大提高，使女性的腿成为时装审美焦点。不久，高跟皮鞋流行，旗袍更好地体现了女性的苗条身材。旗袍成为摩登女郎的新行头，渐渐成为流行时尚。

20世纪30年代，受西式服装合身与利落的特点的影响，名媛为了更好地适应上流社会游泳、打高尔夫、学习飞行术、骑马等交际活动，旗袍造型更加完美、成熟，进入了改良时代。以上海、天津等地为中心，各大报纸杂志开设了服装专栏或刊登了服饰广告，时装美女画的月历牌红极一时。各大百货公司、丝织和服装商，也纷纷举办时装表演，演艺明星、名媛争穿新奇的旗袍，旗袍迎来了黄金时代。这时的旗袍叫“改良旗袍”，以花枝招展、突显形体、中西混合为吉祥风格。

改良旗袍的出现，奠定了现代旗袍的结构，标志着旗袍彻底脱离了旗女着装的旧有形式，成为中华民族独具特色的“国服”。当然，旗袍主要是在城市妇女中流行。

月历牌上的改良旗袍

20世纪50年代初，

平民化的服饰和简洁朴素的干部服得到倡扬，大批的服装生产厂家开始考虑劳动大众的着装需求，人们的审美观念发生了很大的变化。量身定做、线条毕露的城市悠闲、舒适的旗袍受到冷落。20世纪50年代中后期，苏联花布进入中国市场，出现“人人穿花衣裳”的风潮，女子的爱美之心得以萌动，烫发、穿旗袍成为年轻女子的时尚。这时的旗袍趋向平民化，其款式简洁大方，腰身较宽松，很少使用刺绣、镶绲等装饰，色调素雅和谐，较好地展现了中国女性的风韵和审美情趣，以及朴素为美的吉祥风格。

旗袍的消落是20世纪60年代。那时，旗袍被认为“封建糟粕”和“资产阶级情调”。青少年一代，甚至不知旗袍为何物。到了20世纪80年代，服饰变得丰富多彩起来。此时，人们狂热地追逐着西方国家的时装新潮，旗袍则成了职业装。为了宣传和促销等目的，礼仪小姐、迎宾小姐和宾馆餐厅的女性服务员都穿起了旗袍。这种旗袍千篇一律，多用化纤仿真丝面料，色彩鲜艳，开衩很高，做工粗糙。此后，随着对外文化交流的频繁和对祖国传统文化的热爱，大批时装设计师和公众人物开始青睐最能展现中国女性风韵的旗袍。在一些正规、隆重的场合，如婚礼、宴会、出访和电视节目中，旗袍都被当作很正式的礼服，成为高档次的时装。由此，旗袍从流行走向了经典。

旗袍历久而不衰，之所以能在近十几年的时装中重现辉煌，在国际时装舞台频频亮相，成为礼仪和高档的服装，作为具有民族特色的正式礼服出现在各种国际礼仪场合，是因为旗袍包含了丰富的情感因素，寄托了一种难以忘怀的民族情结。可以说，旗袍已成为中国传统吉祥文化的象征。

旗袍改变了中国人的观念，展现了中华民族的审美情趣。中国传统服装重服饰图案而不强调人体曲线，对人体的表现十分含蓄。传统服饰要表现的是削肩、平胸、细腰、窄臀。旗袍正好相反，服装不是主要表现对象，它起烘云托月的作用，突出的是人体曲线美。因此，它性感而又高雅，丰满而又流畅，跳荡而又成熟，俏丽而又端庄，颖慧而又淑秀，达到了衣服和人体的和谐统一，且恰到好处。

旗袍展现了传统服饰的工艺境界。满族的旗袍原本是相当简朴的，随着时代发展慢慢走向华丽，镶、滚、嵌、绣、荡、贴、盘、钉等制衣工艺样样俱全，吉祥纹饰图案更富有民族风格。

现代的旗袍标志着中国女性的解放。穿着旗袍的女性，冲破了封建思想的束缚，走出了家庭，走向了社会，融进了民族觉醒和民族解放的洪流之中。

旗袍的美是一种典雅而高贵的美。“这种由旗袍内涵所决定的文化品位限制了它的普及、大众化，同时它对穿着者的要求也十分苛刻，这不仅仅表现在对职业、体型的要求上，同时也表现在对穿着者内涵及气质表现上。而且，旗袍的出现对背景、环境、气氛要求特别讲究，旗袍的美是一种距离的美，一种静止的典雅美。”

旗袍的美又是一种苍凉而悲壮的美。旗袍流行在硝烟弥漫与血雨腥风的年代，流行在民族挣扎和民族抗争的年代，它见证了中国50多年血与火、生与死、爱与恨的悲壮和苦痛、兴奋与喜悦，这种文化背景，使旗袍成了“战地黄花”，现在又成为中华民族传统文化和东方女性美的象征，承载着中华崛起的文化含义。

四、裙装裤装

传统风俗讲究古裙今裤、南裙北裤、城裙乡裤，这是区域着装的吉祥规范和吉祥风格。裙装原来男女通用，后来为了便于劳作，男子渐渐改为裤装、袍，裙装成了女性服装，“裙钗”成了古代女子的代称。到了20世纪，裙装远远少于裤装，男性彻底抛弃了裙装。在北方农村，20世纪50年代以前，即使是女性，也只在节日喜庆或者走亲戚时穿裙装。裙装属于礼服系统，由于劳作、跑动不方便，不适合男子。所以，裙子渐渐成了女性的标志。这是性别着装的吉祥规范和吉祥风格差别的表现。

（一）裙装

裙子是遮蔽下身的筒形衣裳，它显示了女性之美。因此，不论时代如何变迁，裙子始终是女性衣着打扮的首选。经过漫长的历史发展，裙子已经拥有多种类型、百多个款式。最常见的是连衣裙、半身裙、吊带裙等，半身裙又有筒裙、百褶裙等多种样式。

1. 百褶裙

百褶裙是指裙身有许多细密、垂直的皱褶的裙子。《西京杂记》载：赵飞燕身穿云英紫裙，在太液池畔翩翩起舞，恰时大风突起，身轻若燕的赵飞燕被风吹起。汉成帝忙命侍从将她拉住，没想到惊慌之中却拽住了裙子。美人得救了，裙子上却被弄出了不少褶皱。起了皱的裙子竟比先前没有褶皱的更好看了。从此，宫女们竞相效仿，这便是“留仙裙”。百褶裙与“留仙裙”类似。

百褶裙为长裙，从明代开始流行，直到20世纪二三十年代，一直深得妇女的青睐。它长及脚面，裙筒肥大，在腰部叠一周又密又细的褶，以裙筒褶多，故名“百褶裙”。面料都以绸子为主，颜色有深有浅，风格有艳有素。百褶裙以折多为贵，前后或缝制绣品，绣花卉、蝴蝶、蝙蝠等吉祥图案。百褶裙表现了华丽、富贵、美丽的吉祥意义。

由于百褶裙需要用绸质布料，许多人家置办不起，所以穿的人不多。在过去广东澄海县（现汕头市澄海区）农村，妇女把百褶裙当成一种庄重文雅的礼服，在节日或喜庆的日子才穿。20世纪30年代至40年代，有些妇人回娘家，到了家门不直接进，要呼唤娘家的人拿出这种裙子到大门口给围上，然后才进门，到屋里后再将裙子解去。直到20世纪50年代，百褶裙还用于进庙、出嫁、回娘家这些礼俗中，时至今日，偶尔还能碰见农村老太太进庙上香时，下身围着一条宽大的黑色或深蓝色的粗葛麻百褶裙，还有守旧制的姑娘们出嫁路上也会穿着这种礼裙。

彝族、苗族、侗族等少数民族都喜欢穿着百褶裙。苗族百褶裙一裙几十个皱褶，可合拢，也可伸张，状如雨伞。传说大森林朝天洞里住着一个蝎子精，把兜花姑娘抢来，逼她成亲，机智的兜花姑娘找机会逃跑了。但是，森林草木丛生，她的衣服全给刮烂了，她只好将随身带的一把雨伞拆开，遮住身子。回到村子，她觉得雨伞状的裙子肯定很好看，就做了苗家第一条百褶裙。苗族还有一个关于百褶裙的传说：很久以前，一只孔雀在深山密木里，看见一个苗族姑娘，它不仅不飞走，还展翅开屏与苗族姑娘的百褶花裙比美，结果比不过，就悻悻地飞走了。苗家姑娘擅长绣花织锦，她们对自己裙子的花色图案进行构思、设计和刺绣，每年的花山节，姑娘们百裙争艳，就像彩蝶飞舞一般。凉山彝族妇女的百褶裙用三层或多层色布环绕拼接而成，长可曳地，上半部适体，下半部多褶，既突出女子体型，又显得婀娜多姿。侗族的百褶裙由前后两片组成，穿时小腿裹绑腿或穿袜筒，作为礼服，不论寒暑，只要是节日和出门做客，都要穿着。云南丽江宁蒗彝族自治县纳西族旧时成年女子穿的百褶围裙，分里外两层，裙长及足，围裙由腰开始呈竖条叠层。围裙多以浅蓝色布料为外层，白布做衬里，也有用白布做外层的。

2．石榴裙

石榴裙是唐代年轻女子喜欢的一种裙式。裙子色如石榴之红，裙

〔唐〕周昉《簪花仕女图》中的石榴裙

上绣有鲜艳的花草虫鸟图案，并缀有各种丝绸飘带，穿上它走起路来纤步翩翩，飘飘摇摇，如风拂杨柳，婀娜多姿，俏丽美好。

〔明〕仇英《仕女图》中的红裙

传说杨贵妃非常喜爱石榴花。唐明皇投其所好，在华清池西绣岭、王母祠等地广泛栽种石榴，每当榴花开放之际，便让大臣们比较红榴花与贵妃穿绣满石榴花的彩裙的妩媚，二者谁最艳丽。因为礼节，大臣们凡见到杨玉环身着石榴裙走来，无不纷纷下跪行礼，因此有了那句“拜倒在石榴裙下”的俗语，足可见其魅力。

石榴裙体现了高贵华丽的吉祥含义。“媚眼随羞合，丹唇逐笑分。风卷蒲桃带，日照石榴裙。”“移舟木兰棹，行酒石榴裙。”“眉欺杨柳叶，裙妒石榴花。”“红裙妒杀石榴花”这些都是人们对石榴裙的赞美之句。

3．四片裙

此为旧时的主要裙装，由四片裙幅组成，故名。又因为四片裙幅均绣以花卉，故也叫“绣裙”。裙的图案为牡丹、月季，边缘镶嵌各种花边，姹紫嫣红，富丽辉煌。这种裙子两边裙腰处各缝一条指头宽的布带子，系的时候，两条带子交叉相绕后，交结于腰前。旧时形容父母对姑娘严厉管教为“闺女是娘的裙带子，走一步，紧一紧”。民间一般用作新娘服装，极具喜庆吉祥的意义。

还有的裙幅片数更多，有八片裙，叫“八幅罗裙”，穿上摇曳多姿，富贵气十足，常是大家闺秀的裙装。

民众穿的裙装多为单衣裙，也叫“夏布裙”，有四片的，也有两片的，平常人家妇女穿着，都系在上衣之内。

4．围裙

有一种奇特的服饰叫围裙。一是指围兜兜，又叫“脖旮旯”“涎旮旯”“围布子”“围嘴子”，也用作幼儿的围巾。二是指成人劳作时围在腰腹间的片状物，古代也叫“围腰”“腹围”，流行于全国各地。最早是妇女做家务劳动时穿的一种护身衬布，用蓝布做成，系于颈项，垂于胸间，腰间用二带结于背后，用以保护外衣不受污染、磨损，后又演变为一种有美化作用的装饰，从胸部直蒙到腰际，上面绣有各种花鸟图案，配上银链和飘带。

有很多地区叫“饭单”，专指人们下厨房时用的防止油污的单面裙。传说古代有一个农民叫尚耕，老实巴交，娶了个聪明的媳妇叫慧姑。八仙之一的张果老多次出难题都难不倒她，最后送给她一件衣物，说是可一日三用。慧姑聪明，就于下厨房时穿用，果然实用。后来妇女们纷纷效仿，广为流传。

少数民族有很多别有风情的“围裙”。藏族妇女穿长衫要用七彩大花带子围系腰前，七彩花带子藏语叫“帮典”（又名“帮稿”“帮单”“班代”“帮垫”），即围腰或围裙。帮典质地分毛和锦缎两种，红、橙、黄、绿、蓝、靛、紫七色横条纹相间，宛如彩虹罩身。一般用牦牛绒或山羊毛线先手工织成图案瑰丽的小块，再将这些小块缝合成长方形，然后加里子，上边两端缀上带子。哈尼族妇女也系围裙，并且以颜色区分是否已婚。女子婚前系白色或粉色的围裙，婚后系蓝围裙，上面绣着龙、凤、鸟、鱼等精美图案，色彩鲜艳。布依族妇女不论穿什么衣服，都要在胸前系围裙，一般以青布做底，边缘镶“花栏杆”（即花边），围腰口均绣有各种花卉图案或云纹。但是，在贵州长顺县一带，围裙若是一色的，就表示对婚姻满意，如果是杂色的或者异样图案，就表示对婚姻不满意。彝族把围裙叫作“吴朵”，先用粉红、素白二色棉线织成花格布，做的时候，正面呈等腰梯形，上边是下底的三分之一，然后下端缝贴一条与下底等长、约二寸宽的黑底绣片，并开口成为长条布兜，用来装物什，再在上边钉贴一块四方形的、有龙凤图纹的薄银片，四边饰以梅、桃等形状的小锡片，最后顶端两角各缀一根锦条，翻过双肩，相扣于颈后。还有的在锦条平腰处缀几串透明的翠珠，翠珠下饰红须穗。云南红河哈尼族女子称其为“约花”。姑娘们要在自己穿的围腰右下方绣一朵小花，一般为杜鹃、牡丹、山茶、蜡梅等。先将小花绣成，然后钉在围腰上。如果有中意的小伙子，姑娘就会给他机会，让他取走小花，从此两人开始爱情生活。

5. 筒裙

筒裙，也写作“桶裙”“统裙”。因为式样为圆柱体状，像水桶、竹筒而得名。筒裙是部分少数民族的服装，傣族、景颇族、佤族、布朗族、德昂族妇女都喜欢穿。

筒裙

景颇族妇女的筒裙一般长至膝，用羊毛线织成，多为黑底，也有在红底上再用红、绿、黄、蓝、紫毛线织出精细图案的，这些图案多为瓜果种子、草木花儿、飞禽脚印等，具有吉祥意义。在穿着时，由三块布拼成的筒裙，围在腰上的那面必须是黑毛线织的，不能倒过来围；而由两块布拼成的筒裙，上下都有花纹，可以倒过来围，不讲究哪边在上。筒裙的用处很广泛，打开的筒裙呈长方形，长五尺左右，宽三尺左右，可以披在身上御寒，也可以当被子盖，背娃娃时还可以用它做背篼。

傣族的筒裙，长到脚背，与短衫相配搭。短衫长只到腰部，后摆更短，这使得在筒裙的银腰带上面，女子少许后背隐约可见，别有风味。

（二）裤装

裤子是由裤腰、裤裆、裤腿、裤脚组成。裤子本来是胡人骑射穿的，战国时期赵国赵武灵王在邯郸实行“胡服骑射”的军事改革，将裤子引进中原，汉昭帝时才把有裆的裤叫作“裤”。在两千多年的历史发展进程中，裤子被赋予了很多吉祥的含义：一是衣料与做工上的吉祥讲究，二是使用场合的吉祥要求，三是裤装所用的吉祥图案。

1. 大裆裤

旧时的裤子为大褶裆式，因为裆肥大，故名“大裆裤”，又叫“甩裆裤子”“宽裆裤子”。大裆裤便于劳作时两腿进行走、跑、蹲、坐。大裆裤穿、脱固然方便，但是不灵活。人们常把肥大的裤腿卷起来直到大腿，下雨、蹚河、劳作很方便，慢慢地高卷裤腿成了典型式样。

男人和老年妇女的大裆裤的吉祥色，一般冬天用黑、蓝色，夏天用白、土色。年轻女性则用红、绿色，布样式多为印花布、提花布。20世纪50年代前还兴在裤腿口镶压彩色边，或在膝下绣花，称为“女花裤”。在婚嫁庆典节日盛装时，女人的裤子有花色和装饰，非常漂亮，烘托了热烈喜庆气氛，具有喜庆的吉祥含义。

大裆裤从20世纪70年代开始向小裆裤子过渡，一直到20世纪80年代初，还是老年人和小孩的主要裤子式样。

2. 大棉裤

旧时的棉裤多为大裆棉裤，形式同大裆裤，只不过有表有里，其间絮有棉絮。在过去，人们冬季御寒方式较少，棉裤是主要的御寒衣服，特别是老人，都把它当成御寒之宝。所以俗语说：“千层单，不如一层棉。”旧时棉裤里边不穿套裤和内衣，叫“黄鼠狼，去赶集，里里外外一张皮”。家境好的，有薄棉裤和厚棉裤，薄的轻巧，多用新棉絮，厚的沉重，多用旧裤套，穿在身上两腿都打不过弯来。有的儿女孝顺，怕老人冻着，给老人的棉裤就多絮棉花，竟厚到立而不倒。

大裆棉裤一般是高腰，因为从前乡村生活贫苦，衣着无多，天寒地冻，高腰可以护围胸前背后。这样一来，就显得特别笨重。因为贫穷，很难做一件里、表、棉絮全新的棉袄棉裤，所以，“三新”棉裤成了20世纪80年代以前女子找婆家要的必备彩礼，叫“里表三新”，大棉裤因此成了吉祥彩礼。

穿大裆棉裤必须有腰带，还要扎腿，有扎腿带子。棉裤在每年初夏或者初秋时拆洗，懒惰的人家则几年一拆，叫“傻汉棉裤”“懒汉棉裤”。

3．大腰裤

旧时大裆裤裤腰上往往另加宽加长约半尺的腰围，穿起来长至胸口，有护腰保暖的作用，就成了大腰裤。山东人戏言“某人嘴笨得跟棉裤腰似的”，可见当时裤腰的肥大。因为腰肥大，所以男子一般不用束腰的带子，而用掖或者褊的形式束腰，叫“打褊腰”。所谓“掖”，就是用两手同时把裤腰分成两把，交叉一拧，掖进前面的裤腰里；所谓“褊”，指交替掩在一起，顺势从上往下一搓。为了束结实，打褊腰的时候，必须做收缩肚皮的动作进行配合。当然，也有拧不好裤腰而掉下裤子来的。如果没有了肚子的挤的力量，拧的结就会松开，这是很丢人的事情。所以，女性必须用束腰带子，尽管也是先掖或褊好裤腰以后再束上。

4．绑腿

古代叫“行缠”“缠腿”，俗称“裹腿”，即绑腿布，就是缠裹在小腿上，以便于跳跃、行走和更好地防寒的布条。古代男女都用，后来成了士兵、行者、习武者的服饰。

侗族妇女使用一尺长、一尺半宽的家织青布做成绑腿，叠为双层，两头有彩色栏杆或绣上图案，用花带紧扎在膝盖下方到踝骨上方部位。这样做，既御寒，又起到保护作用，也很美观。

瑶族有缠头、裹脚套的风俗，这一风俗相传来自一个古老的传说：番王与高王交战。高王承诺，谁取了番王的头，就招谁为驸马。后来龙犬得到了番王头，立了大功，娶了三公主。但是，龙犬白天为狗形，晚上才变为美男子。龙犬告诉妻子，只要把自己放到蒸笼里蒸七天七夜，就会脱掉身上的毛，完全变成人形。妻子照办了，将他放到蒸笼里蒸。到了六天六夜，妻子怕他蒸死了，揭开笼盖子一看，已经变成了人，只是因为时间不足，头上、腋窝、腿上的毛发未曾脱尽。为了好看，他只好把毛多的头部、腿部用布缠裹起来。此装束流传至今，成了服饰风俗，具有美观和纪念的吉祥意义。

汉族地区叫扎腿带子，也叫“带子”，就是缠裤腿用的线带。过去妇女不论单、棉，只要穿裤，都要扎腿，据说是怕受凉，怕一些虫子等爬进裤内。扎腿带子讲究吉祥色，年轻人一般用红、绿色，年老的用青、黑色。只有丧事，才用白色。而男子除了赶脚、车夫等行业，其他人只有冬天穿大裆棉裤时才扎腿。线带旧时分自织和机制两种，前者为黑、蓝粗布，一寸多宽，二三尺长，两头带有线穗，按一头缠好以后用另一头扎掖；机制的多用斜纹提花，也有缨穗。富有人家或嫁衣也有用绸子的。

扎腿带子松弛下来为大不祥。因为丧服就是松开扎腿带子，以表示悲痛欲绝，不再有心情打扮自己。

6. 腰带

也叫“扎腰带”“裤腰带”“捆腰带”“束腰带子”，旧时多为布条腰带。

富有人家用彩色棉线，或者生丝、彩丝线编结而成，束于腰际并且故意露出鲜艳的长穗头来。

一般人家用“缉缡子”，就是剪裁剩下的长布条，还有的用麻绳、草绳。当然，为了避免与丧服相似，麻绳只有父母双亡的人才能用，如果平常人用麻带、麻绳束腰，便为大不祥。

贫穷者用红薯秧子。红薯秧子半干的时候很有韧性，几根一束，可用来扎腰。

已婚男女多用红色裤腰带，还有的在上面绣上鲜艳的吉祥图案，表达美好理想和恩爱的心意。

旧时腰带还有几个叫法。“腰绳”，用来捆外腰的各种绳状物，像绳头、植物秧秆之类；“扎包”，搭腰带，可放钱的宽布腰带，扎在衣外；“站腰子”，即拄腰子，多个格的、束在腰间的长腰带，有格部分多用帆布缝制，是未婚女子绣制的订婚用品，具有美好的吉祥含义。

〔明〕仇英　《汉宫春晓》（局部）

在浙江西部地区，有一种叫作“汤布”的，为长六七尺、宽二尺的白色土布或粗棉布，人们下田劳作时束在腰间，也可以作垫肩、席子，冬天可以当围巾，夏天可以当汗巾。有的男子田间劳动时不穿裤子，只围一条汤布。有的汤布用深蓝棉布制成，两头有须，据说可以驱邪。现代腰带有线带、皮带（用皮革、橡胶等做成的腰带）、尼龙带等。

民间还有本命年穿红内衣、扎红腰带的习俗。我国用天干地支计年，十二年是一个循环，因此从出生第一年起，每隔十二年便遇到一次本命年。民谚云本命年易“犯太岁”，叫“太岁当头坐，无喜必有祸”。破解之道便是穿用红色。红色辟邪，故新年贴红对联，新婚穿红嫁衣，用红盖头、红蜡烛，生了孩子门口挑红布条，甚至悬挂红旗驱邪。于是，人们在本命年穿上红色内衣或系上红色腰带，有的随身佩戴的饰物也用红丝绳系挂，以表达祈求平安幸福的愿望，认为这样才能趋吉避凶、消灾免祸。

五、传统内衣

内衣是贴身穿着的小衣服，作用是保持或调节体温，使汗水或者分泌物不沾染外衣。装饰性内衣衬裙、衬裤、衬衣等，是穿在贴身内衣外边、起到衬托外衣作用的，一般加花边、刺绣，或者使用鲜艳的颜色。

内衣紧贴身体，是人的第二层皮肤，同时，又紧贴人的隐私部位，具有遮蔽与揭示作用。也就是说，内衣在对人体隐私部位作物理遮蔽的同时，实质是一种夸张与修饰性的揭示。正因为如此，才具有了吉祥意义，有了一些吉祥的讲究。

（一）抹胸

在我国上古时期，披兽皮、围麻片的远古人是没有内衣与外衣之分的，衣服只是作为遮体、保暖之用。《礼记》中关于服装与饮食的规矩颇多，但没有内衣的记载。史料中最早的内衣出现在六朝时代，叫“裲裆”，有前后两片，即可挡胸，又可挡背，通常为两层，夹层可衬棉，贴身保暖。唐朝女子喜穿半露胸的裙装，将裙子高束在胸上，胸下围另一宽带，肩、颈、后背无带，穿时由后及前，胸前有一排扣子系合，或用其他带子系束。这在后来被称为“抹胸”“裹肚”。从《簪花仕女图》中我们可以看到唐代女子的薄纱低胸绣花内衫。

〔唐〕周昉《簪花仕女图》

明代的女子受外来文化的影响，已深谙如何凸显曲线美。明代抹胸的主腰与背心相似，开襟处两襟各缀有三条襻带。肩部有裆，裆上有带，腰侧还各有系带，将所有襻带系紧后形成明显的收腰。《西厢记》中的女子则抹胸在内，裹肚用一根细带围颈，一块菱形巾遮胸。

在过去，女子胸膛上缠一块长方形白布，布两头缠掖在后背，主要作用是束住乳房。因为受传统文化的影响，这类内衣都是以紧勒、挤压等方式遮掩乳房。另外，过去审美观念以为“美女该无肩，将军当无颈”，削肩才见女人阴柔，所以这种肚兜、抹胸的胸线造型是拱门式的，以突出肩的溜和窄。

（二）肚兜

也叫“兜肚”“裹肚”，俗称“兜兜”，男女均可穿着。它的形状一般为菱形，下面呈倒三角形遮住小腹。兜肚只有前片，后背袒露，上有系带套于颈间，腰部另有两根带子，束在背后。系带的材质不一。下面一角不用带子，正好遮住小腹。秋冬时节所用的肚兜，通常为双层，内絮棉絮，以利于腹部保暖，质地有丝、缎或棉麻等。老年人所用的肚兜，有时还贮有姜桂、康香等药物的粉末，以防腹疾。肚兜具有贴心、隐私的吉祥意义。年轻妇女所穿的肚兜，常用鲜艳的布帛制成，有些心灵手巧的妇女，还在上面绣以彩蝶、鸳鸯等精美的、象征爱情的图纹，具有爱情的和图案的吉祥意义。

民间以红色肚兜为辟邪和吉祥之物，也为女子的定情之物。兜肚使胸腹免受寒气，因而小孩出生、满月或者周岁时，亲友都免不了送兜肚作为庆贺礼。儿童的肚兜一般绣制五毒、莲花等具有驱邪、吉祥含义的图案。在南方，小孩从满月起一直带肚兜到五六岁；北方带的时间更长，有些新娘、新郎结婚时还带着大红色的兜肚。除小儿的肚兜可以外穿，成人的肚兜都要遮掩起来，不能外露，特别是女子。旧时有时髦女子在领口有露出肚兜一角，人们视其轻薄。女子可在肚兜上描龙画凤，挑花绣朵，描绘对美好生活的向往，是送给心上人最好的礼物。

在很多地区，人们在肚兜上打上了民族、地域特有的文化印记。如在陕西的骊山，传统肚兜绘有蛙的图案，有民间崇拜的性质。因为蛙是女娲氏部落的图腾，人们从出生开始，都会系着绘有蛙图案的兜肚。而在黑龙江的一些地区，人们习惯在给孩子做的肚兜上缝一个心形红布，在上面铰七个“眼”，以此希望孩子将来比一般人心眼多，能出人头地，有所作为。

（三）胸罩

胸罩在清朝末期随洋纱、洋布进入中国，随着西方文化影响的加深，慢慢被中国女子接受。20世纪20年代末，外国服饰中的胸衣开始在我国各大城市流行，当时的《北洋画报》等都有专门栏目加以介绍。胸罩不仅具有保护、保健作用，而且也可以烘托乳房的圆润丰满，具有审美上的吉祥意义。

（四）内裤

也叫“裤衩儿”“裤头”。最初，成年男子所穿内裤大都是用碎花市布或者白布手工缝制而制，宽松肥大，而未成年人没有穿内衣的习惯。当母亲发现女儿来月经或儿子遗精了，才给儿女缝制内衣、内裤，表示儿女已经长大。

旧时，内衣穿着有许多讲究：内衣、内裤为亵物，不能外露，不能摆放在显眼的地方，不能在外晾晒；内衣多用碎花布、浅色布；内衣只能由自己的妻子洗晒，禁止别人洗晒，如果女子给男子洗晒内裤，就说明二人之间关系不一般。

民众对红色内衣情有独钟。古有“红不为亵服”的讲究，因为人们对红色有崇拜，后来人们穿红肚兜、红内裤以辟邪。今天，人们以红色为吉祥，认为它是幸运的代表，这也是对红色的一种崇拜。于是，红色的内衣成了女人的新宠。新年一到，各大城市的女性内衣柜台便会纷纷上架不同深浅的红色色系内衣。其中具有特色的是“喜上加喜”千禧红色内衣，其以红色为主色，镶有金色边，最有喜气气氛。也有的商家推出了男性红色内裤，它的含义是生意火红、喜事连连。

六、发饰

发饰是装饰头部的，包括帽子、头巾、头饰等。它出现在人身体最重要、最显眼的位置，是人们首先观察到的装饰，所以吉祥含义更加明显。

（一）帽子

帽子为首服，在过去穿戴时有一些讲究：一是旧时忌讳不戴帽子，以露顶为羞耻；二是忌讳戴帽不正，俗以为“歪戴帽，狗材料”；三是忌讳侮辱帽子，不能从放在地上的帽子上跨过，不能坐在帽子上，否则就是受到了胯下之辱，很不吉利。

1. 瓜皮帽

也叫“瓜皮子”“西瓜皮帽”“小帽”“秋帽”“红疙瘩帽”，因帽为瓜棱形、圆顶而得名，是旧时男子戴的一种黑色便帽。相传起源于明太祖所创的六合帽，取“六和一统、天下归一”的吉祥寓意。明陆深《豫章漫钞》记载：“今人所戴小帽，以六瓣合缝，下缀以檐如筒，阎宪副闳谓予言，亦太祖所制，若曰‘六合一统’云尔。”清军入关以后，受汉族传统文化影响，也取其“六合一统”之意，又因其特别适合满族人的发辫，遂大兴。

瓜皮帽下檐多为一寸多宽的小檐，有的无檐，只用织锦缎（俗谓“片金”）包上檐边。帽顶为圆形或平顶，正中系一缎带结成的圆形小球（俗称“帽顶子”），叫“结子”，颜色为青、红两种，或上加一个丝绒疙瘩，起装饰美观作用，丧服则用黑色或白色，大小随时而变，富贵人家用珊瑚、水晶、料珠等代替，以显富贵。帽前正中缀一块四方形的“帽准”“帽正”作为装饰，质地多为珍珠、玛瑙、翡翠、珊瑚等，以显示帽子的前后，也有富贵的意思。所以，百姓大都喜欢在喜庆节日戴。这种帽子一直流行到20世纪初。

2．老风帽

也叫“老兜帽”“风兜”“脑袋子”“将军盔”，色为黑色，因为它与神像上观音大士所戴的帽子形状相似，故又叫“观音兜”“观音帽”，多为儿童、老年人遮蔽风寒的冬帽，一直流行到20世纪70年代。

它是用一块大布做成帽头和帽尾，两块小布做成两边的耳朵，里边套以棉絮，耳朵上缀有帽带，可以系缚。帽尾又长又宽，披覆在后肩，护住脖子，再系上带子，盖住半个脸孔，非常暖和。另外，在头顶上留一个核桃大的窟窿，女人戴上后能露出头发，男人戴上后会露出里面帽垫上大枣一般的红疙瘩（因为男人戴风帽，里面必须戴帽垫）。女人的风帽帽额上缀帽花，美观性和装饰性强，除吉祥的金、银、玉、石之外，还在帽尾绣花草虫鱼等吉祥图案。

儿童的风帽多做成兔、虎、猫、狮子等动物形状，寓意凶猛、乖巧、雄壮，有祈求辟邪、健壮成长的意思。此帽多家庭自制，明末清初帽店开始制备出售。这些装饰和图案，体现了信仰美好等诸多吉祥含义。

3．卧头

也叫“头箍”“勒子”，流行于20世纪60年代以前，是妇女在家里戴的一种发饰。冬天的是棉的，为宽脸样式；春秋天的是夹的，为窄脸样式。卧头由两块相同的布做成，前面宽约三寸，向后渐窄，两端有带子相系，前额有帽花，花瓣突起，呈双层形状，直径盈寸。戴棉卧头时，必须先用一块长一尺半、宽一尺多的黑色布（顶头布）覆盖在头上，前可遮住额头，两边对称，再把棉卧头戴在上边。帽花是卧头的眼睛，显得精神，多为银质的，贫寒人家多用石质的。

4．毡帽儿

也叫“毡帽头”“帽头”，是一种用毡布做成的形式简洁的帽子。农民戴的毡帽有两种：一种是帽檐向上作一深沟，使得左、右、后边长出三块，折上可以成为三耳，折下可以掩住双耳和后颈，可存放香烟、火柴之类小物件，俗称“三块瓦”。绍兴的乌毡帽就是这种形状。民间传说，很早以前几个绍兴人上山打猎，打伤了一只老虎，跟踪到了虎穴，发现虎穴内有一块由猪毛、羊毛黏结在一起的东西，光洁如毯，老虎躺过的地方呈锅底形状，猎人们把它带回家，制成帽子戴在头上非常暖和。此后制帽匠从中受到启发，仿制出来，此帽便流行于世。从前，绍兴的毡帽店根据这个传说，会在店中挂一幅虎图，把老虎当祖师爷供奉。另一种无帽檐。做小买卖的人喜欢黑毡帽，帽盔较深，天冷的时候可以往下拉。冬天老年人戴毛料毡帽，折叠三层戴在头上，严寒时可拉套至颈，仅露双眼。

5. 帽花

指帽子上的装饰物。过去经常见到一些卖花婆走街串巷，兜售帽花。

成年男士帽子上装饰帽正，用来区别帽子的正反和前后，具有传统的“正衣冠”的含义，多为玉石材质。妇女、儿童戴帽花则更具有民俗吉祥寓意，材质和题材也多种多样，材质有玛瑙、银、玉、翡翠、料器等，题材有花草、福禄寿、八仙、昆虫等，均用以表达对生活的期许和祝福。

6. 顶子

指清代官员礼帽上的装饰。清代官员的礼帽分“暖帽”（冬天戴）、“凉帽”（夏天戴）两种，上面都有“顶子”。顶子成了富贵荣华、气势气派的象征。

官员品级不同，所戴“顶子”的颜色和质料也不同：一品官为红宝石顶，二品官为珊瑚顶，三品官为蓝宝石顶，四品官为青金石顶，五品官为水晶顶。官帽后面，还拖着一支孔雀翎，叫“花翎”，也有讲究：普通官员翎上无花纹，高级官员的孔雀翎上才有“眼”，分一眼、二眼、三眼，其中三眼最为尊贵。清朝皇室成员中只有亲王、郡王、贝勒、贝子和固伦额驸，才有资格享戴三眼花翎，后来有显赫功勋的大臣也被赏戴三眼花翎。

7. 斗笠

斗笠主要用于遮阳避雨。民间根据用料不同，又叫“苇笠”“席角子”“席夹帽子”“雨帘”，是用苇篾、竹篾、高粱秸、藤条、棕丝、草等编制的尖顶六角圆帽。农民在下雨天或夏天在田间劳动时，戴竹笠或草帽。在江南农村一带，几乎每家每户都有斗笠，外出时不管天晴下雨，都戴在头上，斗笠成了他们生产生活中不可缺少的必需品。

苏公笠是惠州、梅州及潮州客家人常用的一种竹笠。清人梁绍壬《两般秋雨盦随笔》说："惠州嘉应妇女多戴笠。笠周围缀以绸帛，以遮风日，名曰'苏公笠'。眉山遗制也。"《潮州志·丛谈》也载："客族妇女，晴夏皆戴凉帽，制用竹织，其式为圆筒，中开一空（应为"孔"）以容顶髻，周围缀以绸帛，或以五纱、罗布分五幅摺而下垂，既可围遮头面，长夏操作，可以迎风障日，名曰'凉帽'，又曰'苏公笠'。"此种竹笠用细竹篾条或者麦秆编成，斗笠圆周边缘连接着宽六寸左右的颜色鲜艳的布条，布条垂下，称为"笠披"。戴上这种斗笠，雨天挡雨，晴天遮阳，还可以遮住半个面庞，不让人看清面目，也体现了"女人不抛头露面"的传统，所以它具有保护、圣洁、安全等吉祥意义。今惠州、梅州、广州等地的农妇、渔妇仍多使用，但现在笠顶已经不开孔了。

毛南族把竹笠叫"顶盖花"。它的编织用料虽然简单，但是工艺十分精美。小小的竹帽上编出八九十个圈圈，密密麻麻，看不见洞眼，不透光，不漏雨，在帽面上，还用黑竹编出类似壮锦的图案花纹。毛南族男青年每逢过节赶歌圩或者去村外寻觅意中人的时候，都会随身带着它，以便作为定情礼物送给钟情的姑娘。每逢节庆男女青年对歌时，若男青年手拿花竹帽，就表明他今天是来定情的。因此它具有求婚、爱情的吉祥意义。

8．礼帽

俗称"铜盆底""铜盆帽"，是用毡、呢子制成的，顶呈圆柱形或盔形的圆沿帽，帽檐在面额处向下瘪，而两侧向上微翘，色多为黑、灰、蓝，是富有人家的服饰，乡绅、商人外出多戴之。夏天多用白色丝葛制成，以配长衫、长袍或者西装。20 世纪 40 年代讲究有礼帽就有围脖。礼帽的样式很多，常见的是有盔有檐的，状似小草帽，不过帽顶上面凹进去，前边也有像被一只手捏了一下的尖凹处。这种帽子代表着一种礼仪和尊重，具有一定的吉祥含义。

但是，如果戴礼帽，却没有与之配套的衣服，就会显得非常滑稽。20 世纪 70 年代这种礼帽逐渐消退，现今偶有人佩戴。

9．鸭舌帽

原本为工装帽，帽盖正中有一个揌扣，帽盔前倾部分通过揌扣紧附于帽盖之上，状如鸭舌，故名。

10．皮帽子

用毛皮制作的帽子，有翻皮和内衬毛皮两种，防风保暖。20 世纪初期，城镇市民戴皮帽，帽色尚黑。青年戴尖顶的，撮成天褶；老年戴平顶型，帽里料用太西缎、平绒、直贡呢、斜纹布。帽顶安结，由线绕成，老年人多为黑色，青年多用红、蓝色线制作，帽边上镶嵌一块长方形小玉片。因用料多狗皮、羊皮，故民间有谚“狗皮帽子没反正”，即正戴反戴都一样。

狗皮帽子还有一个吉祥讲究，就是帽料不能用绸，因为谐音“愁”而犯忌讳。

11．三页瓦

因为帽盔是由三块同色布覆盖的，故名，也叫“三大扇”“三开帽”“火车头”“四喜帽”，是没有帽遮檐的麻绒棉机制帽。20 世纪 60 年代末开始盛行，至今在农村仍经常见到。本来是解放军战士的冬季帽子式样，民众所戴颜色稍有不同，多为黑、蓝、绿色，硬质帽盔，马绒大耳朵和大前额，耳朵下端有绸带子用以系在颏下，厚实暖和，周正大方。人们很珍惜它，怕劳作出汗弄脏了，便用单布做一个帽衬缝在里边（或者垫以白纸或报纸），冬天一过，取下帽衬，把帽子晒透，用纸或布包起来，防止受潮变霉。

12．凤凰帽

是云南省大理白族自治州洱源县凤羽、邓川一带白族姑娘戴的一种帽子，因形似凤凰而得名。它的帽身由两瓣鱼尾形的帽帮缝合而成，帽的后檐有一个长二寸、稍微上翘的帽尾，帽前檐正中还有一颗边上缀着白银、绿玉饰器的红帽花。当地的姑娘还喜欢在帽花上方插一朵五彩丝绸花，非常好看。

关于凤凰帽，还有一个吉祥的传说：凤凰为了救迷路的姑娘，送给了她一顶凤凰帽。没想到，南诏王被戴着凤凰帽的姑娘的美貌所震撼起了歹心，便要霸占姑娘为妻，成婚当天姑娘成功的逃脱出来，之后和自己心爱的男子结婚。凤凰帽从此象征着白族姑娘的勇敢、勤劳、善良和执着，因此成为白族姑娘的最爱。

13．鸡冠帽

鸡冠帽是用硬布剪成鸡冠形状，再用上千颗大小银泡镶绣而成的，戴在头上像啼鸣的雄鸡。鸡冠帽是彝族姑娘祈求吉祥、幸福的象征。每年过“尼遮西”节时，红河地区彝家姑娘都要绣制一两顶鸡冠帽。鸡冠帽戴在头上，表示雄鸡永远伴着姑娘，帽上的大小银泡，表示星星和月亮，象征永远光明和幸福。传说有一对彝族男女在月夜森林里约会，被魔王发现，将小伙子杀死了，多亏公鸡的鸣叫，姑娘才得救。后来这种帽子广泛流行。

14．碧约姑娘的小帽

云南哈尼族中的碧约姑娘都戴着黑色土布缝制的小帽。小帽有六个角，四周镶有小银球，帽顶正中镶颗大银球，大银球下面还缝有一束红穗。按碧约人的习俗，未成年的姑娘戴上一顶小帽，是表示对父母的尊敬；成年后就要套戴两顶小帽，为的是寻求爱情。如果一个小伙子看中了一个姑娘，他就把那姑娘的小帽抢去一顶；如果姑娘也喜欢这小伙子，那顶小帽就算送给了他，如果不喜欢他，姑娘就把小帽要回，以示拒绝他的爱。

15．苗族的银冠

苗族姑娘喜爱银饰，以多为美，以重为荣。苗族银冠制作精细，由银马排头围、银片、银花、银雀、银凤等组成。黔东一带的式样有两种，一种是用约 3 毫米的铁丝做骨架，再将众多银花簇缠满铁丝架为帽顶，帽的周围缠以压花的薄银片，下缘缀上数十枚有银链系着的银坠，银坠覆盖到眉、耳之上。另一种银冠只缠两圈头巾，没有帽顶，将银花、银泡等缀在头巾周围，夹层插以四五束银花簇，髻后插一把木梳、一只银凤和一副银角。

（二）巾帕

1. 常用巾帕的种类与讲究

（1）围脖

也叫“长围巾”，从 20 世纪初开始流行至今，初为男子用。围脖长而厚重，多为毛线编织或棉线机制。中青年围的时候取正中自百会而下至颈部，再左右缠绕，一端搭在胸前，一端垂于背后；老年、儿童则将围脖反复缠绕，系于颈下。20 世纪 50 年代以前，多为知识分子佩戴，后来成为男女常用御寒服饰。它具有时尚、端正、知性等吉祥含义。

（2）方头巾

也叫“围巾”“方巾”“头巾”，为女式方围巾。20 世纪 50 年代至 70 年代在农村广泛流行，老少皆用，棉线机制，色彩多样。对角折叠后蒙在头上，一角披拂脑后，可防寒防晒，也可在劳动时避免弄脏头发。现在也是平原地区、海疆女子们喜欢的头饰。

方头巾使用的最初意义，不在装饰美化，而是为了遮蔽女性的面目，体现神秘并避嫌，以彰显女人的尊严，也表达了对女性的保护。有些头巾用于宗教，其吉祥意义更加丰富。

（3）白头巾

也叫“羊肚子手巾”。羊肚子手巾裹首，两端结于前额，威武干练，是陕西、山西等地方农民标志性打扮。而山东的鲁西地区，农民也习惯用毛巾包头，中老年简单系结于脑后，青年也常卷结于前额，美其名曰“英雄巾”。蓬莱西乡已婚妇女以羊肚子手巾裹头为常装，外出或串亲，必须换一条新毛巾，此风保持直到现在。

在四川农村，人们普遍用白头巾代替帽子裹头。这里有一个吉祥的传说：诸葛亮治蜀时，忠心效国，爱护百姓，人们十分敬爱他。后来，诸葛亮操劳过度，死在军中，人们十分悲痛，为他戴孝。由于戴孝影响劳作，人们就把孝布缠在头上。后来就用白布帕子代替了帽子。旧时，赶驴车、马车的人取双层大方蓝布做头巾，既防风沙雨雪，又可以擦汗、包裹杂物，十分方便。

2. 少数民族传统巾帕与讲究

（1）畲族妇女巾帕

饶平、潮安一带的山区妇女，历来有戴“帕仔”的习俗，就是取一块一尺见方的蓝色粗布，先将一面折成两寸的过缘，再对摺，打系于妇女的高髻上。戴着帕仔，劳作起来既不怕风吹，又不会挡住视线，十分灵便。

（2）撒尼妇女的花包头

撒尼人是彝族的一个支系，花包头像传说中的阿诗玛的包头一样，至今仍是姑娘服饰的重要组成部分。花包头多为心灵手巧的姑娘亲手制成，长约 3 米，宽约 0.17 米，以一条黑布作底，上面绣有数条彩色图纹，花色图纹的精美程度标志着姑娘的智慧和才能，也是青年男子择偶的一个标准。每逢喜庆节日或外出，姑娘们都要穿上崭新的民族服饰，缠包头，要经过七八道手续才能完成。具有喜庆吉祥的意义。

（3）哈尼青年头饰

哈尼族人一般长到十五六岁便开始改变衣饰，表示已经由少年变为青年，可以寻偶结婚。姑娘的爱情生活完全是通过服饰，特别是头饰表现的。西双版纳鸠为支、吉座支的姑娘，从步入青年阶段到结婚，要更换四次装束。从十五岁开始系围裙和染红牙齿；到十六七岁，摘掉少女圆帽“欧厚”，改戴缀有银牌的“欧丘”，表明姑娘可以接受男青年的求爱；到十八岁改“欧丘”为“欧昌”，在“欧昌”后部缀有银泡，戴“欧昌”表明已到结婚年龄，男子可以娶或“偷”。可以说，头饰是爱情、婚姻的一个吉祥性的标志。

（4）阿昌包头

户撒阿昌族姑娘喜欢打黑色或蓝色包头，有的高达一二尺，有的则用二寸多宽的蓝布一圈圈地缠起来。包头后面有流苏，长可达肩，前面用鲜花和彩色绒珠、璎珞点缀。有的在左鬓角戴一银首饰，上面镶有玉石、玛瑙、珊瑚，珠光宝气，光彩夺目，具有美观、靓丽、高贵的含义。

（5）风花雪月头帕

大理最具特色的风光是下关的风、上关的花、苍山的雪、洱海的月，合称为“大理的风花雪月”。那里的白族女子的头帕就包含了这些自然风光：帽后的白色线飘带是风，帽上前大半圈竖立的白绒是雪，帽前镶嵌的为花，月牙形为月，体现了美丽和谐的吉祥意义。

（6）三角帕

苗族老年妇女喜欢将头帕扎成三角粽子形状，左右两个角，朝后一个角。据说，屈原是楚地苗人，投水死后，苗人怕鱼吃他，先投糯米，后改投粽子。屈原夫人看到粽子，更加怀念屈原，就用青布扎成粽子形状戴在头顶上，寄托思念。大家深受感动，纷纷学她做粽粑三角帕，世代相传，遂成为风俗。

（7）布朗包头

包头代表布朗族人的尊严。逢年过节，各家家长给族长拜年时，必须解下包头，以表示崇敬；家中丧事，死者的女儿或儿媳妇必须解下包头布，以表示哀悼；有的地方如果死者是妇女，则全村男子都要解下包头布。包头表达了丰富的民族吉祥文化含义。

（三）发式

1. 女子发式的讲究

（1）未婚女子留辫子

这种风俗从清末一直延续到20世纪70年代，辫子有长短、单双之分，一般要在辫梢扎饰绸带、线绳、花饰。不同年龄的孩子小辫与发髻也不尽相同。幼年时女孩子的发髻，有的在头的正中间，朝天扎一个小髻，或是小辫；也有的是朝后扎两个小小发髻或两条小辫。女孩子到了上学年龄，便扎成两条辫子背在背后或搭在胸前。在有的山村里，有扎一条辫子的习俗，一些女孩子梳单辫子，随着女孩子年龄的增大，再梳两条辫子，长到十五六岁以后，女孩子的发型便更加完美，辫子也更粗更长了。黑而油亮的大辫子，是劳动女子美丽的象征。解放区曾流行拥军歌曲《大辫子甩三甩》，展现了大辫子的魅力。

抗战后期，女子发型有了较大变化，城市女青年大都留短发，农村青年妇女中留短发的人也逐渐多起来。短发一般是短到脖子，尤其在部队内更为普遍。20 世纪 50 年代以后，再次流行留辫子。在辫子的末端辫梢处，青年女子喜欢用红色的绒线或绸带，稍做点缀、装饰，显得淡雅清新而又健康活泼。慢慢地，为了梳洗方便，便于劳作，农村青年妇女开始剪短发，发型朴实，大多在头的一侧扎一个短把，后来又流行前额上方的高髻式样，当时人们称之为“飞机头”。“文革”中，一时兴起剪辫子热潮，青年妇女普遍时兴留短发、扎刷子。扎刷子，有单有双，民间戏称为“锅刷子”“炊帚把儿”，慢慢成了劳动、勤奋的标志。

不管哪种发式，一般都额覆短发，叫“刘海”。刘海是近百年来女子主要发式，就是在前额垂下整齐的短发，有的横抹成稀疏的一线，有的微做弧形。据说武则天怀疑上官婉儿参与谋反，就将她的额头刺上了红梅花，为了遮盖这个耻辱的象征，聪明的婉儿就从额顶上梳一缕青丝，遮住朱砂记，并称之为“刘海”。宫中妇女以此为美，纷纷效仿。后来又从宫廷传到民间，直到如今。

（2）婚后妇女梳髻

先民披发，夏、商、周三代盘发梳髻出现。临潼兵马俑发式表明，春秋战国时期的盘发梳髻已经相当精致。汉代样式更多，有高髻、坠马髻、椎髻，用荆钗、金钗、银钗绾髻。唐朝女子流行高云髻和环云髻，以后女子发式趋多，或有髻无鬟，或双竖高髻，或梳辫；男子也有披肩发、发髻、发辫之分。清代，妇女婚后要留髻，也叫“盘头”，俗称“鬏鬏”“鬏子”“纂”，形为圆形或椭圆形。

清代有钱人家的妇女，尤其是年轻的已婚妇女，要打起“大后斗”。所谓“大后斗”，就是头上正中至脑后有一面像船帆一样的半圆形发式，要用很多小竹针把它夹住，并用很多比小指尖还小的小竹圈套紧，使其不斜不倒。余下的发尾在后面梳起，叫“后斗尾”。两边的头发要梳成像半个花瓣的髻。她们每天天一亮就要起来梳妆，至少要花费一个小时才能完成。这种发型配上大衫及手镯、脚环，是清代有钱人家妇女的典型服饰，是富贵的标志。

烫发，就是用热能和药水使头发变成卷曲的形状，是大多数已婚女子喜爱的一种发式，早在 20 世纪初就在上海等大城市流行，标志着时尚。

2．男子发式的讲究

（1）光头

是 20 世纪 80 年代之前男子的普遍发式。辛亥革命后，男子剪辫剃发，农村男子大都剃成光头。一些城市里的工人、劳动者，也大都是剃光头。直到 20 世纪 80 年代以后，农村中老年男子的主要发式仍是光头，既剃起来简单，又卫生。现在有些另类、前卫的青年男女也剃光头。正因为这种发式的影响力大，所以现在用“剃光头”比喻在评比或者竞赛、考试中没有得到任何名次或者未得一分。又由于和尚出家要剃光头，所以旧时孩子所剃光头又叫作“和尚头”。因为民众的潜意识多少受到佛教文化的影响，因此此举含有好生好养、避祸免灾的吉祥含义。

（2）短发

辛亥革命以后，在大城市中，一些工人、职员开始蓄头发，发型有平头、分头之类，而有些商行或是中上层社会人士则留“背头”，

20 世纪 50 年代以后，一部分青年逐渐蓄起了头发。平头、分头更加普遍。分头中，又有正分、偏分（也叫“斜分”）、一边倒等。留背头的人也逐渐多起来。20 世纪 60 年代开始，许多人喜欢整齐利亮的短发头，叫“小平头”，北京人称为“板儿寸”，是一种时尚。

（3）蓄长发

城市中，除了留平头、小平头、分头、背头、大背头外，有的男性文艺工作者蓄长发，有的将头发留到与女子长发相差无几，甚至超过女性的长发，而且有人蓄起了胡子。这些成为一部分艺术家、文艺青年的特定标志，成为这部分人的吉祥符号。

3. 头发的禁忌

民间以为，身体发肤，受之父母，不敢损伤、妄动，所以汉族未成年的孩童，头发覆颈披肩，成年后，梳发为髻。青丝代身遥寄相思、以头发做信物、白头到老、结发夫妻等，都是这种情结的延伸。

（1）白发、掉发的禁忌与吉祥

一是对掉发和白发的恐惧。民间认为，梳头、理发时的掉发要收好，不能让人践踏，白发是苍老和磨难的象征，白发不能拔，越拔越多。二是防止灾害。旧时，人们认为头发不能随便剃去。三是晚上不梳发。民间有谚“白天挣个牛，搁不住晚上一梳子搂”。人们将头发看成财气，忌讳晚上梳头。还有一种说法是，一般人家女子晚饭后休息，没有必要梳妆。所以，人们把晚上梳妆打扮看成是不好的习惯。

（2）胎发禁忌与吉祥

民间认为小儿胎发百日内不能剃去，或新生儿不满月不剃。剃胎发的时候，不能动头顶上的胎发，即要保护“囟门”，怕灵魂出壳，或小儿受风寒，也是为了防止不经意损伤了这个部位。

（3）理发禁忌与吉祥

丧葬期间、百日之内，孝子禁止理发剃须。此种做法，有的说是为了表示悲伤和对父母的悼念。

此外，还有就是正月不理发，误传为“正月不剃头，剃头死舅舅”。

史志载："闻诸乡老谈前清下剃发之诏于顺治四年正月实行，明朝体制一变，民间以剃发之故思及旧君，故曰'思旧'，相沿既久，遂误作'死舅'。"[①] 由此可见这种禁忌的大体端倪。

民间还讲究，一般在中午剃头，而早上、晚上不剃头，还有"饱不洗澡，饿不剃头"的说法，忌讳不吃饭剃头，怕饿晕了，挨了刀子，其实还是强调中午剃头。

（4）结发风俗与爱情吉祥

结发即束发、扎结头发。古时男子 20 岁束发而冠，女子 15 岁束发而笄，表示成年。它有三种含义：第一指束发。古代人成年之后开始束发，因而结发指成年。第二指成婚。古代人新婚夜要男女左右共髻束发。第三指妻子。《礼记·曲礼上》："女子许嫁，缨。"缨是五彩丝绳，女子许嫁以后用它来束发。郑玄注："著缨，明有系也。"就是说，缨是许嫁的标志，表示这一女子已经有了对象。这条束发丝绳，直到成婚的当夕，才由新郎解下，这就是《仪礼·士昏礼》所说的："主人（婿）入室，亲脱妇之缨。"结发也指新婚夫妇须在饮交杯酒前各剪下一绺头发，绾在一起表示同心。《孔雀东南飞》有"结发同枕席"，是说刘兰芝与焦仲卿结为夫妻，十分恩爱地生活着。汉朝苏武《留别妻》："结发为夫妇，恩爱两不疑。"唐朝孟云卿《古别离》："结发年已迟，征行去何早。"清朝陈梦雷《青青河畔草》诗："结发与君知，相要以终老。"古人笔记中更常见到女子以秀发当作信物赠予心仪的男子，这别样的旖旎深情表达着她们"善藏青丝，早结白头"的期望。现在女人偷偷夹在空白书页里的头发，是送给男人最好的情书。结发夫妻是爱情幸福的代名词。

---

① 《掖县志》卷二，民国二十四年（1935 年）版。剃发令是顺治二年（1645 年）六月下的，这里的记载有误。

4．理发讲究

理发为顶上功夫，人一辈子从婴儿满月剃胎毛开始，都少不了要去理发。理发，俗称“剃头”，是清代以来的说法。古人蓄发留须，盘髻结髻，叫“梳头”。宋带汴京、临安出现剃剪和净发社，出现制作理发工具的作坊，也有上门服务的，叫“待招”。而理发业的兴起，则在清初。清朝为了巩固统治，下了剃头令，让梳发挽髻的男子剃掉头发，只留脑后一小指粗的一缕，分两股拧成麻绳样子的发辫，垂在脑后，并赋以吉祥名称曰“金钱鼠尾”。因此，剃头的人骤然增加，剃头业应运而生。自此，走街串巷的剃头匠出现，坐地剃头、定点剃头也出现了。

沿街走巷、赶集下乡的剃头匠，挑一理发担子，前后装有剃头、洗头工具。担子前面一头是炭火炉，上置铜盆，烧着热水，用来洗头或者刮脸；后面一头是一只带抽屉的供理发者坐的板凳，理发工具全放在抽屉里，工具一般是剃头刀、蹭布。所以俗有“剃头挑子一头热”的说法，后来常常用这句调皮话挖苦那些在爱情方面单相思、不得意的落魄男子。挑担的扁担特别长，两头微微上翘，靠近火炉的一端挂着两块长铁片，行走时，铁片和火炉相碰，发出声音来，作为响器。据说那铁片本来是一柄大刀，清兵挑着担子，见到汉人就抓来剃头，稍有反抗就割头示众。担子前面竖一细长的竿子，警告人们，不剃头就要被砍杀，并将首级系上高竿示众。当然，满族人的辫子在漫长的民族融合过程中也发生了不少变化。清朝中后期发型加入了不少汉人的审美和传统，剃头的面积越来越小，辫子越来越粗，成了“半拉瓢”。民众慢慢接受了剃头。故而清朝结束后，剪掉辫子竟然又被许多人反对、抵制。

旧时的剃头匠还会按摩、推拿的技术，遇到有脱臼的、落枕的、扭腰的，他们都会紧急处理，手到病除，成为一门绝活。

理发店是城里专门打理发式、发型的行业，主要服务对象是男子。辛亥革命以后，许多在日本的中国理发师纷纷回国开店，并开始使用新的理发工具。五四运动以后，女子剪发人数日渐增多，理发店又增加了女式剪发和烫发业务。城市里理发店渐渐多起来以后，剃头挑子便多在乡镇村寨走街串巷了。现在，理发店的标志用的是红白蓝三色相间的旋转不停的长圆柱体，这是沿用国际通用的理发标志。

俗话说："有钱没钱，剃头过年。"意思就是新的一年来了，剃去旧头发迎接新的一年，希望新年好运从头开始。

民间一直流传着"正月理发不吉利"的说法，然而随着时代的发展，很多老风俗也在改变。现在的年轻人大多不大讲究"正月不理发"这一习俗，不过家中有老人的，担心老人不开心，往往等到二月二才理发。有的认为现在时代在变，正月不理发都是迷信的说法。但多数老人还是坚持正月不理发，子孙都不能在正月理发，二月二理发最好，叫"剃龙头"，以祈子孙成才、成器。

七、鞋子

（一）鞋式

旧时，在鞋子式样上，春夏秋三季，中老年人穿"剪子口"布鞋，青年人穿圆口布鞋，女子则多方口，并在鞋面上缀以布带襻子；冬季穿棉鞋。在吉祥色方面，男女老少喜欢的配搭是青鞋白袜。讲究的大户人家，男布鞋一般都是黑布面白底，爱美的青年男子有在鞋头绣云头的，以祈求青云直上；而老年人会客则着缎面、呢面鞋。一般百姓则喜欢着鞋口浅的"浅脸鞋"，仅遮住足趾；有在鞋口前部缝连鞋舌的，称"鸭舌头鞋"；有在鞋跟帮上缝一小片布的，以便提拔。幼童和妇女的鞋习惯在鞋头绣花，幼童多绣桃花，认为桃花可以辟邪；青年女子绣喜鹊登梅、蝶穿牡丹等吉祥图案；老年妇女则绣荷花之类的，以祈求长寿安康。青年丧偶的女子绣黄蓝色的素花，而老年孀妇不绣花；但是，儿孙满堂的可随心所欲绣花样。

（二）唐鞋

由于生存环境和文化传承不同，各地穿着风俗同中有异。广州习俗，旧时市民多只穿鞋而不穿袜，甚至也不穿鞋，只穿小屐，故有“不履袜,或男女同屐”的说法。鞋子主要有“唐鞋”,也叫“小圆鞋”“懒人鞋”，以橡胶或废轮胎作底，礼绒或帆布作面，鞋圈用皮裹制，不用鞋带，也不用松紧鞋口，易穿易脱，不打滑，由于老年人喜欢穿着，故年轻人又称之为“伯父鞋”。唐鞋和唐装、已经成为中华民族服饰文化的一个标志，具有民族特色，富有吉祥含义，多用于喜庆吉祥的场合。

（三）鞋的讲究

旧时山区打赤脚的人特别多。现在一些偏远地区也还有不穿鞋子的现象。

在吉祥文化方面，首先，鞋子是爱情的信物。一个姑娘如果喜欢一个小伙子，就会送给他一双鞋子。过去战争时期，女子给上前线的丈夫、未婚夫送鞋子，一是表示爱情，二是鼓励亲人上前线打胜仗。战争年代，鞋子又是支前的主要物资。

当然，旧时女子的鞋，也是女子的隐秘物品，是不能轻易给人的。所以，浮浪男子总是千方百计弄来女子的绣花鞋。女子如果丢了绣花鞋，就会觉得羞耻，要挨父母骂。历史上经常发生因为绣花鞋而惹出人命的悲剧。

其次，俗信鞋子可以辟邪。民间有谚曰“头枕烂泼鞋，神鬼不敢来”，说出远门的人如果夜晚露宿或睡在生疏的地方，只要把鞋枕在头下，就可避免恶魔的侵扰。

关于鞋还有许多其他讲究，比如鞋与“邪”同音，所以在街上看到被丢掉的鞋，无论多新也不能捡回家来。鞋子用在婚礼场合，表示“偕老”。作为商人，在开业的时候，为了图吉利，喜欢将新皮鞋底上钉几个钉子，叫作“把钉子踩在脚下”，以求顺利。

少数民族的鞋子有更多的讲究。如在鞋子色彩上，壮族年轻人喜用亮底起白花，常用石榴红、深红、青黄、绿等色，纹样有龙凤、双狮滚球、蝶花、雀等吉祥图案；老年人多用黑色、浅红、深红等色，纹样有云、龙、天地、狮兽等吉祥图案。

八、饰物

饰物是传统服饰的重要组成部分。在过去，女孩出生未满月时母亲就在她的耳垂上打洞，并用丝线结环戴，长到七八岁，就开始戴上银环。富有人家女儿出嫁，从头到脚都穿红挂绿，戴金饰银。也正是这个原因，金银首饰又成了旧时女子炫耀家境和身价的手段，它反映了民间的审美观念，与人们生产、生活、信仰、习俗紧密相关，具有特定的吉祥文化内涵。

（一）饰物概说

过去，妇女头上、身上的装饰物很多，耳坠、耳环、戒指、手镯、胸花、头花等大都镂金镶银，非常昂贵，这些饰物有很多是陪嫁物，是妇女的珍爱之物。那时，首饰一般是代代相传的，通常是外婆传给母亲，母亲传给女儿，女儿又传给后辈。女孩多的母亲，首饰不够分，再打造新首饰。直到现在，侗家妇女的首饰，还是一代传给一代。这是因为旧时女子没有权利与兄弟一起分享父亲留下的房屋、田地、山林、耕牛等财产，得到的只有身上戴的首饰和自己纺织出来的一些布匹。出嫁时，一般没有更多的陪嫁物，所以，即使再穷的人家，女儿出嫁时，父母也得想尽办法为女儿置办几件首饰。因此，不戴首饰的妇女是少有的。而男子则没有这些。

装饰物最多的还要数孩子们，且随年龄变化和岁时节令增减。满月时有围嘴，过周时要系百索、挂长命锁，过清明节、端午节又要戴各种香袋、荷包。一些地方还要给孩子佩戴手镯、项链之类，体现独特的精神护佑。

少数民族饰物丰富，并且有浓厚的民族文化内涵。有的从头到脚无处不饰，除头饰、胸颈饰、手饰、衣饰、背饰、腰坠饰外，个别还有脚饰。

现在，随着物质生活的提高和生活节奏的加快，饰物向着简约和个性化发展。

（二）头饰

头饰，民间叫“头面”，指旧时妇女的头上饰物，如凤冠、珠花、耳环、簪子等。中国的头饰讲究工必有意，意必吉祥，往往通过谐音、会意、典故等方式，表达美好的祝福。这些头饰，刻有各种花纹图案，各有吉祥意义。

1. 簪

簪，也叫“发簪”“纶头针”“簪子”，由古代的笄发展而来，两股簪子合在一起，又叫钗。从殷墟遗址出土的笄来看，簪的形制繁简不一，上端刻有鸡、鸟、鸳鸯或几何纹样，依质料分别贵贱。男女都使用，但一般要在成年后才用。成年女子将头发上拢成髻，髻上横贯一支十五六厘米长的骨簪；或用象牙美玉做成双笄，顶端雕刻鸳鸯或凤凰，两两相对，插在头部，爱情吉祥含义明确。成年男子用笄，是为了便于戴冠或固定头发。《说文解字》中也说：“笄端刻鸡形，士以骨为之，大夫以象为之。”

经过了几千年的发展，簪子种类多种多样。有的是平板式，上部微弯，下部渐细；有的是针状簪子，簪头镶有珠子或珠花。

（1）玉簪

玉制的簪子。又名玉搔头。有很多玉簪成为爱情的信物。明代高濂《玉簪记》说的是道姑陈妙常与书生潘必正的爱情故事。故事取材自《古今女史》和明人杂剧《张于湖误宿女贞观》，写少女陈娇莲在金兵南下时与家人离散，入金陵女贞观为道士，法名妙常。观主之侄潘必正会试落第，路经女贞观，陈、潘二人经过茶叙、琴挑、偷诗等一番波折后，私自结合，终成连理。越剧《碧玉簪》也是爱情戏，写明朝吏部尚书李廷甫将女儿秀英许配翰林王裕之子玉林。秀英的表兄顾文友因求婚不成，便买通孙媒婆向秀英借得玉簪一支，连同伪造的情书，在秀英成婚之日，暗置于新房之中，玉林果然中计，疑秀英不贞，倍加冷落和凌辱。廷甫闻女被虐，赶往王府责问，玉林方出示情书、玉簪，遂使真相大白。然秀英已被折磨成疾。玉林悔恨不已，上京赴考中魁，请来凤冠霞帔向秀英认错赔礼。玉簪成为戏剧中的吉祥道具和组织情节的线索。

（2）金钗

金钗是中国古代妇女插于发髻的金制首饰，一般成对打造，寓意成双成对，是富贵和爱情的象征。十二金钗本用以形容美女头上金钗之多,后借指富贵女子。“金陵十二钗”也是《红楼梦》里太虚幻境“薄命司”里记录的十二个女子。作者曹雪芹以金陵十二钗正册林黛玉、薛宝钗、贾元春、贾探春、史湘云、妙玉、贾迎春、贾惜春、王熙凤、贾巧姐、李纨、秦可卿为主线，不但反映了这十二个女子的悲剧，也描写当时的社会生活中婚丧祭祀、服装穿戴、饮食药膳、建筑亭阁、舟车行轿等等。黄梅戏《金钗记》，说秀才王金龙上京赶考，途中被强盗劫去银两，流落饭店卖字为生，被黄员外发现，请回自家教馆。一日王金龙在花园遇见了黄员外的女儿黄秀英，二人一见钟情，便定了终身，秀英以金钗作为信物，并约定夜晚叫丫鬟春香送去盘缠帮他赶考。王金龙得了银两，上京考中状元，最后娶了黄秀英为妻。

（3）荆钗

荆枝制作的髻钗，古代贫家妇女常用，因《荆钗记》王十朋、钱玉莲的故事，被当作夫妻团圆荣华富贵的象征。《荆钗记》载：钱玉莲拒绝巨富孙汝权的求婚，宁肯嫁给以“荆钗”为聘的温州穷书生王十朋。后来王十朋中了状元，因拒绝万俟丞相逼婚，被派往荒僻的地方任职。孙汝权暗自更改王十朋的家书为“休书”，哄骗玉莲上当；钱玉莲的后母也逼她改嫁，玉莲不从，投河自尽，幸遇救。经过种种曲折，王、钱二人终于团圆。

（4）银簪

是百姓家妇女们常用的簪子。一般为结婚之前或者结婚的当日，由喜婆婆梳头，将女孩子的辫子发式变为新媳妇的编盘发式时，给插定的。它象征着夫妻恩爱，白头偕老。

广东梅县上了年纪的客家妇女至今还在脑后盘结的发髻上插一支银簪，银簪用白银制成，长约十厘米，中间较窄，两头稍大，末端尖，雕有花纹，精巧玲珑。银簪具有悠久的历史渊源。这种簪原来是铁制的，是由过去的防身武器演变来的。古时候，客家人，尤其是妇女，常遭倭寇和地方邪恶势力的欺凌和蹂躏，为了防身，妇女们便开始随身携带一些短小锋利的铁器。一些妇女为携带时方便，便把这种小铁器加以改进，制作成簪子，把它插在脑后盘结的发髻上，表面看是束发的簪子，实际上则是一种防身自卫的武器，以后又逐步演变为用白银制作，成为今天的银簪。银簪又具有极高的实用价值，不仅可作防身、装饰之用，还可以用来治病。有头痛脑热等疾病的时候，老人们用熟鸡蛋清与银簪一起包裹，趁热在患者身上来回擦拭，据说疗效甚佳。

畲族妇女用三支金属簪叉着散乱的头发，三支簪子称为“三把刀”。据说，在很早以前，一位遭官兵强暴的少妇，用头上三把竹刀刺进官兵的眼睛，而自己也撞石自尽。后来人们戴着它，也是作为武器以防不测。

2. 耳坠与耳环

耳坠也叫“坠子”，古代又称珥、珰，多用金、银、玉石等制成。耳环起源很早，50万年以前周口店北京猿人已经能用石头、兽骨、贝壳制作耳饰，男女都用，后来渐渐为女子专用，只有部分少数民族男女都用。

旧时妇女无论贫富都戴耳坠，女孩子从六七岁开始戴，平时戴一对小耳环，节日、礼仪场合才换上长耳坠。并且，各地女孩子都有就地取材替代金属耳坠耳环的做法。黄河口一带的少女，春季采来细柳枝做成耳环，叫作“柳坠儿”；微山湖一带则用菱角做成耳坠，叫“菱角坠儿”；沂蒙山区则将地瓜蔓折成一节一节，弄成长坠子的样子，披挂在两个耳朵的耳廓上。

旧时，民间还有给独生子戴一个耳坠的习俗，用坠子的谐音双关，叫“拽着好养活”。

海南黎族女子普遍戴耳环。万阳孝人以带又大又多的耳环为美，有的多至十余枚，重十两左右，圈径六寸，用白银、锡片、铜片制成，式样简约，线条清晰，是妇女世代相传的珍贵物品。人们也以耳环多寡辨贫富，以大小分美丑，谁的耳环最多最大，谁就成为众人注目的中心。有的妇女戴着一斤多重的耳环，致使两耳垂的耳洞大盈寸，只好在耳后处另用小圈将耳环束住，拉上来叠扣在头上。

土族妇女双耳佩戴刻有花纹和嵌有红珊瑚、绿宝石的金、银、铜制耳环，下垂五色珠，并在珠上缀以穗子。其中最讲究的要数“上七下九”或“上五下七”的银耳坠，用数串五色瓷珠把耳环连在一起，珠串长长地垂在胸前，好像带着数条项链。

苗族银耳环款式很多，分悬吊型、环状型、钩状型、圆轮型四种，以悬吊型、环状型较多。耳环造型除了常见的花、鸟、蝶、龙等外，还有茄子、蒜薹、松塔、牛角等形状的耳环和坠朵花耳环颇具特色。牛角形耳环有四棱柱、刻花挖槽四棱柱、刻花扁平形、丝编圆柱形之分；坠朵花耳环的造型也不下数十种。苗族分支众多，同一分支内，男女耳环往往也不同，且婚前婚后有异；此外，与其他大件银饰相比，耳环花费的钱财少，因此，不少人喜欢戴，也就有了这么多的耳环款式。

布朗族妇女自幼穿耳，以所穿耳孔大为美。富裕人家以金属耳塞扩孔，贫困之人多以纸管、草管塞于孔内，缀以红、绿、黄色彩穗作饰，成为独具特色的耳塞饰物。女青年多用丝线编织彩穗彩缨装饰头巾、耳塞。由于不断扩孔，造成耳洞部豁裂者常见。

3．簪花

簪花为古代一种装饰风俗。每逢节日或盛典，头戴花朵，招摇而行，以寓青春美丽，也是应景之意。“遍插茱萸少一人”这其中就体

簪花仕女

现了唐人插戴花草的习俗。清赵翼《陔余丛考·簪花》:“今俗惟妇女簪花,古人则无有不簪花者。”说明古代所有的人不分性别,均可以簪花。《宋史·礼志十五》:“礼毕,从驾官、应奉官、禁卫等并簪花从驾还内。”《宋史·舆服志》记载:“中兴,郊祀、明堂礼毕回銮,臣僚及扈从并簪花,恭谢日亦如之。”南宋时,皇帝所赐的花色,按品级各有不同。“大罗花以红、黄、银红三色,栾枝以杂色罗,大绢花以红、银红二色。罗花以赐百官;栾枝,卿监以上有之;绢花以赐将校以下。”清陈康祺《郎潜纪闻》卷三:“新进士释褐於国子监,祭酒、司业皆坐彝伦堂,行拜谒簪花礼。”

所簪之花均为吉祥花,并且应季节。据记载,宋人簪花有两种:一曰生花,就是鲜花,春天多簪牡丹、芍药;夏天多簪石榴花、栀子花、茉莉花;秋天多簪菊花、秋葵等。一曰宫花,是以罗、绢、通草等原料制成的假花,专为宫中制作,栩栩如生,几可乱真。簪花还讲究节气节日应景,如上元夜戴闹蛾、玉梅、雪柳,端午节戴茉莉,立秋戴楸叶,重九簪菊。

这种风俗在吴地还有遗存。吴地妇女讲究头饰,有头巾、钗、簪、簪花、项链、耳环等,尤其是簪花和头巾更显水乡特色。这里春季梅香浮动,海棠娇媚;夏季榴花如火,绿荷扶风;秋季桂花满枝,十里飘香;冬季枇杷堆玉,蜡瓣点点。有些人家,每天由花农送货上门,供早晨打扮之用;户主依月付钱,俗称“包月”。妇女头上的插花有真花,也有丝绸绢纱制作的花;北方地区一般簪绒花。喜事插红花,丧事插白花或黄花。

浙江嘉兴湖一带，习惯用红纸剪扎成一朵像绣球一样的纸花，在养蚕的季节戴在头上，以祈求蚕茧丰收，叫戴蚕花。据说纸花是春秋时期西施在故乡亲手扎制用作头饰的，因为西施是个大美人，妇女们纷纷学习她的打扮，以致戴蚕花成了蚕乡风俗。

4. 束发用品

（1）额箍

又称“盘发”“圆帽”“额带”，就是装饰在头额处成圆圈状的箍。它的实用价值在于寒冷时保暖，炎热时吸汗，又有束发和美化作用。从商代开始，人们就在额箍上镶饰装饰物。河南安阳殷墟出土的玉人，头发盘成长辫，戴着圆箍形“頍”，頍前连着卷筒状的冠帽。额箍男女均可使用，流传至今；不仅汉族使用，而且很多少数民族也使用。现在的额箍多为女孩子所用，是女孩子的标志性头饰，多为吉祥式样和图案，一般为塑料制品，有的用丝帛缠绕包裹，有的镶嵌许多饰物，是少女们最喜欢的头饰。

（2）束发圈

就是用松紧橡筋制成的各种圈，外面饰以布花。女孩子经常用束发圈将长发扎成活泼的马尾巴。扎马尾时先将秀发收拢，以右手拿着，将束发圈套于马尾之上，并以大拇指和中指抓紧，再把束发圈扭转一次，将秀发扎紧。用束发圈做出来的马尾发式，活泼大方，是青春美丽的象征，也是年轻女性的标志发式。

（3）头绳、头绸儿

扎辫子的绳子叫“红头绳”，旧时民间忌讳用白、黄、绿。旧时青年女子留长辫子，多用红头绳；穷苦人家女儿过年盼望的就是能得到一根红头绳，歌剧《白毛女》就写到这种风俗。大年夜，杨白劳卖豆腐剩下了几个钱，称了二斤面，然后给相依为命的女儿喜儿扯了二尺红头绳：“人家的闺女有花戴，爹爹我钱少不能买；扯上了二尺红头绳，与我喜儿扎起来。”长发女孩喜欢用绸布条扎发根部于脑后，寓意喜庆。

（4）发卡

旧时的发卡是用墨色的钢棒做成齿状，两相折合，以束住头发。现在，发卡的装饰性大大加强，由一根细细的不锈钢棒与长形带弧度的有机玻璃组成，轻便、修长，可以将短发与长发自如地扣住。它的颜色丰富多彩，别在头发上，娇俏美丽。

（5）网子

也叫网巾、发套、发网，丝网状。明代人多用以固定头发，是一种系束发髻的网罩，形似渔网，巾口用布制成，旁有金属小圈，用以贯穿绳带，束紧绳带即可束发。

春节盛装（年画）

网巾相传起源于明太祖。明代郎瑛《七修类稿》载：“太祖一日微行，至神乐观，有道士于灯下结网巾，问曰：‘此何物也？’对曰：‘网巾，用以裹头，则万发俱齐。’明日，有旨召道士，命为道官，取巾十三顶颁于天下，使人无贵贱皆裹之也。”《明史·舆服志》亦有类似的记载：“洪武二十四年，帝微行至神乐观，见有结网巾者。翼日，命取网巾，颁示十三布政使司，人无贵贱，皆裹网巾，于是天子亦常服网巾。”“万发俱齐”音同“万法俱齐”，这对初定天下，厉行礼法的明太祖来说别具意义。在皇帝眼里，除了束发方便之外，网巾也含有修整、整治、整饬的意思，是治理国家的一种象征。明朝所用网巾为方巾，亦称“四方平定巾”“民巾”“黑漆方帽”。

后多为梳髻女人束髻用，未婚辫发、已婚网发，网子束发渐渐成为已婚女人的标志，也是媳妇干净利落的象征。

（5）栉

即梳子和篦子，为女子梳头工具，也作为首饰插在发中。二者区别在于梳子齿疏，篦子齿密；梳子用以梳理头发，篦子用以篦发，还用以梳理虱虮。材料有木制、骨制、角制几种。女子一般喜欢洗头后，将梳子插在头上，或在额前，或在脑后。

结发同心，以梳为礼。我国古时男女送梳子有私订终身，欲白头偕老的意思。时至今日，不少地方仍有七夕送梳子的习俗。

旧时女子出嫁前，要由家人为其备送梳子，并梳头。梳头的时候，有《梳头歌》，将梳头的吉祥含义揭示出来：“一梳梳到尾，二梳梳到白发齐眉，三梳梳到儿孙满地，四梳梳到四条银笋尽标齐。”“一梳梳到头，富贵不用愁；二梳梳到头，无病又无忧；三梳梳到头，多子又多寿；再梳梳到尾，举案又齐眉；二梳梳到尾，比翼共双飞；三梳梳到尾，永结同心佩。有头有尾，富富贵贵。”“一梳梳到尾；二梳我的姑娘白发齐眉；三梳姑娘儿孙满地；四梳老爷行好运，出路相逢遇贵人；五梳五子登科来接契，五条银笋百样齐；六梳亲朋来助庆，香闺对镜染胭红；七梳七姐下凡配董永，鹊桥高架互轻平；八梳八仙来贺寿，宝鸭穿莲道外游；九梳九子连环样样有；十梳夫妻俩老就到白头。”这些既包含了家人希望亲人顺利平安的美好祝愿，也有爱意的传递。

（6）苗族银角

银角与银帽一起组成了苗族女子盛装头饰。西江一带银角两角分叉，主纹通常为二龙戏珠，龙身、珠体均为凸花，高出底面约1厘米。它体积庞大，宽约85厘米，高约80厘米，高度超过佩戴者身高的一半。姑娘们佩戴时还要在银角两端插上白鸡羽。

施洞一带银角又称“银扇”，在分叉的两角间均匀分布着四根银片，颇类扇骨。银角主纹也是二龙戏珠，龙、珠皆单独制作，然后用银丝与主体焊连。两角顶端为钱纹，四根银片高过两角。顶端为蝴蝶，蝶口衔瓜米垂穗。银片间立展翅欲飞的六只凤鸟。这种银角造型繁复奢华，做工精细。舟溪一带的银角，银片紧裹头帕，固定在头上。银角两角一分为二，既像角，又像翅膀。正中开出一支，顶端则明显为变形银羽，突出的三支皆插白鸡羽。

银角造型均含有当地民族宗教的吉祥意义，是根植于宗教观念中万物有灵，多元表现意识的物化。所以，银角的造型也就多种多样，稀奇古怪，并且多为各种造型的混合体。

（7）瑶族雉翎

瑶族男子梳发髻，缠扎红绒线于髻上，发周再缠几圈鲜红布巾，斜插一支野雉的花翎，看起来英武、剽悍。未婚女子剃掉一些前额头发，发髻的四周留着一圈寸余长的发鬃，发髻上除了缠五色丝线外，还要点缀一圈又一圈的白通草，佩插多支轻盈的白鸡翎，再佩戴银质耳环和十多个项圈，华丽、飘逸。

瑶族的雉翎、服饰，以及节日风俗和信仰，都与民族迁徙、图腾、生存环境有着密切的关联，都有民族特有的吉祥含义。

其实不光是瑶族插稚翎，我们在舞台上经常看到一些武将也戴着雉翎。特别是穆桂英的形象，给我们印象尤为深刻。雉鸡勇猛好战且羞于战败。它很珍惜自己的翎毛，将它看得比生命还重要。所以，以雉鸡翎插于头上，是提醒武将，要有勇猛善战的英雄气概。

（8）彝族遮包花

在南涧彝族自治县，一些彝族青年妇女喜爱“遮包花”。遮包花用红、绿等色丝绸做成，戴在后脑包头上，高高撅起，鲜艳夺目。每副遮包花在“一”字摆开的横枝上伸出三枝，每枝的顶端又有三朵盛开的鲜花，以中间的一枝较高、花朵较大。彝族女子结婚或订婚后，除了头戴天蓝色的方巾外，还要在后脑上加一副艳丽的遮包花。因此，在彝族习俗中，送给女方家的聘礼中，一定要有一副漂亮的遮包花。

女方得了遮包花后，参加“打歌”“朝山”等活动，总要将它佩戴在自己脑后，以显示自己已经是名花有主了。

（二）颈饰、胸饰

1．项链

项链和戒指、手镯最初是奴隶社会中奴隶主控制奴隶所用的器具。项链的作用是在奴隶休息的时候拴住他们不让他们逃走，同时标明奴隶的身份，手镯与戒指也是类似用途，用以显示奴隶主对奴隶的所有权。

现在，项链是现代女性最常用的颈饰、胸饰，有金、银、镀金、锻压金、珠子等多种材质，由链子与链坠两部分组成。部分男性也会佩戴项链。而一般少男少女则喜欢佩带红线坠以小玉石、玛瑙珠等饰物。

项链的吉祥含义，一是表示爱情，有取谐音“相恋”的意思；二是有拴住对方的意思，送心爱的人项链就是想拴住对方的心，不被其他人抢走。

2．项圈

一般为小儿挂饰，民间认为佩带它可以保佑小儿平安。鲁迅在《故乡》里写到的少年闰土，就是项挂银项圈。现在，一些少数民族地区仍然能见到。苗族的项圈分链型和圈型两种。链型以链环相连，有“8”字环形项链、金瓜项链、串珠型项链、四方形项链、响铃项链等；圈型则用银片或银条制成圈形，定型后不可活动，有扭索项圈、绞丝项圈、串戒指项圈、百叶项圈、篓花项圈、藤形项圈、银龙项圈、方柱扭索项圈等，都是苗族银项圈中的精品。在贵州都柳江流域还流行一种银排圈，即套圈，每套少则几个，多则十几个，由内及外，圈径依次增大。

3．领带、领结

领带，系在衬衫领子上的带子，通常在前面打成结、环，两端向下直垂，属于西装装饰物。20 世纪 20 年代出现了领带夹子，30 年代出现了编结领带；20 世纪 80 年代以后，领带迅速大众化，成为西服重要的组成部分。

领结，为穿西服时系在衬衫领子前的横结。领带、领结，都属正式场合的配饰，象征着老练、成熟、稳重。

4．中国结

中国结就是中国传统装饰结，是中国特有的民间手工编结装饰品和中国传统吉祥装饰物品。每一个结从头到尾都是用一根丝线编结而成，每一个基本结又根据其形意命名，主要有双钱结、十字结、吉祥结、万字结、琵琶结等。

中国结主要有两大系列：一是吉祥挂饰，有大型壁挂、室内挂件、汽车挂件等；一是编结服饰，有戒指、手链、项链、腰带、传统盘扣等。

5．护身符

旧时民间常用的是小布袋，小布袋里盛放着当地风俗认为可消灾保平安的东西，贴身而戴；也有在脖子上挂一个金属、玉石的佛像或链锁。山西平遥一带人出走他乡时，其家人总要给他做个布袋护身符，就是用红布做成小袋子形状，里面装上朱砂、小碎铁片、辣椒籽、荆条籽等被认为可以辟邪的东西，据说可以保佑外出人平安。链锁主要是挂在小儿身上。有些少数民族女子也喜欢挂银锁。

现在的护身符，主要用在小儿身上。部分少数民族也见成人佩戴：门巴族妇女盛装时均喜欢佩戴银质手镯、耳环、戒指，上嵌珊瑚、绿松石等饰物，胸挂盛放护身菩萨的银佛盒；彝族妇女喜欢在椭圆形的绣帕上配一个银牌，挂在胸前，叫“护心帕”，据说是护心所用，可保护女子聪明、高尚的心灵。

（三）腰饰

1．腰带

《说文解字》曰：“带，绅也。男子丝，妇人带丝。”传统腰带一般以韦、索、布帛丝绸、犀、皮革制作而成，束于腰间，用以束腰和悬挂各种佩饰。

最初的腰带既是服饰，也是官阶高下、地位尊卑的象征。自周代至六朝，大夫以上都用腰带，天子冕服也用束腰或垂佩革带。战国时赵武灵王推行服制改革，效仿胡服衣冠，在腰带上附加很多小环和带钩，用以悬挂随身携带的各种物品，并加饰金银。到了唐宋，出现了用革制成的嵌以玉、镂以金的玉带和金带，腰带上按等级缀以犀玉、金银角，悬于腰间，成了官员级别的标志。清代腰带种类更多，皆用丝织，上嵌各种宝石，有带扣和环，带扣材质为金、银、铜，较讲究的则用玉、翡翠，环用以系汗巾、刀、香包等物。一般男子多以白、蓝色腰带束腰，带长下垂与袍齐。有的腰带简单古朴，仅为一块布或一条绳索。妇女腰带大多束之于衣内，用丝编鞭而下垂流苏，后又采用阔而长的绸带。

腰带还附带着丰富的吉祥内涵。过去女子婚后不再系腰带，表示服从丈夫的权威。男子因犯罪或直系尊亲死亡，则去掉腰带，而平时是不能去掉的。

在少数民族中，腰带的含义更为丰富。对于青年男女来说，腰带还寄托着爱情。红河南岸的彝族姑娘爱上某个小伙子后，常亲手制作一条腰带，送给小伙子，作为定情之物；青海互助土族自治县的土族姑娘常将一种叫作“托勒亥得木拉迭普斯”的腰带赠给情侣作为信物；蒙古族姑娘也常将其“哈布特格”腰饰物赠送恋人。苗族青年表示爱情的信物则是花带与抄带。云南一带的苗族男女青年相爱后，姑娘要送小伙子一根一米多长的用彩线编织成的花带，上面绣着山川花草图案，寓意为“千里姻缘一线牵”；双方定情时，姑娘要送对方一根一米半长的用雪白麻织成的抄带，寓意将纯洁的爱情献给对方。鄂温克族女儿出嫁时，精美考究的腰带是必需的陪嫁物。贵州黄平苗族地区流行银腰带，当地叫“银菩萨腰带”，即把数十或上百个银菩萨分两排或三排缝缀在布腰带上。贵州省博物馆藏一件银腰带，其上有 105 个银菩萨，造型独特，姿态各异，显示出苗族银匠高超的想象力和非凡的手工艺术。内蒙古、青海等地的蒙古族腰带大多用布或绸子制作而成，一般长约丈余，色与袍子不同。男子扎腰带时，多把袍子向上提，束得很短，为的是骑乘方便，又显得精干潇洒。腰带上还挂上“三不离身”的蒙古刀、火镰和烟荷包。女子则相反，扎腰带时要将袍子向下拉展，以显示出娇美的身段。

2. 腰箍、腰环

腰箍是云南德昂族的腰饰习俗。腰箍式样繁多，有的用细草绳编扎，有的用细竹削成细篾和竹片，有的用藤篾削成片，还有的一半是竹片，一半以白锡包之。大多数腰箍漆成红色或黑色，镂刻各种花草图案。德昂女子成年后，都要在紧身短衣和裙子之间佩带上少则几个、多则几十个的腰箍，行走时，腰箍随身体起伏跳动，清脆悦耳。

腰箍具有丰富的吉祥含义。德昂人认为，姑娘身上的腰箍越多，做得越精致，表明姑娘越聪明能干、心灵手巧；如果不系腰箍，便会被人耻笑。青年男女在恋爱时，为了表达爱意，也常常用腰箍作为爱情的信物。

景颇族妇女也常在腰间围以黑色藤圈、草圈或刻有花纹的竹圈。她们以带腰箍为美，不系腰箍则受人耻笑。藤圈用藤篾编成，涂以红漆或黑漆，围在腰部作装饰。青年妇女一般都束腰带，围藤、竹制腰箍。姑娘们腰间戴的藤篾圈，是青年男子精雕细刻、用以表达爱情的礼物。

腰环是系于腰部的如环状的腰带。广西彝族妇女系一种叫作“括腊”的腰环，它多用榆树皮制成，宽三四寸，妇女佩于腰间，除夜间睡觉外，环不离身。传说古代彝族妇女勇敢善战，因有腰环护身，刀剑不入，屡胜顽敌。

3. 腰兜

腰兜，是以两层约一尺左右、正方形的较厚的布制作的：一角尖向下剪为半圆，上角尖剪平缝上两个小布套，以一条布带套过后颈，左右两对角尖缝上布带可束于腰间，四边缝紧，前面中间开一小口作为袋口，或在右边留一处不缝合作为袋口。潮汕妇女普遍以腰兜保暖、束紧裤子，也可装硬币或其他东西。老妇女以及做买卖的男子都以腰兜的袋子装硬币，因为潮汕人称腰兜为“肚腰”，所以，过年的压岁钱称为“压肚腰”，“肚腰饱饱”是说发家致富了，腰兜里有很多钱。

4．批甲

云南元江一带的哈尼族支系糯美姑娘们，一到了十七八岁，便会佩戴上一种名叫“批甲”的装饰物，表示她们已经长大成人，准备接受心仪的小伙子的爱情了。“批甲”约一尺长，是一种以数十股蓝缨穗编织而成的饰物，走起路来，蓝缨穗随身躯而左右摆动，显得体态婀娜曼妙。批甲除了用于装饰以外，还有另一种含义：大姑娘背后若不系有遮盖臀部的批甲，将被视为不讲礼貌，对她们的终身大事也有很大的影响。

5．腰刀

很多民族的男子有佩刀的风俗。配刀一是为了生产、生活方便；二是为了装饰，显示男子的英武；三是为了信仰和崇拜。贵州丹寨苗人佩带三面木质、中间嵌刀片的摘刀，既是为了摘稻穗、收高粱、打芭茅，也是为了避老虎；景颇人背一把长刀，随身不离，是为了防止取心鬼来取心。蒙古族游牧、狩猎、劳作、饮食，都离不开世代相传的贴身腰刀，除了所需之外，精致古朴的刀鞘象征着蒙古族人民淳厚、朴实的性格，而锋利的腰刀则代表了蒙古族人血液中世代流淌着的刚毅、勇猛。

6．玉佩

过去，民间以为玉能在黑夜中发出一种光芒，可驱魔辟邪，所以，“玉能辟邪，玉能养身”的说法也便由此而来。从古到今，很多民族都有佩玉习惯，甚至死后还要含玉、握玉。

玉佩上面往往雕刻人物、走兽、花鸟、器物等图案和一些吉祥文字，也有以民间谚语、吉语及神话故事为题材的图案，通过借喻、比拟、双关、象征及谐音等表现手法，表达出祈求吉祥如意、长寿多福、家和兴旺、安宁平和、事业腾达和辟邪消灾等含义，反映人们对美好生活的追求和向往，形成了中国特有的玉石文化。

在今天，玉佩仍深受民众喜欢，其含义已变为表达人们希望生活顺利、事业顺心、身体健康、万事如意。具有代表性的玉佩样式有观音、佛、钟馗、关公、张飞等。在民间，还有“男戴观音女戴佛”的说法。

（四）手饰

1. 戒指

也叫“戒子”“指环”，我国东北地区叫“金镏子”“银镏子”，男女都用。后人多根据汉毛亨对《诗经·邶风·静女》的注释“戒指”一称的由来：最早兴起于宫中，原为宫女月经来潮的标志，与西方戒指订婚的含义不同。民间也有传说，说有个皇帝将一名美女召进宫，当晚要她陪侍，这女子不愿为妃，暗地流泪，一个宫女非常同情她，就在她左手上戴了一个白玉环。皇帝询问，女子答道，正值月经期，用它做标记，请皇帝戒止。由此看来，妇女戴戒指原本不是为了炫耀或装饰，而是起禁戒的作用。

其实，戒指很早以前就有了。考古发现，距今五千多年的旧石器时代，先民就开始用大理石、玉石、兽骨等制作指环一类的东西戴在手上。秦汉时期，妇女们已经普遍戴戒指，戒指成为一种装饰品，象征着友谊、爱情与幸福。

旧时除了富户、官宦人家有金首饰以外，一般人家都是银制的。随着生活水平的提高，已婚女子差不多都有金项链、金戒指，少女根据自己的喜好，戴玉石、仿金银戒指，男子也喜欢戴戒指，多戴又大又重的方指戒指。

2. 手镯

也叫“镯子”“手钏儿”“臂环”“手环”，是传统腕饰，古代男女都用，现在多为小儿和少女使用。民间常见的是银质的，以重为贵。成人戴的为平板式，饰有花纹。小孩戴的为圆形，对接处有两个小圆豆，以避免损伤皮肤；有的还在手镯上系一对小铃铛，摇动小手便哗啦啦响。

古人认为玉有“五德”，且普遍相信玉有灵性，能够驱邪避祟，因此，常将玉佩挂在身以提醒自己要像玉那样冰清玉洁。早在新石器时期玉就已经进入人们的生活，而各个时期的玉镯各有不同。大汶口文化时期玉镯呈外方内圆形，春秋时期玉镯为扁圆形，唐代有镶金玉镯，发展至宋代，玉镯呈圆环形，内平外圆、光素无纹，而明清玉镯，多加以装饰雕琢。

玉镯还用于爱情婚姻。《拾玉镯》说少女孙玉姣在门外刺绣，正遇青年傅朋路过，二人相见，彼此爱慕，傅朋故意遗下玉镯一只，以为标记。孙玉姣拾镯时，被她的邻居刘婆看见，刘婆就到了孙家，拿此事逗弄玉姣，然后表示愿为傅、孙二人成全亲事。

现在，很多女性喜欢戴玉镯，一是作装饰，二是作为生活富足的象征。

在佤族聚居区西盟，妇女们都常年戴一副宽手镯。据说从前阿佤山的原始森林里常有野熊出没，野熊有个特性，就是抓住人后不放开。一天，一个美丽的佤族姑娘上山采集山货，碰上了野熊，躲避不及，聪明的姑娘赶忙从竹篮里拿出饮水的竹筒，套在手上，大胆沉着地迎上去。野熊自以为猎物到手，就高兴地抓住，姑娘乘机将手悄悄从竹筒中抽出来逃走了。从此，姑娘们外出就将竹筒套在手腕上，以求安全，久之，竹筒就演变成宽手镯了。

（五）其他饰物

褡包。也叫“钱叉子”“褡裢”“褡子”“钱褡子”“钱布袋子”，披搭在肩上用以盛放钱物的布袋。旧时多为商人所用，具有经商的标志性意义。

荷包。为布制饰件，妇女们一般在端午的时候刺绣各种荷包，装上香草或中药，称为“香荷包”，互相馈赠，以驱邪避毒。后来发展为爱情信物。恋爱中的女子喜欢亲自缝制荷包送给心上人，心上人视之如宝，特别珍惜。清刻《绣荷包》曲本唱出了它的含义：

初一到十五，十五月儿高，清风摆动，杨柳杨柳梢。清风摆动，杨柳杨柳梢。年年出口外，到月不回来，家有贤妻，忘也忘坏了。三朵梅花开，情人捎书来，捎书代（带）字，要上荷包带。捎书代字，要上荷包带，你要带荷包，抽抽与回来。捎回来抽抽，奴与你绣荷包带，捎回来，奴与你绣荷包。姑娘进绣房，开言叫梅香，拿过钥匙，开也开皮箱。拿过钥匙，开也开皮箱。开开这皮箱，两眼泪汪汪。手拿这包囊，上牙上牙床。手拿这包囊，上牙上牙床。打开丝线包，绒线无意挑。手拿这钢针，认一认一条。

手拿这钢针，认一认一条。姑娘出绣房，开言叫哈郎，不用招呼，知也知道了。不用招呼，知也知道了。一买胭合粉，二买红头绳，三买胭脂，点也点嘴唇。三买胭脂，点也点嘴唇。

上绣一只船，绣在江河岸，在（再）绣个船工，上船把腰湾（弯）。在绣个船工，上船把腰湾。上绣张天师，身穿八卦衫。

在绣两个童儿，摆也摆卦摊。在绣两个童儿，摆也摆卦摊。上绣张国（果）老，骑驴过赵桥，四大名山，驴也驴后梢。

在绣过（个）张飞，哈（喝）断当扬桥，上绣杨五郎，绣在五台山。贪生怕死，当也当和尚。贪生怕死，当也当和尚。上绣二只船，绣在江河岸，四个哨官，上船把船番（翻）。

四个哨官，上船把船番。荷包绣完了，人也看好了。

荷包心事，枉也枉费了。荷包心事，枉也枉费了。

旧时新婚女子，必须在回门后返回婆家时，带回精心制作的烟荷包、荷包等，分送给婆家人。

烟荷包。装旱烟的小袋子。农村男子讲究点的，佩带烟荷包、抠烟油的银钩、挖耳勺、剔牙针和火镰包；简单点的，只佩带烟袋和烟荷包，往腰带上一别，或者往怀里一塞。烟瘾一来，三五个人往墙根下一蹲，从腰上取下铜烟袋，伸进烟包里三搅两搅，装上一锅烟，用拇指一按，含在嘴里，一手拿火石、火媒，另一手执住月牙形的火镰片，往火石上撞擦，火花打着火媒，往烟锅上一点，“嗞嗞嗞”猛吸两口，悠然自得。抽完，往鞋帮上一磕，再装一锅，小心地把磕下的烟红往上一按，又是一锅烟。现在抽烟有了卷烟，点烟有了火机，烟袋锅被纸烟代替了，这火镰和荷包也就没有佩带的必要了。

烟荷包一般是新婚的妻子自己绣制的，从娘家带过来，新婚之夜送给丈夫。所以，已婚男子大多在烟袋杆上，拴着精美的烟荷包，用以炫耀，也表达了对妻子和幸福生活的满足。

景颇族男子外出时，肩上斜挂红色毛织的花包，包内多装酒筒、沙橘、烟草、槟榔等物，人们相见，必互递烟草，以示友好。

伞。伞是日常用品，不管是雨伞还是太阳伞，除了日常使用的实用价值以外，在我国南方各民族中还被广泛用于婚俗：伞为媒，用作嫁妆；避邪祈福，增添喜庆气氛。各民族打伞的婚俗不尽相同，它们多表达对婚姻的期望和祝福。过去北方的伞都是从南方运来的，多为油布伞和油纸伞，为雨伞；布伞被称为“旱伞”“阳伞”，旧时新媳妇回娘家，一般是骑着驴、打着伞。民间忌讳把伞当作礼物赠送，因为伞谐音“散”。伞还叫作“竖笠”“雨遮”“雨撑”“阳遮”“雨帽儿”，布伞谐音“不散”，有些地方借“不散”之音及其伞的圆形，寄寓团圆、永不分离之意而用在婚娶聘礼中。

包袱。民间常用以包裹、携带东西的印染、彩印的四方形的花布片。在以前，妇女走亲戚、赶集上街，必定携带包袱，包裹礼物、衣物，或者抱在怀里，或者挎着在胳膊上；至今，农村用篼子出门走亲访友，也用包袱盖在上面。蓝印花包袱由各地作坊制作、出售，图案为“凤凰戏牡丹”“水盘菊花”“狮子滚绣球”“鲤鱼跳龙门”等；彩印包袱更精美，图案有“天女散花”“麒麟送子”“十二龙戏珠”“百花争艳”“龙凤呈祥”“孔雀开屏”等。

民间还有红包袱。因为红被认为是辟邪之色，沿海渔家妇女就用红包袱为出海的亲人包衣物，并在亲人身上钉上红布条，以祈求亲人平安归来。在婚礼上，新娘用红包袱包衣服，叫“包福”。

第三章 婚嫁服饰的吉祥意义

旧时婚仪有六礼，包括纳采、问名、纳吉、纳征、请期及亲迎，现代婚俗也有相亲、定亲、送彩礼、定做婚服、迎娶等讲究，其中都贯穿着不少特定的服饰风俗，并且都打上了吉祥文化的烙印，如“上轿不穿棉，一辈子都作难”“鞋不沾土，脚不踏地”“北方娶姑娘，南方娶媳妇”“脱了红袄换夹袄，一年一个小胖小”。

总的说来，婚礼服饰具有以下吉祥意义：一是具有人生礼仪性质，它标志着当事人向组建家庭、迈进社会的过渡；二是具有演示性质，它的表演性特别强，向人们展示着当事人在人生道路上重大时刻所期望的美好愿想；三是具有祈福性质，融入了人们对当事人的祝福。

一、彩礼服饰

（一）相亲和定情的服饰

相亲议婚，是旧时“六礼”中的首要环节，其中的彩礼服饰，对于女方来说，具有接受婚姻的象征意义；对于男方来说，具有求婚成功的意义。女方一旦接受了这些彩礼，就象征着双方签订了婚姻条约，起约束双方的作用。而传统婚姻中，恋爱双方自己约定的，叫“定情”“私定终身”，多用首饰、手帕、鞋子、荷包之类作为定情物；由于没有经过父母之命、媒妁之言，这种约定脆弱了许多。

1. 定亲

旧称“过定”“过文定”“定聘”，即古所谓“纳吉”：遣媒人致赠薄礼，约定婚姻。古代用雁，后来用定金、定礼，聘礼一般要用首饰（俗谓“头面”）以及彩绸、衣料等女子服饰面料。相亲时，新人中意，则以金钗插于冠髻中，俗称“插钗”，也叫“插定”“下定”。服饰成为这个仪式的主要内容。

下定，民间有送鞋的风俗。鞋，谐音“谐”，民间以为婚姻和谐美满的意思。根据史料，汉朝就有凡娶妇之家，在下聘礼时，须先下新鞋一双为礼的说法。清代光绪年间，在宁波鄞县（今鄞州区）一带，当地婚俗，先派媒人在男女两家传讯请示，如果经过卜吉，谈妥婚事，男方就向女方送礼，谓之“送日子帖”。这时，女家要派人请男家曾祖母、祖母鞋式，由女家根据大小长短式样，精心制作。到下定时，男家备簪珥、钗钏、丝帛及牲畜、酒饼等送往女家。女家举行酒宴款待，回帖时，在答礼中除其他礼物外，必以做好的鞋履加锦膝蔽、绣袋五串置回箧中，带回男家，以表未来媳妇孝敬之心。[①]

在过去，宁乡一带也有送定亲鞋之说。定亲的时候，要送给女方一匹绸缎布料、金银首饰，以及男方的一对鞋样子。男方家人提前将纸套着小伙子的脚，按其长短肥瘦，比照剪成，叫“剪鞋样子”；让媒人将它和定亲礼品一起送到女方，叫“送鞋样子”。姑娘要按照其样做鞋扎袜底，鞋底、袜底用白色，鞋帮用青色，紧针密线，工夫十分讲究。男方以此评价姑娘的手艺，叫“男子的秧行，女子的鞋底”。做好以后，用红绳拢在一起，内里放入用红纸剪成的大红双喜字，交与媒人，选择吉日，转交男方。

不少民族都有这种风俗。瑶族男女青年在定情后到双方家去拜见父母兄嫂，也叫“定亲”。在定亲时，女方必须将自己亲手做的定亲鞋送给男方家庭成员。送定亲鞋很有讲究，送给祖父母的鞋底要有一颗北斗星，意为祝老人长寿；送给父母的鞋底要有一棵老松树，意为祝父母亲健康强壮；送给哥嫂和姐姐的鞋底要有一个剥皮玉米包，意为祝他们发家致富；送给弟弟的鞋底要有一株竹笋，祝愿弟弟长大成

① 胡其民：《人生礼仪与鞋》，《农业知识》（百姓新生活），2014（5）。

才；送给妹妹的要在鞋面绣一朵红花，祝愿妹妹美丽；送给自己未婚夫的要在鞋底正中用红线绣一颗心，表示心爱对方，至死不移。①

20 世纪 70 年代，山东民间把定亲彩礼叫“衣裳包袱”，就是男方将新买的衣服包在一个花布包袱里，通过媒人的手，交给女方。男女见面以后，如果双方觉得合适，便在媒人的见证下，到百货门市去买衣裳包袱，包袱里讲究买几身表几身里。如果女方不同意去，说明亲事告吹。买不买包袱，成了婚姻成功与否的标志，所以媒人和男方总是死扯硬拽，要女方一起去“截包袱”。

2. 定情

青年男女之间自由相爱，则有送定情物的风俗。定情物主要是饰物、衣服。这是非常久远的风俗。明朝民间就盛行互送手帕，时有民歌唱道：“不写情词不写诗，一方素帕寄心知。心知接了颠倒看，横也丝来竖也丝。这般心事有谁知？”可见，手帕是用丝织成的，“丝”谐音“思”，表达了相思之情。

后来，婚姻渐渐摆脱了父母之命、媒妁之言，成为当事人自己的事情。民间男女之间较看重定情物，如手表、领带、项链、戒指、手镯等。

少数民族的定情服饰礼物别具特色。毛南族男女青年如果互有好感，就在月明之夜，相约去花场倾吐爱意，称为“坐夜”，并互赠信物。姑娘一般赠送小伙子一双“榄子鞋”，即用打鞋底的白线结成一组组方形花格的布鞋，小伙子则要送姑娘一顶“花竹帽”。互赠信物表明两人已定终身。

鞋子也是仫佬族姑娘赠给后生的定情信物。姑娘在“走坡”活动中暗中测量好情人脚的大小，按尺寸细针密线缝制，鞋做成后，要放蒸笼里蒸十几分钟后取出晾干，在与情人会面时赠给他。因为姑娘与

① 杨凤英：《云南少数民俗传统绣花鞋的种类及其文化内涵》，《学术探究》，2004（1）。

相好的后生年龄相仿，故这种鞋俗称“同年鞋”。

佤族妇女编织的花筒帕，用五彩缤纷的彩线精心编织，色彩艳丽，图案丰富多彩，有方格、梭形，还有三角相错、波浪绲边等多种图案。少女深深爱上一个小伙子的时候，总喜欢将自己精心编织的花筒帕赠送给他。

彩带是畲族妇女的传统工艺品，分为线织和丝织两种。彩带的两边不织花纹，经线以绿、红、黄等色线与白线相间，中间要织花纹的部分以白黑两种经线织出文字、图案。图案有几何、动植物等形状，配红、黑、白、蓝、绿诸色，鲜艳美观。彩带织得够不够细是衡量一个女子是否心灵手巧的标准。相传，畲族姑娘要从八九岁开始跟着母亲和姐姐学习，到十八九岁时，就要织出十几条精美的花带。当她找到称心如意的后生时，她便把花带系在他的腰上；定亲时，不论男方送什么礼物，姑娘回礼中必有两双新鞋和自己织的两条有五双十三根经线的彩带。关于结彩带定情，畲族人还有一个传说：有个叫娜诺的姑娘，十五岁就死了父母，只有一只小孔雀与她相依为命。一天，小孔雀被凶恶的老鹰叼走了，娜诺大哭，多亏一位年轻的猎人射死老鹰，救下了小孔雀。娜诺为了表示对青年猎人的感谢，就拔下了五根鲜艳的孔雀羽毛，精心编织了一条彩带，送给了猎人，并与猎人结成了夫妻。从此之后，彩带成了畲族女子的定情礼物。

彝族女青年也把花腰带当作送给情人的定情礼物，并且图案要有蝴蝶、花。每到节日或赶街，有情人的男青年，就将洁白的衬衣用彩带扎在腰间，以此作为炫耀。女子以为，只有将自己缝制的精美的花腰带系到小伙子的腰上心里才踏实。据说，有一位姑娘热恋着一位小伙子，但姑娘的父母嫌小伙子家穷，将姑娘嫁给了一个富翁的儿子。抢亲的那一天，小伙子哭死在两人常常约会的小溪边，并且化作飞舞的蝴蝶。姑娘知道以后，痛不欲生，死在抢亲的路上，并且化作艳丽的花儿。蝴蝶和花，一对情侣又相聚了。花腰带上绣上花朵、蝴蝶，就是象征着坚贞的爱情。另一方面，接受花腰带的小伙子，要回送给姑娘手镯、耳环作为定情物。

（二）下聘礼服饰

旧时称为“过大礼”“行大聘”，即古代的“纳征”“纳币”。男家择定良辰吉日，将礼金、礼饼、礼物等彩礼送到女家。女家收到大礼后，也要“回礼”。彩礼中，少不了龙凤手镯、戒指、簪子等饰品和几身几套的服装料子；回礼中，要有手帕和女婿的服饰、皮带以及鞋袜、女红等。

有些地方下聘礼有讲究。畲族人交罢彩礼,要吃点心。吃点心前，需进行脱草鞋仪式。在过去，畲族人生活很艰苦，据说，一年到头只穿草鞋，女家主人为了表示心意，就请他们洗洗脚，给他们换上一双布鞋，再吃点心。如今，畲族人生活富裕了，但是，此风俗却保留了下来，变成了脱鞋、洗脚、换新鞋。

财礼忌送女方鞋子，怕女方穿上鞋子溜掉了。回礼中喜欢有紫色的单衫或衣料，叫“五子登科”；喜欢女方送的鞋子，特别是将回送的鞋子中装入女子的鞋子，叫作“同鞋（谐）到老”。有的地方，要送男方鞋子、袜底、鞋垫各一双，以此向男家显示女红，让男家评判是否心灵手巧，叫“女子手巧看鞋样”。

相传在过去，纳西族有阿注婚，偶居以后，男子要在一年之内，送给女方一件上衣、一双鞋、一个头帕；女方则要送给男方自己亲自缝制的一条麻布裤子、一根腰带。云南永宁一带的摩梭人，下聘之时，男子亲自赶到女家，送给配偶黑、白裙子各一条，紫红、玉绿上衣各一件，黄、黑色腰带各一条，黑丝线一百丈，饰物一批，另外，还要送给女子的长辈、兄弟姐妹各一件衣服，当地人称之为“索”。送定以后，遇到节日，让媒人送女家冠花、彩缎、酒果等，民间叫“追节”；女家答以精致女红、金宝帕环等。

（三）下催妆的服饰

下催妆也叫“送添箱”“下书子”。旧时，婚前几日，男家送花髻、销金盖头、五男二女花粉露和洗项、画彩之类到女家，象征催妆；女家则答之金银双胜、御罗花幞头、绿袍、靴、笏等。

山东、河南一带，叫“送头面”“送花衫”。在迎娶前一天的下午，男方准备好凤冠一顶，花衫、罗裙各一件，大红棉衣一身，上头木梳一把。这些东西，就是新娘的婚服，连同拟好的婚书，放入专门送头面用的圆形盒子（俗称“头面盆”）中，或用大红包单包成一兜，由父亲或长兄送给女方。有些地方，男家必须向女家送丝麻鞋，鞋必须成双成对，取吉祥和谐、双双对对、永不分离之意。同时还有另一番含义：新妇穿丝麻鞋上轿，以丝麻之绵韧，谐“思妈”之意，喻新妇于归，不忘生母。

白族的开剪仪式，也很有代表性。男女两家说成了婚事，在婚礼举行前一个月，男家选择吉日，将未过门的新娘接来，请裁缝为新郎新娘开剪裁衣，缝制新婚衣服，叫“开剪”。开剪以后，一对新人的夫妻关系得到确认，姐妹婶姨们也一起来帮着缝制新衣。

（四）嫁妆服饰

女方的嫁妆，除了箱笼，多为衣饰。这些东西，既是女家财富的炫耀，又是新娘女红的展示。在过去，人们俗信嫁妆的丰简对一个女人的影响是巨大的。其一，为了让女孩子能给她自己作嫁衣，做父母的要手把手教给她缝衣、刺绣、纺线、织布等女红。旧时生产落后，这些嫁妆不是一年半载做得完的，需要几年的时间去置办，正如一首民歌中所说的：“张木匠，李木匠，请到家来打柜箱；七婶子，八大娘，来给丑妮子赶衣裳。”这对父母来说无疑是一个巨大的负担。其二，嫁妆的丰简，将决定女子在婆家的地位。尽管民间有谚说“好儿不吃分家饭，好女不争嫁妆衣”，但女子在刚结婚的头几年里，自己的穿戴费用，多是靠娘家的陪送。如果刚进门就向婆婆要穿戴，会被婆家人瞧不起，甚至因此而受到虐待，一辈子抬不起头来。其三，嫁衣不但代表了新娘的女红水平，也表现了新娘尊老爱幼、勤劳等品格。因为嫁妆中的很大一部分，如鞋子、荷包、烟袋包子、绣花枕头是送给长辈、亲戚、乡邻的，其数量多少、质量高低，直接影响到人们对新娘子的评价。

在广东，女家的嫁妆除广东人喜爱的樟木箱、珍贵的珠宝首饰外，还有一些象征好兆头的东西，如剪刀（喻“蝴蝶双飞”）、尺（喻“良田万顷”）、银包皮带（象征“腰缠万贯”）、铜盆及鞋（谐音“同偕到老”）、龙凤被、床单及枕头一对、用红绳捆着的两双筷子及碗（象征“有衣食”）、七十二套衣服，用扁柏、莲子、龙眼及利市（红包）伴着，象征丰衣足食。

过去，嫁妆衣服多为女子自己缝制。桂林伟江一带的苗族姑娘，要准备几十双布鞋作为嫁妆。在缝制这些鞋子的时候，每一双只能用一枚针，不能弄断，否则视为不吉利，所以，要特别细心才行。布鞋缝制好了以后，每一双要用线缝连起来，而且只能缝四针，表示好事成双。到举行婚礼的那一天，送给新郎的亲戚朋友：给丈夫，表示互敬互爱；给长辈、兄妹，表示尊老爱幼；给媒人，表示对牵线搭桥的感谢。送鞋时，新娘要将鞋子放在茶盘上，托到人们面前，恭恭敬敬地奉上。

陕西商洛一带，女子在未出嫁前，要给男方家中的所有成员做一双鞋，在结婚仪式结束后，新娘当场分给男家每一个人。得鞋者当场试穿，并加以评论。这些鞋子，主要显示新娘的女红手艺，同时，也表明自己过门后会尊老爱幼，与全家和睦相处。

云南各族妇女素有挑花绣朵的传统，她们常常通过绣制花鞋来显示自己的心灵手巧和刺绣技艺。大理白族姑娘出嫁之前得绣制几十双花鞋，作为结婚时送给亲友的见面礼品：送给公公婆婆的是绣有“寿”字图案的大红寿鞋；送给未婚姐妹的是绣了山茶花、牡丹花图案的花鞋，以祝她们找到如意郎君。

壮族中还有一种有趣的“筛鞋”婚俗。青年结婚，女方家送新娘到男方家，称为“送亲”。拜堂后，由送亲者唱《十说歌》，然后主人家在正厅里摆开筵席，举行敬茶、敬酒仪式。然后，送亲人起身告辞。这时，一个男后生捧出竹筛，来到席上“筛鞋”。送亲人先要推托谦让，最后才把随身带的礼鞋献到米筛中来，表示礼轻意重，作为留念。男方收到礼鞋后，用红纸封包放在米筛里，边旋着筛子，边递到送亲人面前，嘴里还唱着答谢歌。送亲人收下封包才行告别之礼。

相传，回族有“摆针线”习俗，对新娘女红的评论非常重要。旧时，一般在结婚的当天下午或者第二天上午，将新娘子给公婆做的鞋子、丈夫的衣服、绣花枕头、荷包等一一拿出来，让众人欣赏，同时，找一位能说会道、才思敏捷的人即兴编唱，数说新娘子的心灵手巧、聪明能干。发展到现在，主要是为了给众人看看娘家的陪送，婆家的置办。宁夏同心县预旺乡杨四虎在表针线时，唱道：“金银丝绳子空中挂，各样摆设好齐茬；大红手巾牡丹花，丝线围巾廊绳搭；扎花的枕头绣猫花，美容用品一样不差；毡条被褥摆不下，玻璃镜儿照天下；洗脸盆子月亮大，一个座钟作用大；缝纫机子单摆下，飞鸽车子相配它；毛衣毛料春秋穿，风雪大衣能挡寒；涤纶的卡的确良，四季服装都齐全。”[①]

（五）亲迎服饰

旧时新郎乘礼车，赴女家迎接新娘，谓之“亲迎”。民间以为，在途中遇到嫁娶不好，会冲了福气财气。遇到嫁娶，便要破解。一般的方法是新娘相互交换女红。这些交换的东西，新娘事前必须多准备下几件，以备使用。山西祁县一带，迎娶队伍要随带红毡或红布，专用于新娘上下轿踩踏，并且在路经寺庙、或遇到井台或石碾、石磨时用来遮掩轿窗和新娘，据说是为了防止白虎星等鬼祟邪怪侵扰。山东等地两支迎亲队伍相遇时，则互赠手帕，甚至结拜姊妹。

在过去，揭西县客家人也有这样的风俗。女子出嫁要坐花轿，两轿相遇，轿夫必须停下，两个新娘从轿子里伸出手交换手帕。现在不论采用什么形式出嫁，仍然都要交换手帕。手帕是普通的手帕，只不

---

① 林新乃：《中华风俗大观》，上海文艺出版社，1991，第567—568页。

过是手帕内包有思茅和蔑草。传说昔时有位穷家新娘一点嫁妆也没有，夫家也一贫如洗，路上哭得很伤心。路遇一富家新娘，富家新娘十分同情穷家新娘，用手绢包一对金镯相赠。后来穷家新娘发达，而富家新娘成了乞丐。一天，乞讨到这位穷家新娘门口，见门前竹竿上正晾着她从前相赠的手绢，知其不忘旧日恩情，便求相见。已经富裕了的穷家新娘不忘恩情，将家财分一半给昔日的富家新娘。从此两家皆富，传为佳话，花轿相遇互赠手帕也就演为风俗。

相传纳西族迎亲的路上如果遇到其他迎亲队伍，双方要停下来。这时，两位新郎要很快脱下一只鞋子扔出去。谁丢得远，谁就会得到吉利和幸福。

二、婚礼服饰

结婚是人生的一件大事，人们非常重视，在服饰方面有严格的要求和讲究。民间婚服的吉祥意义主要有三个：一是突出隆重喜庆。俗有“大登科状元及第”“小登科洞房花烛”之说，新人服饰要新鲜、艳丽，光彩夺目。红色是暖色，热烈饱满，给喜庆增加热闹气氛，同时，也表示新的起点、新的生活、新的感受。二是象征爱情的纯洁，新人的贞洁。三是辟邪消灾。红色在民间又具有驱邪免灾的作用。民间以为喜庆易招致邪祟，新娘也有可能带来晦气，便用红色作为新娘的婚服，来化解、破除心理上的疑忌。因此，传统婚服中，凤冠、花衫、罗裙、蟒袍、长袍马褂等，都喜欢用红色。新娘穿红色，讲究里外红、上下红；新郎讲究头戴礼帽帽花，身穿长袍，外套马夹，斜挂红布，谚语叫“新婚胜如小登科，披红戴花煞似状元郎”。

（一）女子婚服

传统女子婚服一般指清朝开始流行的、一直到 20 世纪 40 年代还在时兴的、民族风格鲜明的服装，也包括新中国成立以后民族风格的常服形式，主要有凤冠霞帔、红袄衫裙、绣鞋、盖头等。

1．凤冠霞帔

清代有身份地位的人家，女子婚服为“凤冠霞帔”，这是明代宫廷女子盛装式样，即头戴凤冠、冠挂朝珠，身穿蟒袍或大红绣花蟒裙蟒袄、披云肩霞帔，腰扶玉带，头上盖一块大红绣花大方巾，俗称“盖头”，将整个头部遮住，足穿大红绣花鞋，以应“小登科”之说。允许女子婚服照明代式样，是清朝“十从十不从”的内容之一。而在民间，则要将新娘打扮成“花媳妇”，就是给新娘做几件花衣裳，披上披风，系上裙子，头上再插上花。

旧时，翼城县的妇女享有一种殊荣，即姑娘出嫁时能够头戴凤冠，脚穿凤头鞋，而其他地方的姑娘只能戴花冠，穿绣花鞋。传说这是李娘娘在皇帝面前为家乡妇女争得的特殊待遇。李娘娘是明朝人，家住翼城县城西南的宣庄，自幼跟随父亲外出打铁度日，后被皇帝选为才女入宫，册为贵妃，是明神宗的生母，倍受明神宗的尊重。她非常怀念家乡，对赴京的乡亲百般照顾，给家乡的姑娘争得头戴凤冠脚穿凤头鞋的殊荣就是其中的一项。

江南民间则用衫裙作为女子婚服。绣有传统图案的褂裙具有浓郁的民族特色，精细的手工刺绣大红裙袍充满了喜气。上衫用较挺括的双间硬缎缝制，直腄，衫身宽大，扣花纽，新娘优美的身段得以展现；下裙则用较柔软的单间软缎缝制，布料轻柔，裙摆宽大，新娘步伐婀娜，摇曳生姿。在旧时的农村，不是所有人家都能负担起为新娘子做裙衫的经济负担，所以不少农村姑娘出嫁时，身穿红色长衫或大红套装，以代替裙衫。

20 世纪以后，新娘不穿蟒袍，改穿大红色绣花衣裤或红棉袄。陕西、山西、河南、山东、河北等地，婚服必须用棉的，即使在盛夏酷暑三伏天，结婚当日都必须穿棉袄或棉裤，俗以为“上轿不穿棉，一辈子都作难”。同时，也不戴凤冠了，改戴花、头带、发卡。

到 20 世纪 80 年代，新娘婚服多改穿时装，也有穿传统的红袄绿裤、绿袄红裤或者红袄蓝裤的。

2. 婚鞋

在婚服中，新娘除凤冠霞帔外，还须穿着色彩鲜艳的婚鞋。由于鞋子是成双成对的，并且“鞋”和“偕”同音，从而使鞋子成了婚礼的吉祥物。有作为婚礼赠品的，有作为出嫁必备的。

黄道鞋。古时结婚要选黄道吉日，新娘在上轿时要穿着用黄布折成的鞋，叫“上轿鞋”，也叫“黄道鞋”，到夫家后再换红色婚鞋。在浙江南部地区，“上轿鞋”是新娘上轿时穿的红绿布鞋帮软底鞋。有的地方是请亲戚女客中所谓有福气的人做的；有的地方则在出嫁日清晨五更，新娘穿戴凤冠、蟒服，坐在一桶谷上，足踏米筛，和一位未婚少女一起用红绿布缝制，且须在天明之前做好，置于米筛内，待上轿时穿用。

踩堂鞋。有些地方是指女子结婚拜堂时所穿的鞋，有些地方则指新娘从上头到开脸时所穿的鞋。踩堂鞋薄底、红帮绿里，绣满喜庆吉祥花卉图案。开脸后，要另换新鞋，将踩堂鞋扔到床底最里边，让其烂在床底，不再见人，以示新娘此生不再嫁人。另有一说，踩堂鞋早烂早生孩子。

睡鞋。相传为旧时女子洞房上床时所穿的鞋，因为是一双又薄又轻的软底鞋，故又叫“软鞋子”，上床时须由新郎亲自脱下；富贵人家还在鞋内藏有以男女情事为内容的画，脱鞋上床后由新郎新娘同看。

喜鞋。一般人家没这样讲究，只做一双婚鞋，笼统称为“喜鞋”，整个婚礼过程中一穿到底。鞋面布都用红色，质料有布有缎，鞋头或绣花或不绣花。绣花者多为牡丹或凤凰图案，不绣花者多为“双喜”字或其他吉祥纹络。在浙江龙泉地区，新娘鞋一般用粉红色或橘黄色绸缎做鞋面，请父母双全的姑娘或三代同堂的婆婆纳鞋底、绣鞋面。鞋面上绣“双凤采牡丹”，鞋底里面衬一层白布，布上绣“双喜”字。闽南一带鞋面则绣有龟鹿等图纹，表示婚后能福、禄、寿齐全。旧时女人从小缠足，新娘两脚须用白布从脚趾裹至小腿，再用一条约半尺长、用五色线织成的、绣有花边的布连脚一起裹上，再穿红绣鞋。

20世纪50年代以后，皮鞋渐多，新娘开始兴穿皮鞋、皮靴，色有红、黑、白，跟有高、低，鞋脸有绣花、不绣花。

婚鞋只在婚礼过程中穿用。在浙江龙泉地区，这双鞋从新娘上花轿开始穿着，成婚三天之后就不穿了。但是新娘生第一个孩子满月时要穿这双鞋去见客人，以表明她是头生之母。

福建惠安县崇武半岛上的大乍村的惠安女，则“一双红鞋穿到死”。她们穿自制的绣花鞋，其形似拖鞋，鞋面用红布绣花而成，鞋底用旧布裱叠成约一寸厚，后来干脆用其他鞋底内衬旧布做成。这种鞋因为是结婚上轿时穿的，故俗称“踏轿鞋”。以后每逢喜事，如生子、娶儿媳、孙子满月等都要穿着。最后作为殓衣，穿入棺中。

民间习俗中，新娘的婚鞋穿着有严格的要求和讲究，叫作“鞋沾土，脚不踏地”。旧时汉族、回族、满族、壮族等许多民族都有这个讲究。在上海，女司仪在新娘出门时要多准备一双全新的绣花鞋，待新娘登上轿子后，便要立即更换新鞋，表示新娘离家嫁为人妇，不会带任何属于女家的东西到夫家，寓意将以后的生活交托于丈夫手上。而山西、山东等地的说法却不一样，叫女儿出嫁离家时“不带娘家土”。民间认为，土能生万物，地可产黄金，怕女儿带走了土会带走娘家种庄稼的好运气。

有些地方，女儿出嫁时，要在炕上换上新鞋，然后由哥哥或舅舅背上轿或抱上轿，广东等地则由妗母送上轿。有的地方，新娘要坐在椅子上，由人抬上轿。有的地方是以红毡或红布铺地，女儿脱去脚上的旧鞋，走进轿再换新鞋；有的地方新娘要穿软鞋，就是用红布缝成的套袜，以此向兄弟和亲朋表明，自己没沾娘家一点土。不管怎样出门，反正是“脚不沾地”。当然，出嫁的中途也不能下轿，否则意味着半途而废。

和上轿一样，下轿也忌踏土。民间一般是在新娘下轿的地方铺上红毯或木板、红席，江苏有用麻袋的，安徽有用米袋的，山东有用红毡的，叫作“传袋”“传席”“倒毡”，以谐音“传代”；山东还有用杨木椅子抬进家，或由新郎背进洞房的。

过去有一种说法，说“不踏地”的婚俗意思是不得地，“不见天”是指低眉顺眼、低人一等，意思是，新娘子到婆家要老老实实、服从管教，这反映了旧时制度对女性的约束，后来随着社会发展，这种约束意义被摒弃，转而表达人们对家庭和睦、秩序井然、幸福美满的向往。

在过去，安徽芜湖地区，民间嫁女时，必须将新娘的鞋放进新郎的鞋里带到夫家。在合肥，则在新娘步入洞房时，和新郎交换鞋子互相换穿，为的是借助“同鞋”与“同偕”谐音，寓意同偕到老。在江南地区，新娘下轿必须换上新郎的鞋子走进去，叫“蹈婿鞋”，又称“踏夫鞋”。“鞋”谐音“偕”，象征白头到老。在民间还有一种说法，认为新娘穿自己以前的鞋拜天地会给婆家带来吉利，所以在徽州等地区，姑娘出嫁要特做一双“新娘鞋”，用作新婚夫妇拜天地时穿。在江苏海州地区还有解怀脱靴的婚俗。即当夫妇进入洞房，其他人退出后，新郎替新娘解开一个衣扣，俗称“解怀”①，寓意早开怀、早生子。

在崇明岛，新娘要穿虎头鞋出嫁。当地人认为这样就可以借老虎的威势，过门可保佑丈夫。

3. 盖头

新娘上轿时要红帕盖头，红帕俗称“盖头”“蒙头红子”。

据唐朝李冗的《独异志》记载：

> 昔宇宙初开时，只有女娲兄妹二人在昆仑山，而天下未有人民。议以为夫妻，又自羞耻。兄即与其妹上昆仑山，咒曰：“天若遣我兄妹二人为夫妻而烟悉合；若不使，烟散。”于是烟即合，其妹即来就兄，乃结草为扇以障其面。今时

① 也叫“开怀”。有许多地方俗称妇女开始生孩子为开怀。

人取妇执扇，象其事也。

人们普遍认为盖盖头缘于此。起初，人们在结婚时要用团扇遮面；再后来，就用一块布遮住新娘的脸，以示害羞。到20世纪50年代，新娘更好衣后，用一块方形的、四角各缀两枚铜钱的红彩或轻纱遮住头、颈、脸部。盖头由新郎家购置，在下催妆时一起送到女家；也有的和花轿一起租用，用后归还。盖头有两个作用，一是遮羞，二是辟邪。

盖头要在入洞房以后才能挑下，旧时，受伦理制度的约束，入洞房往往是新娘新郎第一次见面。所以，挑盖头对新人来说，是最激动的时刻。据宋代吴自牧《梦粱录》载，新郎新娘“并立堂前，遂请男家双全女亲，以秤或用机杼挑盖头，方露花容”。后来，也有的由新郎或者女伴挑下。民间还有很多《挑蒙头红歌》，多为祈子的：“送生奶奶你听着，蒙头红，挑三挑，三年送个大白小儿。一挑俺要个当官的，不要赶鞭的；二挑俺要有钱的，不要挎篮的；三挑俺要骑马射箭的，不要推车担担的。”盖头挑下来以后，有的挂在门上，有的置于房上，有的藏在新郎身上，有的由新娘收起，留作孩子的吉祥物。满族则在拜天地后，新郎用秤杆挑下新娘的盖头，放在院中的帐篷顶上，寓意“称心如意”。

维吾尔族婚礼一般举行两天，第二天是婚礼的高潮——揭盖头仪式。揭盖头时，男女双方的主要客人必须在场。女方客人在左，男方客人在右，同做祈祷。这时男方家属中一妙龄少女突然从人群中跑出来，轻巧敏捷地将新娘头上的面纱揭去，新娘面容显露，整个新房便欢腾起来。一对对青年男女在手鼓和热瓦甫的伴奏下，踩着鼓点，合着乐曲，跳传统的“刀郎舞”。新郎新娘在大家的邀请下，步入会场，轻歌曼舞。一直到夜阑更深，方才尽兴而归。《掀起你的盖头来》歌曲就反映了这一习俗。

现在，民间还能看到这种风俗的影子。据田传江的《红山峪村民俗志》载，在山东枣庄地区，“当新娘入洞房后，女迎亲的接着挑红”，

“用秤杆或擀饼柱子，把蒙脸红挑下来搭在顶棚上”。在山东滕州市，新娘将蒙脸红子从左肩膀系到右腋下，入洞房后由男方女亲用秤杆挑开，放到柜子上；还有地系在脖子上。

4. 花伞

南方迎娶多用伞。上海在送嫁的过程中，女家由一位全福之人或女司仪撑起红伞伴着新娘走，以保护她不受妖邪入侵。广东则正日出门，由大姑姐或伴娘撑起红伞护着新娘，意为开枝散叶，子女繁多；众姊妹一边伴行，一边向上空、伞顶及花车顶撒米和红豆绿豆，据说是用来喂金鸡的，意思是鸡啄米后，便不会啄新娘。

水族也有打伞成亲风俗，即女家发亲时须为新娘打伞罩头。伞要用新的，或将伞撕开一个小口，以辟邪和防雷。伞可以由新娘打，也可以由新娘的兄弟撑。

5. 其他服饰讲究

台湾赋予了婚服更加丰富的内涵。婚礼当天，新娘需穿崭新内衣内裤，取“新人新衣添喜气”之意。另备六套内衣内裤，取“六六大顺”之意，也取“财、裤”谐音“充实财库”之意。通常，新娘婚后四个月内，最好避免添购任何新内衣。此外，还有其他一些讲究：男女新婚夜要穿红色内裤，据说是易得子；或穿白色内裤，表示新娘纯真洁白；或穿全身束身内衣内裤，以其长、瘦双关“长寿”；或多备孕妇内衣内裤，象征早生贵子，多子多孙；或出嫁时新娘在胸罩内塞上钱，表示新娘招财，财源滚滚；或备有多套成套衣裙、衣裤，象征富贵连连；或送衬衣衬裤给公婆姑叔伯作为见面礼，表示新娘愿意做一个好媳妇，疼爱丈夫，孝敬公婆；或婚礼当天穿高腰衣裤，盖住肚脐，象征新娘能留住财气，不漏钱财；或衬衣、睡衣要加裙、裤，表示“好头好尾”。

过去，民间还有一种红色内衣，布扣密密麻麻，穿上紧贴在身上，为青年女子婚前必备，婚后也要穿一段时间。这给新郎洞房之夜出了不少难题。

靖江一带新娘的“掸草衣”“掸草裙”，则有着更为深厚的文化内涵。在靖江一带，新娘婚礼上要穿土青布衣裙，俗称“掸草衣”“掸草裙”。相传，宋朝抗金英雄岳飞，与金兀术鏖战几年，连连得胜，即将聚歼金兵。谁料到，奸臣秦桧为了私利，谗言宋高宗连下十二道金牌，召回岳飞。岳飞走时，边境的许多百姓怕遭金兵蹂躏，便跟随他南归。到了靖江的一片荒滩，岳飞让百姓以此为家园，安家立业，男女婚配，传宗接代。因为当时住的是稻草铺，女人们没有好衣裳，岳飞便叫女人们把身上的草屑掸掸干净，结婚拜堂。后来人们为了纪念岳飞，结婚时新娘都要用土青布做掸草衣、掸草裙。

（二）男子婚服

清末新郎多着长袍或青色、紫红色花缎长衫，外套马夹，头戴青色红顶小帽，肩上挂一条长长的红彩绸，系一大红绣球于胸前，足穿青色绒缎缝制的鞋袜，真如小登科，煞似状元郎。所戴的小帽即秋帽，是清代官方制式帽：帽顶中间有顶子，顶子下压红缨，红缨向四周散开，故又称“红缨帽”，此帽只允许民间男子在结婚时戴。民国初期，新郎则穿青色长衫，戴洋毡帽或宽边黑色硬礼帽，礼帽饰以帽花。20世纪50年代改穿制服，20世纪80年代以后则大都是西装了。

旧礼中，新郎婚服有迎娶、拜堂两套。天津一带，发花轿到女家时，新郎要披红绸，佩红花，戴礼帽，插单金花；到了女家以后，吃罢女家的“走马宴”，由女家给插花披红，就成了双披和双花了。

新郎鞋，一般黑色布、呢为鞋面，男子结婚所穿第一双鞋，必为新娘亲手制或新娘所购买，式样则以当时流行的鞋为标准。新郎要一直把此鞋穿破为止。

（三）少数民族传统婚服

1. 凤凰装

畲族新娘最主要的装束叫“凤凰装”：用红头绳将长辫扎好成髻形，高盘于头顶，象征着凤头；然后戴上“凤冠”，就是在精制的细竹管外包上红布帕，悬一条一尺多长的红绫，冠上有一块圆银牌，下垂三个小银牌于前额，称为“龙髻”，表示是“三公主”戴的凤冠。衣裳为大襟衣衫，与围裙一样，都用大红、桃红、杏黄及金银丝线镶绣着花边图案，象征着凤凰的颈项、腰身和羽毛；腰带为蚕丝编织而成，扎在腰上，长长的金色腰带头在腰后象征着凤尾；佩于全身的叮当作响的银饰，象征着凤鸣。

关于凤凰装有个传说：三公主是畲族始祖，龙王的妻子。畲族的始祖盘瓠王因平番有功，高辛帝把自己的女儿三公主嫁给他。成婚时帝后给女儿戴上凤冠，穿上镶着珠宝的凤衣，祝福她像凤凰一样生活祥瑞。三公主有了儿女后，也把女儿打扮得像凤凰一样。当女儿出嫁时，凤凰从凤凰山衔来凤凰装送给她作嫁衣。从此，畲家女便穿凤凰装，以示吉祥如意。有些地方把新娘直接称为“凤凰”，因为新娘具有“三公主”的崇高地位，所以新娘在新郎家拜祖宗的牌位时，不用下跪。

新娘一般佩带银质耳环、银质项圈；左手无名指上戴一只九连环的银戒指。据说，九连环戒指取婚后子孙繁盛、有九子十二孙之意。

2．绣花盛装和“带”

水族女子服饰一般以水家布缝制，为无领大襟半长衫或长衫，长衫过膝，一般不绣花边。但是，新娘子却往往被打扮得花枝招展，极其华丽：上装的肩部一圈及袖口、裤子膝弯处皆镶有刺绣花带，包头巾上也绣有色彩缤纷的图案；头戴银冠，颈戴银项圈，腕戴银手镯，胸佩银压领，耳垂银耳环，脚穿绣花鞋。

水族妇女的带，是母亲给出嫁女儿的最好的礼品。所谓“带”，实际上是一块刺绣华丽的“T”形帘子状布片，上端两边有带，“帘子”的大小可包住幼儿。它是将白色马尾缠绕上白丝线，再加上其他颜色丝线，先把各种图案分别刺绣好，最后将绣好的图案拼镶到背带布料上做成的。背带美观实用，主要用来兜包婴儿。

3．西兰卡普

土家族著名的土花铺盖“西兰卡普”，史称“土锦”，也叫“溪州斑布”，可以用作服饰和被面，相传是2000多年以前一个名叫“西兰”

的土家族姑娘所创。土家族姑娘们十几岁就登上简单的木织机，开始编织西兰卡普作嫁衣，她们把自己所喜爱的图案和彩线织上去。图案花纹之多，据说达二三百种；内容则多为飞禽走兽、鱼虫花草，图案有“喜鹊闹梅”“蝴蝶双飞”等。姑娘织的最后一块“西兰卡普”则是她的贴身饰物：出嫁时当盖头；赶歌舞会时作披风；当丈夫远离家门时，便用它为丈夫包衣物，让“西兰卡普”永远伴随在亲人身边。所以，这块“西兰卡普”往往倾注着她的全部才能。

4．考帽

土族新娘穿大红布面、蓝布夹里的大袄，套上用红、黄、绿、蓝、白各种格布拼做而成的五色筒裙，腰系鲜绿的绸带，佩上全套的头饰、耳饰、衣饰、胸饰，打扮得鲜艳夺目。最有特点的是新郎的考帽。新郎头戴以红绸做面的野狐皮帽子，并饰以“考冒”。考冒为银质，表面花纹阴凹，面上镶着三颗珍贵的红珊瑚，中间一颗大，两边两颗小，镶珊瑚的基座层层凸起，托着珊瑚。考冒外形呈椭圆形，有半个手掌大小，底部用绸垫衬住，绸缎两端有两条绸带相连，用以缠系在头顶上，使考冒恰恰斜佩在左额角。

5．披红戴花

旧时满族婚服与汉族既有共同点，又有不同处。新郎头戴缨帽，身穿箭衣，腰扎打苞带，脚穿抓虎靴子，披红戴花；也有只披红不戴花的。新娘身穿拉草衣服，脚穿四散鞋，有的穿打苞鞋；头梳大卷式，蒙红盖头，盖头四角拴穗，也有的各系铜钱。

三、上头开脸

上头、开脸是新娘出嫁时的梳妆，具有成年礼仪的性质，是结婚的标志，所以民间很重视。又因之被附着上一些民俗吉祥含义的内容，所以这个仪式更加郑重。

（一）上头开脸的象征意义

上头，即改变头发式样，把辫子盘成发髻，一般在婚期正日的前夕进行。上头实际上是女子的成年礼，古代称之为“及笄”。“笄”，是女人盘头时使用的簪子；“及笄”，就是将头发盘起，用簪子贯穿其中加以固定。后来，人们便将它和女子婚礼结合在一起举行，将姑娘的发辫拆开、扯散，重新梳理，挽成发髻，插上簪子、金银钗，戴好饰冠或网子。上头以后，就成了髻，俗称“鬏子”“纂”。然后更衣，换上新婚吉服。

“开脸”又叫“开面”，也叫“绞脸”“扯脸”，其实是对新娘进行美容修面，由女傧相用细丝线绞去姑娘脸上的汗毛（故民间又称姑娘为“毛脸”），并修细眉毛，剪齐鬓角。开脸时，傧相用嘴咬住线的一头，左手扯住线的另一头，右手将线撑开成圈状，并给线上上“劲”，贴紧新娘的面部，一紧一松，便将脸部、颈部和眉毛多余的绒毛拔取干净。为了防止疼痛，要取石灰粉末抹在有绒毛的两颊、脖颈处，起润滑、麻醉作用。

民间以女子的上头、开脸，表示少女时代的结束。正如民间所说：“散了辫子变成纂，想当闺女万万难”。女子是否已经结婚，也以此为标志。小媳妇梳鬏子，大姑娘扎辫子，这是严格的判别标准：结了婚，不允许再扎辫子；不结婚，不允许剪掉辫子。直到20世纪70年代末，这个规矩还在我国大部分农村流行。20世纪50年代以后，有的未婚女子剪掉了辫子，留起了短发，即农村所谓的“半毛儿”，被认为是“赶时髦”“伤风败俗”。有些农村至今仍称扎辫子的青年女子为“姑娘”“小曼儿”“识字班”“小妞”，称剪掉辫子的青年女子为“妇女”“小媳妇”“大嫂”。

上头、开脸之后，女方父母要宴请本族尊长和邻里乡亲，款待即将出嫁的女儿。民间认为，女儿一上头，就是人家的人了，娘家须以客相待，所以筵席非常丰盛，女儿也被安顿在筵席的首位。尊长、邻里除对待嫁的姑娘表示祝贺外，还要嘱咐她一些尊敬公婆、侍候丈夫以及处理好妯娌、姑嫂关系的道理。

从前，女子上头后便不准见人，不准落地走动，叫“鞋不踏地”，所以上花轿时须由其兄背着上轿。过去的童养媳，只举行上头仪式，以此代替婚礼；丫头扶正为妻妾，也叫“上头”，不举行婚礼。

（二）上头开脸的讲究

上头、开脸是女子一生中重要的礼仪性标志之一。开脸时请一个“全福人”，即公婆、父母和丈夫俱在、儿女双全的年长妇女主持，结婚时的傧相，一般要从婶子、大娘的行列中挑选，或者是请乡村专门从事这一行当的乡邻担当。但是，不允许姨、嫂担任傧相，即使符合“全福人”的条件也不行。俗以为，“姑不娶，姨不送，嫂子送了光着腚”，预示婚后日子贫寒。也有的地方，请来婆家的嫂子，给新娘打开发辫，盘成发髻。

上头、开脸仪式有很多讲究，都具有吉祥的意义。山东有的地方，新娘要坐在柳条笸箩里进行，并且在笸箩里放上一把斧子，以示坐在“福”上；又因为笸箩不漏水，表示福运长存。有的地方要坐在水筲上，梳头者边梳边唱：“一梳金，二梳银，梳来小子闺女一大群。”“前梳七，后拢八，婆家娘家一齐发。婆家发了二顷半，娘家发了二顷八，走到半路发庄稼。”

安徽桐城一带，有“梳妆待舅，脱脚由姑”的说法。女子出嫁时，由族中或村中全福人任喜婆，负责给新娘梳妆打扮，而新娘的弟弟必须环立在一旁，手捧嫁衣、银簪、绢花等侍奉。喜婆喊一声，弟弟递一件，表示新娘没有从娘家带走福气、财气，是弟弟送给姐姐的。新娘的鞋子，则必须由妹妹脱换。妹妹脱去姐姐的旧鞋，给换上崭新的绣花鞋，象征姐姐把家里的福气留给了妹妹。

在过去，少数民族也有类似的仪式。纳西族当女方家听到结亲的队伍快要到达时，新娘开始哭嫁。伴娘和亲友们在一旁一边劝解，一边为新娘梳头、插花、更换新衣，替她披上红大褂，戴上红巾帕，然后哭拜祖先、父母和亲友。土族把上头叫“高舌道”，婚礼前一天早上，先由一位与新娘属相相克的妇女拆开姑娘式样的发辫，再由一位全福女陪客给新娘梳成已婚妇女的发式，配上全套首饰和戒指、手镯、班钮等。

裕固族在婚礼当天的早上举行上头仪式。拂晓时分，两位伴娘搀扶着盛装的新娘进入客厅，为新娘改装、戴头面；歌手在一边则要唱《戴头面歌》：

啊罗！啊罗！
啊罗！黎明时的启明星呀！啊罗！
啊罗！慢慢地升起来了呀！啊罗！
啊罗！我们的小姑娘呀！啊罗！
啊罗！也到了要走的时候呀！啊罗！
啊罗！黎明时美丽的首饰呀！啊罗！
啊罗！怎么响得这样清脆呀！啊罗！
啊罗！啊罗！
啊罗！我们不会让人家说呀！啊罗！
啊罗！怎么送亲的只来五六十个！啊罗！
啊罗！啊罗！
啊罗！七只肥嫩的绵羊呀！啊罗！
啊罗！我们会让他们散完呀！啊罗！
啊罗！七眼碧清的泉白呀！啊罗！
啊罗！我们会把它喝个精光呀！啊罗！

新娘的舅舅要唱：

“啊咾依，启明的星儿出来了，新娘应该梳头了，东方朝霞升起了，姑娘该戴头面了。啊咾依，新娘坐在镜子前面，黑油油的头发多好看，像丝线一样光亮，像流水一样柔软。啊咾依，镶着珍珠玛瑙的头面，是慈祥的母亲在灯下绣成，新娘戴上多么漂亮，好像一架六杈的鹿茸。啊咾依，穿上这件绣花的长袍，祝新娘到婆家生个男孩；戴上这顶带穗的毡帽，祝新娘到婆家生个女孩。啊咾依，送亲的队伍就要出发，送亲的马队浩浩荡荡，扬起的灰尘遮天盖地，把新娘送到婆家门上。”

畲族新娘上头梳妆，要先脱下女儿装，穿上新娘衣服，然后梳头、包罗帕、插银花。整个过程要由两个人提灯照着，还要有歌手们唱着歌，就是新娘做什么，歌手们唱什么。梳头时是这样唱的：“衣衫穿了便梳头，一个梳头两个照，今下始做新娘子，爱梳狮子凤凰头。”

侗族女子也要在婚前举行改髻仪式，取去姑娘两个发髻的标志，改为媳妇一个发髻的装束。改髻时，女伴们一边解开她的双髻，一边与新娘、母亲一起唱《解髻歌》：“蝌蚪把大尾巴甩掉，为的是能自由自在地跳，女儿我把双髻解下，我怕捡得的是无尽的烦恼。”直唱到鸡叫，才给新娘盘好单髻，罩上发网，卡上银梳，插上发针、头花，出门登程。

相传，布依族结婚有坐家风俗，即不落夫家，然后戴“假壳”，相当于汉族的开脸与上头。戴上之后，新郎新娘便可以同居了。假壳是一种形似畚箕的女式帽子，以竹笋壳为架，用青布包扎而成，后面拖着一块花帕，翘起约六寸长。布依族女子以居娘家为尚为荣，结婚不久便与丈夫同居长住会受到鄙视的，故而千方百计地逃脱。戴假壳的时间不定：新娘婚后不与新郎同居，而是回娘家，即使逢年过节回夫家，也与婆婆、小姑子同宿；结束这种状况的时间，有的一年，有的二年，有的三年，甚至五年、十年。丈夫为了早日结束分居生活，每年九月、四月农闲时，就悄悄地做一个假壳，偷偷选择吉日，请母亲担任指挥，派嫂子或姐妹中的两位，带上假壳和酒、鸡，于黄昏时分上路，天黑时潜入新娘的家里，寻到新娘单身活动的机会后，一人出其不意，拦腰抱住她，一人迅速解开她的发辫，取掉她的头巾，将假壳牢牢戴上。从此，新娘要对丈夫保持忠贞，要尽妻子的责任；如果新娘挣扎逃脱，则视为失败，明年再来寻找机会。所以，无论是谁，只要被人家戴上了假壳，都会大哭一场，表示对娘家生活的留恋。

中原一带上头有两种形式：一是梳成髻，即媳妇头；一是仍按照闺女的发式梳，即梳长辫子，等到了婆家，再由婆家的婶子、大娘或嫂子挽成发髻。前一种形式表示要成为人家的媳妇了；后一种形式表示是出阁的闺女。晋中祁县等地，开脸在入洞房后进行。新郎、新娘并肩坐炕沿上，由全福人指导着，把新娘的衣角压在新郎袍襟之上，新郎用秤杆挑去新娘头上的红盖头，然后退出。新娘的嫂嫂即动手脱去新娘脚上的新鞋，为她另换一双。此即所谓“换新鞋，就新范”，意思是新娘以后行事要按男家规矩，受婆家约束。忻州河曲一带，新郎挑去新娘的红盖头以后，还要用梳子象征性地给新娘梳几下头发，俗称“上头”，象征着姑娘成为他的媳妇了。

江浙一带早饭后开始给新娘上头。上头之前，先用男家的酒，隔着筛子喷洒新娘的衣服、被褥等物，以此祝愿新人相亲相爱，白头到老。

闽、粤、台地区男、女均要上头。旧时广东一带上头仪式是女子、男子都要进行，于大婚正日的早晨举行。上头时，男方要比女方早半个时辰开始,由“好命佬”和“好命婆”替男女双方在各自家中举行。所谓“好命佬”和“好命婆”，即北方所说的“全福人”。男女双方均要穿着白色睡衣，取“白头到老”之意。女方选择一个能看见月亮的窗口，备好香案，燃起龙凤烛，点起清香，摆上祭品，向天参拜。男女双方还要准备尺、镜、剪刀，“龙头镜，铰剪尺”，取其光明继后的意思。然后“好命佬”及“好命婆”一边替新人梳头，一面说：“一梳梳到尾，二梳梳到白发齐眉，三梳梳到儿孙满地，四梳梳到四条银笋尽标齐。”“一梳新婚夫妇白头到老,二梳子孙满堂,三梳招财进宝。”

据 1957 年版《台北市志》，台湾地区男冠女笄之礼，也是婚前男女双方在同一时刻进行，叫“上头戴髻”：在正厅，“男坐竹筛，取冠履鲜衣以香熏之谓袚不祥，置之五升斗上，面向厅内；女坐一扁平竹器，叫敢壶，面向厅外，表示出嫁。由尊长之全福者，俗称好命人，为男三梳其发，盛装后加之以冠，拜天公、祖先、父母；女由全福婆挽面结发而上笄钗，拜天公、祖先、父母。”

上头还有一些忌讳。如果家里有兄弟结婚不过百日，或嫂子怀孕，新娘要到别处上头，以避免冲喜。

四、新媳妇服饰

民间叫婚后一年内的新婚女子为“新人”“新媳妇”，在服饰打扮上，有特定的要求。既突出“新”字，恰如其分地表现新媳妇的妩媚、娇柔，又要干净利落，朴素大方。

（一）新媳妇梳洗打扮的吉祥含义

1．新媳妇打扮

打扮的标准是“紧气”，就是俏丽明艳、成熟大方，与生孩子以后妇女的忙碌不同，与做姑娘时的幼稚也不同。回娘家、走亲戚、赶集时尤其要注意。新媳妇回娘家一直是民间文学的题材之一，主要是说新媳妇要打扮，梳油头，穿花衣，风姿绰约，仪态万方，引人注目。

民间歌谣有很多这样的描写：

上面坐了个俏佳人儿，后面跟了个小小子儿。身穿石榴大红袄，八幅罗裙系腰巾儿；板丝带子脚脖儿扎，小小金莲二寸八；这边扎着四样草儿，那边插着牡丹花儿。①

新媳妇清晨梳洗打扮，也是民间文学主题之一：“手拿剪子溜溜平，妇女剪发一蓬楞。又是大露露眼儿，又是弯弯眉儿，不用搽粉点胭脂儿，叫了一声漂亮人儿。又是青夹袄，又是月白里儿，扣上搭着花手巾儿，叫了一声漂亮人儿。又是青单裤，又是散凌腿儿，腰里掖着香胰子儿，叫了一声漂亮人儿。又是大皮鞋，又是新裤子儿，江米

① 沙朝佩：《鲁南民间歌谣精选》，山东文艺出版社，2002，第 313 页。

色的洋袜子儿，叫了一声漂亮人儿。”① “腊月过尽迎新年，一对夫妻巧打扮。迎春花的姐，牡丹花的郎，水仙花的顶子木樨花的床；莲花儿枕，兰花儿被，玫瑰花的褥子铺满床。梳油头，夜花香，搽官粉，桂花香，梨花色的耳环颠倒挂，玉色的簪子靠海棠；上穿石榴花的大红袄，鸡冠花的裙子扫地长；横头双花的红绸子小鞋刚三寸，长虫花的裹脚毛儿搭拉长，一阵风吹来白花香。”②

当然，对新媳妇的打扮，各地有自己的独特的审美标准。关东大嫂有“羞头不羞脚”之说，尤其是新媳妇，都很重视脸部化妆、美容，多梳插大簪子的发髻，留着秀丽的刘海，鬓角、发髻上插戴四季时兴的各种绢花，天天涂脂抹粉，描眉打鬓，涂红嘴唇，染红指甲。脚下尽管不讲究，但也要穿一双新鞋。

白族新娘第一次赶街，要专门请“梳妆娘”为之梳妆打扮：先梳好头发，戴上发髻发卡，插上艳丽的五彩绸花，涂抹脂粉，画好眉毛，然后给她穿上绸缎衣裳，挂上银项链，穿上粉红色的绣花布鞋。出门时，婆婆还要拿一对玉镯亲自给儿媳妇戴上，以象征婆媳和睦。新媳妇到街上，要买柴、鱼、酒、蒜，以谐音象征“四季发财”“衣食有余”“天长地久”“顺顺畅畅”；买这些东西时，还要舍得花钱，不许与商贩计较价格，故而卖这些东西的人，一见新媳妇打扮的人，便抬高了价钱，卖给她讨个好彩头。

2. 梳洗

在过去，从第一次上头、开脸以后，女子便改变了姑娘时代梳洗打扮的习惯，要天天梳头，定期绞脸。每天早晨，媳妇都要提前起床，坐在炕沿、床边梳头：抖落毛茸茸的篡，往梳子上洒点水，或在手上倒一点水抹上头顶，一下下梳好顶部，然后把头发拢到胸前，左手攥

① 梁山县三套集成办公室：《梁山民间歌谣谚语卷》，1988，第 80 页。
② 梁山县三套集成办公室：《梁山民间歌谣谚语卷》，1988，第 80 页。

住发根，右手用梳子梳理；再把理顺了的头发一捋，用嘴咬着，拿起头绳，两手在发根上绕几个圈儿，打一个结，再把头发甩到脑后，一圈一圈由根到梢盘起，如果头发密实，就盘成一个结实的扁圆，如果头发稀疏，就盘成疏松的扁圆；最后才戴上黑丝网，插上纶头针。由于头发长又多，交叉在一起，不好梳理，梳理完毕的时候，梳子上便挂满了梳断的头发。要先把这些断发取下来，在手指上缠绕结实，挽成一团，塞进墙缝里，等积攒多了，向下乡货郎换针用，或给小孩子们换糖吃。因为旧时一般家庭用不起梳妆台，所以，婆娘梳洗有的习惯坐在门口，有的习惯坐在院子里。有的准备一盆水，把梳子蘸一下水，慢慢梳理；有的一边看着小孩子，一边梳理。也有的几天不梳头，满头蓬松，被乡邻视为“懒婆娘”“邋遢老婆”。

3. 绞脸

女人一生只有一次开脸。但是，婚后每隔一段时间，媳妇们便要绞一次脸，也叫“绞头发”，方法与开脸相同。出门走亲戚、赶集上店，也要绞脸。绞脸，成了媳妇们的美容方式，直到步入四十岁中年期为止。

（二）试做针线

在过去，新娘结婚以后必须做针线，有的在婚后三日，有的在蜜月期开始。试做针线的目的既是为了使新娘更好地融入夫家，与丈夫、婆家人调整好关系，也是一次能在丈夫、婆家展示女红、赢得尊重、树立威望的机会。

试做针线有讲究。中原地区一般要在头一次回娘家（俗称“回门”）期间，给丈夫做一条裤子、一双袜子，叫作“先做裤，辈辈富；先做袜，辈辈发”，还要做一种叫“回门鞋”的鞋子。有些地区，新娘新婚满月后回娘家期间，要为丈夫一家大大小小，甚至大爷、叔公，每人做一双新鞋，俗称“回门鞋”，按丈夫家人头各分一双的，叫“满堂鞋”；只给丈夫和公公做的，称“半堂鞋”。俗语说“穿上对月鞋，福气自然来”。但是，公婆等长辈的鞋样子新媳妇是不好意思要的，人家也不给。越是这样，做出可脚的鞋子越显得心灵手巧，越赢得婆家人、乡亲们的敬重。这就需要新娘在新婚头一个月婆婆家宴请亲朋好友的时候，用心观察他们的脚的大小，巧妙打听鞋子的尺寸。故有谚曰："村里娶了一个好嫂嫂，满村的姑娘都学巧。"

婚后第一年的夏季，娘家要请女儿回家来，叫"追节"，一般是在六月六，或在麦收结束，故民间有"六月六，请姑姑"之说。在娘家这段时间，还要为婆家人做鞋袜，只不过范围小了，仅限于丈夫、公婆。旧时富裕人家，还给夫婿姑爷做身单衣，给女儿公婆做时兴的夏布衣衫，主要是显示娘家的财力和为人处世的能力。

五、婚服禁忌

婚礼服饰最为讲究，附着的民俗文化也很深厚。由于民间一直很重视婚礼服饰，所以形成了一些禁忌习俗，包括服色禁忌、制作禁忌、穿着禁忌等。

（一）婚服服色禁忌

1. 禁忌孝服颜色

婚娶为喜庆事，满堂皆红，新娘的服饰以红为主旋律：红衣红裤，红腰带，头顶红绫，脚穿红鞋；新郎要披红。所以，新人结婚，不能穿孝服颜色或者白、浅颜色的衣服，不能扎浅颜色的头绳，戴浅颜色的帽子。不只新人，参加婚礼的人或者看热闹的人，都不能有服孝者。戴孝者都不可以目睹新人出门及过门，更不能触碰新人的衣物及新房所有物品。迷信认为，婚礼遇见服孝者是不吉利的，容易冲克主家。所以，同村或邻近的人中如果有服孝者，要主动回避。但是，有的地方有特别的讲究。相传，台湾地区新娘出嫁，要穿红衣服，但内衣内裤却喜欢穿白色的，象征新娘的忠贞纯洁。广东北部壮族新娘，要穿黑衣、打黑伞，由同是穿黑衣的伴娘送去夫家。黑伞上要系一根红丝带，表示千里姻缘一线牵。着黑衣时，要在内里衬穿一件白衣衫，表示夫妻白头到老；这件白衬衫三朝回门以后，就不能再穿了，要留到父母归天时当孝服穿。黑色嫁衣由男家缝制，在婚娶前才由媒人送到女家。他们以为，喜鹊兆喜，喜鹊的羽毛是黑色的，穿黑色嫁衣表示喜庆、吉利。也有人指出，此风俗可能与古代亲迎着黑衣有关系。

在过去，沂蒙山区还有所谓的属相禁忌。与新娘属相相克的人，如果是一族而又必须去主家帮忙的，则在右耳朵上夹上一个用红纸叠成的纸条，以示破解。

2. 禁忌旧颜色的服饰

婚服要新，取新婚大喜之意。如果穿旧衣服，就表示对对方的不尊敬，一般是怀疑新娘不洁，或者对婚姻不满。但是，有些地方新娘要穿旧衣服。贵州东南部的侗族，新娘出嫁这一天，送亲的女子们个个新鲜衣服，带银器首饰，打扮得花枝招展；唯独新娘，身着旧衣，脚穿草鞋，去掉首饰，也不带嫁妆，表示自己到了夫家，要勤俭持家，做一个朴素的媳妇。

3. 对鞋子的颜色有特殊要求

山东部分地区新娘忌穿红色的鞋子，以为红色象征着火坑，穿红鞋结婚，就是跳入了火坑，将来过水深火热的日子，不吉利。河北等地则要穿红鞋，以其象征着是初婚；再婚妇女，不允许穿红鞋，只能穿绿鞋。

（二）婚服制作禁忌

（1）被子的缝制

旧时，“等十月，靠九月”，民间忌讳九月套被子，应该在十月里套被子。迷信认为，“十月套被十相出，九月套被九女生”，十月能连生十子，且个个成材，九月里则要连生九女。山东人讲，“九月被，没人睡”，如果非要在九月套被子，必须按迷信说法进行破解：或在被子里放入菊花、艾香，或是留下被子的四角不缝死。一般套被子用白线，但结婚用的被子，要用红线，忌用白线。

（2）嫁衣的缝制

新娘的礼服不要口袋，以免将娘家的财气、福气带走；婚服要用一块布料裁制，不能用两块，取从一而终之意，否则，预示着再婚。

（3）婚服的缝制者有讲究

套被子的人，也必须是“全福人”，以图吉祥，忌用寡妇、没有生养的女性缝制。

（三）婚服穿着风俗

1. 祈子

有些地区，入洞房前由小姑子给嫂嫂换衣服。小姑子脱去新娘的礼服，套挂在门鼻子上，边挂边说：“挂挂门鼻儿，生个小侄儿；挂挂门闩儿，生个小官儿。”鲁南一带，新娘进到院里要换衣换耳坠子。全福人一边给新娘换，一边唱：“脱了红袄换夹袄，一年一个小胖小；抹下坠子戴上耳环儿，闺女小子一齐来。”

2. 两性之争

有些与婚服有关的俗信，反映了民间传统的大男子主义思想和男女之争的微妙心理。一是压衣角。新人坐在床边的时候，新娘要注意，不要被新郎压住衣角，新郎也要注意，不要被新娘压住衣角。否则，将会被对方欺负一辈子。二是踩鞋。新郎新娘上床安寝时，新郎要特别注意，把自己的鞋放到新娘踩不到的地方；万一被新娘踩到了，就预兆着新郎一辈子受新娘的欺负，当“妻管严”“床头跪”。同样，新娘也要特别注意，不要踩到新郎的鞋，因为这是对新郎的大不敬。放衣服的时候也这样，新郎的衣服不能让新娘的衣服压到。但有时，新娘为了不受男人的管制，千方百计踩新郎的鞋子，新郎则千方百计踩新娘的鞋子；新娘想将衣服压在新郎的衣服上面，新郎也想将衣服压在新娘的衣服上面。新婚之夜，便开始了漫长的家庭权力之争。更有趣的是，江苏崇明岛新娘有穿虎头鞋的风俗。在岛上，女子出嫁时，一定要穿一双虎头鞋，俗信借老虎的威势，过门可制服丈夫。

3. 婆媳之斗

在有些地区，迷信谓如果新娘的盖头扔在房顶上，表示新媳妇当家做主；扔在炕席上，表示新媳妇比较顺从。因此，新郎挑下盖头来，婆婆或小姑子会马上抢过去，扔到炕席上。有的婆家人不好意思抢，就要看女傧相怎么处理了。如果女傧相也怕得罪人，那就到了考验新郎的时候了：扔高了，得罪父母；扔低了，得罪妻子。

第四章　儿童服饰的吉祥事象

“不孝有三，无后为大”，民间特别重视子嗣延续。为了“香火绵延”“留根万代”，民间在儿童服饰方面也绞尽脑汁，使儿童服饰除了具有一般服饰保护身体的实用性和追求美感的装饰性、礼仪性特征之外，还具有炫耀性和神秘性特征。炫耀性表达了人们得子的喜悦心情，神秘性表现了人们祈求后代福寿、顺利长大成人、长成有用之才的美好愿望。神秘性体现在儿童服饰的各种吉祥讲究上。由于注重传宗接代，儿童服饰显示了明显的重男轻女的性别差异性特征。这几个特征表现在儿童服饰的色彩、式样、图案、做工、穿着仪式等各个方面。

一、儿童礼仪服饰

所谓儿童礼仪服饰，指的是人从出生到成人这一阶段民间所设立的一些仪式上所穿用的服饰，包括催生服饰、送粥米服饰、满月服饰、百日服饰、成年礼服饰等。这些服饰，大都是作为礼物送给孩子的，寄托了亲人们盼望孩子平安成长的愿望和对孩子长大成人的祈望。

（一）新生儿满月前服饰

民间讲究“人等衣服”，即提前准备好婴儿服饰。孕妇分娩前一个月娘家人要送催生礼，礼物当中，要有一套给将要出生的小宝宝使用的小被褥、衣服鞋帽。浙江叫“落月”，四川川西一带称为“小陪送”，意思是，娘家不光陪送女儿出嫁，还要陪送她的将要出生的儿女。

1．头挡儿和小枕头

婴儿出生后，头囟还开没长合，民间以为头部怕风，要用袼褙剪成两三尺长的小围屏，外裱以红色的绸缎布面，绣以蝙蝠、云头等吉祥图案或长命百岁的吉祥语，立于婴儿枕前，挡住头部，叫“头挡儿”。

婴儿用的小枕头为彩色花布或红绫作表，圆柱形状，上面挂一个用红布缝成的小红葫芦花，俗云可以压邪；枕头里面放绿豆，可清小孩头火，或放荆种子，压惊辟邪，也有装小米或谷糠的。

2. 小儿被褥、尿布

包裹婴儿的布或者被褥叫“襁褓”,俗称“包被子”“包褥子”“小被子”“小褥子”“小毯子”“尿窝”，要用软和的布料缝制，不磨皮肤，也不会导致皮肤过敏。一般是花洋布面、白洋布里，大小约是成人被褥的四分之一。旧时一般“喜旧厌新”，因为担心新的布料不软和，会损伤小儿皮肤；最好是用高寿老人的旧裙袄做成。

以前婴儿所用的尿布一般用旧的衣服或者软洋布做成，俗称“褯子”，大的可以将婴儿腰部裹起来，并缝有布带束好，小的专门用来垫屁股、接屎尿。

3. 婴儿衣服

婴儿褂子和棉袄多为过手长袖，因为怕婴儿手不老实抓破了脸；衣服上不锁扣眼，不钉纽扣，怕小儿不舒服，也怕小儿含吞纽扣，改用小布带扎系。城镇多为对襟，乡村多为大襟。夏天则用小布兜兜代替褂子，主要是保护肚脐，怕受风寒。婴儿裤子，讲究的人家要准备单、夹、棉各一件，为大开裆，式样有一般中式和连脚裤。连脚裤裤腿有底，连脚兜住，脚脖处钉一布带束住，防止脚滑出。

4. 兽鞋

即带有兽形图案的小鞋。鞋分棉、夹两种，皆手工绣制。常见的有虎、豹、龙、狮、牛、兔、羊、猫、狗等生命力强的兽形图案鞋，取繁衍旺盛、辟邪、易养易活之意。娘家送的这些兽鞋，一般要三双、五双、七双，要奇数，忌偶数，让孩子一直穿到三四岁。

（二）出生服饰

1．布衫襟

“布衫襟，包孙孙”，在北方农村，婴儿刚出生所穿的第一件衣服，是奶奶的布衫衣襟。当婴儿出生时，奶奶便用早已经准备好的大襟衣襟，或干脆用自己的大襟褂子，将婴儿裹得结结实实的，怕婴儿不适应周围的环境。有的地区认为大襟衣襟大、阔，包得严实，孩子再也走不掉，容易成人。为什么要用奶奶的呢？为的是让孩子一生下来就闻到亲人的气味，认识自己的家，也表明家人很欢迎他；因为奶奶是家中之长，还含有对奶奶的尊重之意。此外，奶奶年长，用她的衣襟，可以沾她的寿气，祈盼孩子长寿。同样，用年长的老人腰间束带给婴儿作“各拉”，即围在脖子上的圆垫，也是想沾老人年长寿高的光。[①]

2．迷魂衫

孩子的第一件真正的衣服，叫“迷魂衫”，是奶奶送给小宝宝的礼物。迷魂衫这一名字来源于民间传说。民间以为，孩子是由送子奶奶送到人间的。送子奶奶共有三个，其中两个奶奶送的孩子都很健壮，容易成人；三奶奶送的孩子聪明漂亮，但是都留有记号，随时要收回去，不能成人。人间不知道孩子是哪位奶奶送的，只好做一件迷魂衫，遮住婴儿身上的记号，让老眼昏花的三奶奶认不出来。

迷魂衫要用一整块红布做成，据说红可以辟邪，保孩子安全，做时由奶奶用手撕，而不能动剪刀，以防对产妇、婴儿不利，也包含着用特殊制作方法使魂找不到出路跑不出去的意思。迷魂衫的后领，还要剪一摞三个不同颜色的布葫芦，叫“带着宝葫芦吓不着”。

迷魂衫讲究“人等衣裳”，即必须等小儿生下来以后才开始制作，不能衣裳等人。迷魂衫要一直穿到百日，然后要用一件蓝布迷魂衫代替。蓝，谐音“拦”，将孩子拦下来。三个月以后，三奶奶找不到她放出的孩子，就会返回天庭，孩子就保险了，从此就可以不穿迷魂衫了。

① 孟宪明：《民间服饰》，海燕出版社，1997，第 294 页。

3．姑姑的暖肚

民间讲究，姑姑必须给婴儿做一件暖肚，要与其他暖肚不同，黄色的最好，并且在上面绣上吉利话："姑姑布，姑姑做，姑姑缝的黄暖肚。左几针，右几线，侄儿戴上无灾难。"之所以要姑姑做，意思是姑姑盼望侄子长大成人，兴旺发达，这是强盛娘家的势力，可使她免遭婆家的欺负，即使遭到欺负，也有娘家的侄子可以依靠。所以，侄子一出生，姑姑就要有所表示，以显示对侄子的亲热。之所以要用黄色，是因为民间以为黄为富贵之色，盼侄子长成富贵之人。姑姑的暖肚绣有特定的图案。旧时多绣五毒、老虎、凤凰牡丹、荷花鲤鱼等图案。20世纪50年代以后，则多绣"天真活泼""祖国花朵"等字样。

4．穿旧衣

婴儿出生后，民间有穿旧衣习俗。有的向亲友索要其家小孩的旧衣，认为穿他人家健康成长的孩子的旧衣，自己的孩子好养活，小儿穿着也柔软舒适。上海崇明一带，男孩则要用父亲的旧土布裤子包裹，裤与"苦"同音，意思是让小孩小时受苦，养成艰苦朴素的习惯，懂得生活的艰辛，然后苦尽甘来。民间叫作"小来着线，大了着绢"。

5．扎根鞋

山东菏泽一带，婴儿降生必须由其姥姥或姨为他做一双鞋，鞋底不全纳，只纳一段，留一截麻绳，俗称"根"。这样的鞋子，就叫"扎根鞋"。

（三）满月服饰

婴儿满月之内，民间有"洗三""过三朝""送粥米""做满月"等仪式。其中都有礼仪服饰习俗。

婴儿出生后几天，娘家亲友要送粥米，相当于三朝礼。礼物中离不开小儿服饰，一般有一年四季小儿穿用的衣裤、帽鞋、抱裙、斗篷、被褥、尿布和金银首饰等。胶东一带在送粥米时，在盒子上搭上大被子、小褥子、毛蓝布，盒子的第一个格里放虎头帽子及银铃、手镯、长命锁等金银首饰，第二个格里放四季帽、猫头鞋、花兜兜、小衣裤等。这一些服饰，都是女儿怀孕后住在娘家偷偷做成的。送粥米必须有一条小被子和一个小棉袄，布料都用细花布。

最为讲究的是满月服饰。按照旧规矩，姨家出钱买布料，由姑家出工制作，或者姨家、姑家各出一块布料，给孩子缝制衣服时将衣袖或裤腿做成两种颜色，据说穿了这种衣服小孩就会好养活，没病没灾。所以，在旧时的北京，经常看见月里的孩子穿一件左红右绿或左红右蓝的小袄，或者一腿红、一腿绿的小开裆裤儿。[①]河北、河南一带则穿蓝、紫裤。在山东，满月时姥姥要送一身小花衣服给婴儿穿，这身衣服叫“蜕毛衫”，表示孩子已经蜕去胎毛。蜕毛衫必须是姨亲手缝制，叫“姑的布，姨的手，小孩活到九十九”。

在山西运城市闻喜县等地，过满月时，亲戚联合起来，给过满月的主家买好三百尺的布料，再把各家买好的小孩衣服，上衣、裤子用别针或是用线简单地缝在上面，到满月日，作为礼物带到满月的人家，挂在院子上方表示庆祝。客人中的妇女则要把事先准备好的用红线拴着的钱，挂在孩子的脖子上。

（四）剃胎发礼俗

各地都很重视小儿的第一次剃头，叫“剃胎发”。一般在满月后选择吉日进行。剃胎发的日期、方法、讲究因地而异。青海河湟地区讲究“初七十三二十三，初八长命十五安”。

1. 打光光与胎发团

江浙一带旧时婴儿满月要请剃头匠剃去小儿胎发，称为“打光光”。剃时要在小儿囟门部位留下一寸多见方的头发，即保护小儿囟门，又表示望子成龙之意，叫“留孝顺发”；剃下的胎发，要用红布包裹，送悬在保生娘娘宫神座旁边，以保长生。有的将剃下的胎发和一小绺狗毛、猫毛，放在手心里搓圆，喷上茶水，用针穿上大红丝线，然后

① 常人春：《老北京的穿戴》，北京燕山出版社，1999，第151—152页。

穿上一个枣子，再把发团穿上，最后穿上桂圆，就成了胎发团，把它挂在小儿床头，以期保佑孩子成长，成为有用之人。青海河湟一带则将胎发揉成圆团装入布囊，缝在小儿背心上，以为发为血余、血为精气之本，佩带在身，防止遭到践踏玷污，也有身体发肤受之父母，不敢毁伤孝之始也之意。

2. 铰头

山东一带把“剃胎发”叫“铰头”。据说原来是由爷爷给剃去胎发的，后来人们怕婴儿疼，改由奶奶用剪刀剪。铰头需择吉日进行，仪式郑重：用红线穿枣、栗子、葱、铜钱等物，系在桃枝上，挂在门楣上，以祈求小儿平安成长。桃枝寓意逃脱灾难；枣、栗子，寓意早年成立；葱，寓意聪明伶俐；钱，财也，象征富贵。一般来讲，铰头要有舅舅在场，没有亲舅，就要表舅参加；如果舅舅不到场，要在小孩身旁放一个蒜臼，“臼”谐音“舅”，代替舅舅。

裕固族儿童在周岁或三岁剃头时要举行隆重的仪式，客人们都要带着钱、哈达，舅舅家要带着牛犊或羊羔、马驹等礼物来祝贺。母亲抱着孩子到舅舅跟前，另有一人端着盘子，里边放有剪子、奶、酥油和酥油糌粑做成的圆圈裸子。舅舅先将酥油裸子圈套在孩子头上，然后剪下一缕头发放在盘里，再用手指蘸酥油点在孩子额头上、嘴里，说着吉祥的话。然后，亲友们依次剪下一缕头发。最后大家齐声高唱祝福歌，再由舅舅将头发都剃光，只留头顶的一撮。

未满一个月的婴儿，禁忌出门。满月请理发师剃头后，娘家来接闺女回娘家，离开家门时，闺女要在头上扎红布条，插桃枝或者柏枝，婴儿头顶红布，婴儿的姑姑还要在婴儿的鼻梁上抹一道黑色记号，到了外婆家以后，由婴儿的姨擦去这个记号，这叫“姑姑抹，姨姨擦，婴儿能活一百八”。

（五）周岁服饰礼仪

陕西韩城等地，小儿满周岁时，外婆要赠送“岁鞋”，有虎头鞋、猫头鞋、猪头鞋等式样。而舅舅必须送给外甥一只或一对老虎枕头，表示祝福。老虎枕头既可以当枕头，也可以当玩具。山东菏泽一带有给周岁小孩送花鞋的风俗，让小孩站在铺着红布的桌子上，试穿送来的所有鞋子。送鞋、试鞋，意思是祝愿孩子顺利成长，学会走路。在抓周物品中，还设有针线。如果女孩子抓到了它们，就说明以后会缝制衣服，心灵手巧。

在许多地方，周岁以后，体弱多病的孩子，都讲究认干爹干妈，认亲时要举行仪式，其中贯穿着服饰习俗。江淮地区干爹干妈要聚百家钱，购一银项圈或项链，套于小儿脖颈，叫“长命锁”，据说这样可以将孩子的命锁住，不受病魔侵害；并且送衣帽鞋袜等礼物，其中一定要有包袱和肚兜。到十二岁时再“开关”，由干爹或干妈为之取下银锁或项链圈，俗以为一锁一开，小儿命运中的难关即可解除，通身无病，健康长寿。认干妈时，干妈要穿大裆裤，小儿要从干妈的裤裆下钻过去，裤裆撕开缝，以象征生养。所以，干妈的这一条裤子必须做得又肥又大，并且开裆。

在鲁南，娇贵之孩有认僧、道为干爷的习俗，或者寄名，俗称“舍在庙上”，要戴僧、道冠，穿僧、道衣，叫小和尚名，意味着已经舍给佛门道观了。道袍要观中的道士制作，红衣，沿黑边。每到生日的时候，还要穿上道袍到道观中拜见道爷。

（六）十二岁服饰讲究

民间以十二岁为“一旬”，意思是走了一圈，完成了一个周期，是儿童时代的结束。要度过易病易灾的危险期，进入少年阶段，从此不再怕病灾与邪祟，十二岁就要举行一些仪式。

1. 开锁

旧时陕西一带小儿出生后，在神前祈求保佑，并戴上红布项圈，下坠“长命百岁”的银牌，每年过生日时，必须在项圈上加一层红布，到十二岁时，在神像前摆供祭祀，然后用刀将项圈割断，以示成人，叫“打枷”，也叫“开迷魂锁”。在山西，则要在家里的祖宗牌位前摆设祭供物品，全家老少聚集到祖宗牌位前，磕头跪拜，先由长辈对开锁的孩子训示，然后由开锁人的舅舅向祖宗祷告，用钥匙打开事先挂在孩子脖子上的锁。祁县等地的“开锁”仪式请孩子认下的干爹干妈来主持。在当地，父母、亲友每年春节都会赠送孩子用红头绳穿铜钱做成的锁。铜钱在两个的基数上按年龄增加，每年一个。开锁时，孩子身缠三丈红布，跪在地上拆下锁上的铜钱放入簸箕内。主持人一边说着吉祥的话语，一边把簸箕里的铜钱抛撒到地上。字朝上的铜钱由孩子拾起，以此占卜一生福禄；其余的铜钱则归主持人所有。孩子还要脱下缠身的红布送给主持人作为酬谢。最后把蒙过十二层红布的项圈取下，摘下锁，把项圈挂在枣树枝上，仪式完毕。

山东临朐称这一习俗为“开关”,仪式非常隆重,还由开锁人唱《开锁歌》:“金锁丁，银锁丁，长大成人都开净。开锁开到吉庆日，阎王小鬼都欢喜。逢凶化吉，遇难呈祥，长命富贵，金玉满堂。”

如今，农村中的这种开锁活动已经简化。全家人聚在一起，在被开锁的孩子脖子上挂一只锁，然后由舅舅打开锁取下。

开锁象征着孩子进入人生的另一个阶段，开始出现了生理和心理上的变化，具有一定的叛逆性，提醒家长们注意孩子这种变化，以便因势利导。

2. 戴红

也叫“扎红”。北方地区多有给男孩子扎红、戴红的习俗，即在其衣服领子上钉一块红布，用以辟邪，一直戴到满十二岁。此后，本命年生日时都要穿红背心、红裤衩，带红兜兜，扎红腰带。这就是民间俗信所说的“本命年扎红”，以此祛除邪恶，祈求吉利。

民间还以为，逢九必凶，即年龄遇到九，有凶运，是年被称为忌年。《黄帝内经·灵枢》说，“凡年忌，上下之人大忌，常加七岁，十六岁、二十五岁、三十四岁、五十二岁、六十一岁，皆人之大忌，不可不自安也，感则病行，失则忧矣。当此之时，无为奸事，是为年忌”。这是一种“九”的算法。民间还有一种“明九”“暗九”的算法，以十九、二十九、三十九、四十九等有“九”的年龄为“明九”，十八、

二十七、三十六、四十五等“九”的倍数的年龄为“暗九”。每逢带“九”的年中，除饮食、起居、行旅、处事等处处小心外，还要穿红主腰、红裤衩，系红裤带，企盼可以避邪免灾。这一习俗至今在全国各地仍有流行。

3．剃毛头

贵州紫云一带苗族、布依族地区，旧有剃毛头习俗。男孩出生后请巫师算命，如果认为这个男孩命贵，就要留长发男扮女装，当地称为“假姑娘”,据说这是“命根”以留长发代之,这样就会躲过“命根”，顺利成长，直到十二岁才能剃掉。

4．剃百岁毛

山西有些地方为防止男孩，特别是独子夭折，每次理发时都要特意在孩子脑袋后头留一撮头发，称为“百岁毛”，吕梁地区又称为“后扯辫”。有些地方的小男孩如果长期寄住舅父家，脑袋后边留下的那一撮头发就叫“舅舅毛”，是以此表示不忘舅父家的养育之恩的。“百岁毛”“舅舅毛”越长越长，就梳成一根小辫子，直到满十二岁或者回到生身父母身边以后才剪掉。

（七）加冠与插笄礼俗

加冠与插笄为古代的成年礼，又叫“成丁礼”。古时非常重视，加冠插笄后，标志其进入成年，可以走向社会，参加社会生产和社交活动，并可以择偶婚配。今已无此礼仪，一般用婚前婚后的告庙、上坟、上头替代了；但在一些少数民族中仍保留着与汉族成年礼相似的礼仪。

1．成年礼中的服饰仪礼

彝族的换裙礼。彝语叫“撒拉”,俗称“换童裙”,即脱去童年的裙子，换上成年的裙子。其仪式一般在十五至十九岁之间的单岁举行，忌双岁。据说双岁换裙会多灾多难，终身不吉利。换裙前，父母先为女儿准备好花边、黑色哈帕、新裙、颜色各异的珠子和银牌等，到吉日佳期这天举行换裙仪式。仪式不许男子在场，只准妇女们向换裙者逗笑祝愿。妇女们将姑娘原来梳在脑后的单辫梳到前边，正中分开，在耳后梳成双辫，再戴上哈帕；额前的刘海用少许水打湿，使之整齐发亮，佩上艳丽的耳珠；最后换上红、蓝、黑等对比强烈的三截或四截长筒百褶裙。换裙意味着女子已经成年，她们可以谈婚论嫁；而换裙前的女子则不能如此，否则要受到严惩。

纳西、普米等族的穿裙子、穿裤子礼。永宁一带，孩子们在十三岁前穿麻布长衫，不着裙裤，十三岁时举行穿裙子、穿裤子礼。泸沽湖一带的摩梭人于正月初一早晨举行这个礼节，凡有年满十三岁的孩子的家庭，都要在主屋生起火来，家庭主要成员围着火塘坐，摆上祭品。女孩站在女柱旁，男孩站在男柱旁，手拿银圆，双脚分别踏着一个猪膘和一袋粮食，象征孩子日后富裕。女孩由母亲穿裙子，男孩由舅舅穿裤子。穿着完毕，孩子祭拜锅灶。接着，由巫师念诵祝词，祝词内容多为吉利话：祝女孩子越长越美丽，找的阿注聪明能干，种的庄稼穗大丰满；祝男孩子镯子戴不坏，麻布穿不完，一粒种子收百粒，一担种子收百担，青稞燕麦压断架，金银财宝堆满仓。祝词完毕，孩子向母亲、舅父等长辈叩头，长辈们也要送些礼物表示祝贺。

藏族的上头和挽髻。旧时藏族姑娘梳辫子，小时梳两条，十三四岁梳三条，十五六岁梳五条。十七岁时藏历初二日举行上头仪式。届时，亲友携礼品祝贺，父母为其着新衣、佩戴饰品，并请专门的妇女为其梳头打扮，将发辫改梳成几十条，以示其进入成年。也有的举行挽髻礼，将发辫梳到头顶，编为一个发髻，俗称“巴久”“扎久”，也叫“插巴珠”。巴珠是藏族妇女特有的发饰，呈三支状或三角状，上缀珠玉、珊瑚等，佩于头顶。巴珠全用珍珠镶嵌的最为珍贵，珊瑚的次之。挽髻表示成年，可以参加社交活动了。1934年青海省政府民政厅编《最近之青海》对此有记载：藏民婚礼，最喜招赘，大都自由恋爱，女子年十六七岁以后，虽无夫婿，也发髻高挽，俗谓之“戴天头”，戴天头以后，任人皆可同居，生子即养为己有，其夫为谁，别人无权过问。贵族男子长至十三四岁，父母则选择吉日为其挽髻，将发辫梳到头顶编成一个发髻。之后，即可据自己世袭的地位改穿官服，参加社交活动。

朝鲜族的三加礼。朝鲜族加冠要进行三次。初加时，主持人先给其结发髻，罩网巾，加冠，同时脱去三癸衫，穿上一种袖管宽大、以白麻布为面料、黑缣装饰衣边的上衣，叫“浓衣“；几天后，择吉日行再加礼，把初加时的冠巾取下换上纱帽，脱下深衣换上襕衫，并系上冠带；三加时加上幞头，在襕衫上系上带子，穿上皮鞋；然后，受礼者至祠堂向长辈致礼，结束仪式。

瑶族的包头帕。河口一带瑶族男女青年，在幼年时戴花帽，至十五六岁后取下花帽改包头帕。一般由已经有包头帕的姑娘帮助其包头帕。在瑶族的观念中，姑娘一旦包头帕，便意味着可以寻偶和自由进行社交。包头帕的女子皆佩戴银质耳环、头钗、头针、大颈圈、手镯、戒指以及胸前银牌、银链、串珠等饰物，装饰得琳琅满目，打扮得美观大方。

2. 礼仪服饰风俗与称谓

旧时还以服饰风俗特点称谓人的年龄：总角，指童年，古时幼儿把头发扎成状如一对牛角的小髻。垂髫，古时儿童未成年时，不束发，头发下垂，用以指童年。束发，指青少年，古时男子成童时把头发束成髻，盘在头顶。及笄，称女子十五岁。笄是古代妇女盘头发用的簪子，及笄，即女子至十五岁时，把头发簪起，表示已成年。弱冠，指男子二十岁。古代男子二十岁行冠礼，戴上成人戴的帽子，表示已成年。

二、儿童日常服饰

儿童日常服饰主要有刺绣精美的兜肚、小腰子、小花袄、饭巾、斗篷等，比之大人的衣服更富有装饰性，也更能体现民间文化的艺术特点与吉祥主题；长命锁、百家衣和虎头鞋、帽等更寄托了为孩子消灾免难的祝愿。特别是病弱和独生子女，更要穿戴这些祈求福寿的服饰。

（一）长命锁

民间通过给儿童戴饰物来祈求长命，旧时最常见的是戴长命锁。长命锁也叫“百家锁”，是儿童吉祥护身符。民间取锁的双关义“锁住孩子，不让跑掉（夭折）”，以为给小孩戴长命锁，可以压惊辟邪、驱鬼禳灾、祈福祷寿，故不论贫贱富贵，都要为孩子戴上一副长命锁。旧时这种做法在北方很流行，根据家庭经济状况，可分为金锁、银锁、铜锁、铁锁或镀铜、镀金、镀银等多种；也可以此给孩子命名，具有同样的效用。

长命锁来源于汉代的“长命索”。端午节时，人们用五彩丝线缠在儿童臂上，以避兵鬼之气，也叫“长命缕”。通常以红、黄、蓝、白、黑五色丝线编织而成，分别代表东、西、南、北、中五方。北方地区还有用五色线穿古铜币的，铜币数以年岁逐年增加。

民间迷信以为，人有魂魄，而小儿的魂魄最软弱，稍受惊吓便会丢失，也易被邪魔摄走，应该用锁把它锁起来，以保证小孩子成活。于是人们想到了百家锁。百，取圆满、完全、百岁之意，为的是用百家福寿锁住小儿的生命。早先的长命锁多为银质的，呈旧式锁状，一般正面镌刻着“长命富贵”“长命百岁”等字样，背面镌刻着麒麟图案，表示“麒麟送子”，也有镌刻“龙”“虎”“寿”等字样的，祝福孩子以后龙腾虎跃，前程远大。

旧时长命锁大多为父母或祖父祖母、外祖父外祖母找人打制或购买。据胡朴安《中华全国风俗志》载，江西一带“以白米七粒、红茶七叶，以红纸裹之，总计二三百包，散给亲友。收回时，须备钱数百文或数十文不等。将集成之钱购一银锁”；还有一种简便的做法，找一乞丐，“以一百余文，或二三百文，易小钱百文，盖取其系从百家讨得者”。现在多为亲朋好友作为礼物赠送。

旧时吴县（1995 年撤销）黎里有请长命锁的习俗。黎里的长命锁不是父母自家请人打，而是到寺庙里去“请”。百多年来，向寺庙庵堂“请”长命锁成为黎里特有的风习；直到今天，还有人家把保留下来的银制的小小长命锁挂在婴儿的脖子上。

在黑龙江地区，有一种特别的长命锁。小孩出生后，主人要向邻居街坊要来七色彩线和七枚铜钱，把铜钱用七根一股的彩线并排穿成连环形，一端饰以流苏，挂在婴儿项上，叫作“长命锁”。有些地方还兴满月到姥姥家挂线，就是将一团白线挂在小儿脖子上，并且在线团里放钱。线要由孩子的父亲在小儿回到自己家里后顺到脚下摘下来，叫“头上戴，脚下摘”。线象征绵长，以此祈求孩子长命。

有的家庭干脆不买实物，用乳名替代，给孩子起名叫“金锁”“银锁”“铜锁”“玉锁”“铁锁”“大锁”“锁住”“小锁子”。

长命锁一般在孩子百日时佩带，叫“锁关”；摘锁的时间在小孩十二岁的时候，叫“开关”。我们在上面一节中已有详细描述。

除了长命锁以外，还有许多项饰、胸饰，在民间看来都具有护身符的作用。南方喜欢戴银项圈，俗称“落地圈”“项箍”，想圈住孩子，固住孩子；还有的地方为独生子女做独耳环、独脚镯，“独”，双关“独枝繁荣”，盼望子女快快长大成人。在绍兴，小孩的脖子上常挂几件小饰物：一面镜子，一把小刀，或者一把梳子。这些饰物上往往刻有偈语“唵嘛呢叭咪吽”“长命富贵”。在河北安国县（今安国市），小孩要戴“左千”。左千是丧葬人家为了表明家里有人去世而挂在家门口剪成丝状的白纸。俗以为，去世的人年龄越长越好，这样便可以把那个人的寿限借过来，孩子就能长命百岁了。在广东梅县（今梅州市），小孩子要戴“护身符”，即写有偈语的黄表纸，要挂在胸前或者放在腰间。在泰山一带，习惯给小孩的胸前戴一块护心镜，用金银铜锡等制成，以为可以保护心脏，不受病灾邪魔的侵害。江浙一带，旧时重男轻女，一般人家都要给男孩子置银项圈，俗称“狗圈”，当地有狗百岁之说和防偷生娘娘的迷信。项圈如狗颈上锁，故有“狗圈”之名。

这样一来，小儿可以免遭偷生娘娘的伤害而长命百岁。有些女孩子被父母宠爱，也像男孩子一样戴着“狗圈”。在微山湖，有用葫芦做饰物的习俗。一到夏天，在船上生活的五六岁的儿童，都要在光溜溜的身上背一个大大的葫芦，有背圆葫芦的，也有背亚亚葫芦的。葫芦上系两条带子，打花结于胸前，既是装饰，又是“救生圈”。现在的青少年男女，也喜欢在脖子上挂红线，线下缀玉石等，是此风俗的变异和延续。

孩子的手、脚腕处也要戴所谓能护住魂魄的东西，一般是手镯、脚镯，有的在脚镯上缀有几颗铃铛，走起路来叮当作响，叫“响亮”。鲁南还时兴戴手要（即银莲蓬）和菱手镯。

（二）百家衣

百家衣也叫“和尚服”，是婴儿常服的一种。在婴儿百日时，由亲朋好友敛百家布片拼缝在一起做成，故名百家衣；婴儿平时穿的上衣也是用红布缝成的、斜襟的、无领的、系带而不钉扣子的和尚服式。

显然，这种风俗是与和尚衣有关系的。相传，有些和尚是因为从小灾病多、父母觉得无法养活，交给佛门寄养，他们吃百家饭、穿百家衣，得以成人。所以，民间认为如果孩子穿像和尚衣的衣服，叫像和尚名的名字，就相当于出了家、交给了佛门，鬼神邪魔再来加害时，孩子就有佛法保护，尘世中找不到他们的影子了。因此，百家衣成了男婴的护身衣。

中原一带，世代单传的孩子一生下来，孩子的奶奶、爷爷就要向左邻右舍报告喜讯，并求乞布片。特别是那些姓刘、陈、程的，因为谐音“留”“成”，更成为人们求布的重点户。又因“蓝”谐音“拦”，所以蓝色布片最受欢迎。但是，一般人家不给紫色的布头，因为紫谐音“子”，谁也不愿意将“孩子”送给别人家，所以紫色的布头只能到孤寡老人那里讨要。晋中一带，奶奶要背着小孙儿像行乞一样走街串巷，到各家讨取少量米面和小布块，称为“讨百家”。回家后，用米面为孩子做饭，把布块拼凑起来做成小衣服，称之为“百家饭”和

“百家衣”。民间认为，吃了这种饭，穿上这种衣，就能使孩子身体强壮，无病无灾。还有些地方讲究用奶奶穿过的旧蓝布衣服给孩子改制小衣服，也是取谐音，寄望孩子穿上这种衣服，生命就有可靠的保证。武汉一带称百家衣为“百宝衣”，由孩子的姑、姨、外婆等亲属向街坊邻里每家讨一块布角，做成衣服，于周岁时送给小儿。

百家衣的缝制也有很多讲究，布纹的走向、拼图等，都有约定俗成的规矩。衣服不能在胸前开口，要做成偏开口的大襟衫，就是和尚衫的式样。这种衣服，往往不能一次做完，老人们常在底襟处留个口子，此称“藏魂处”。待孩子满月后，由孩子的母亲将口子缝住，表示孩子的魂灵就留在了母亲的身边，再也不必为孩子的安全操心。

民间以为，小孩的衣服、鞋帽常常对另一个小孩产生神秘的影响，将一个顺利成长、身体健壮的孩子的衣服借给另一个孩子穿用，就会对他产生保护作用；而一个夭折的孩子的衣服就会给穿用他衣服的孩子带来不幸。因此，民间有将健康小孩子旧衣服送人或者向健康小孩人家讨要旧衣服的习俗，也有弟弟妹妹穿用哥哥姐姐旧衣服的习俗。

在老北京，父母不愿意别人拿走自己孩子的鞋样子。鞋的图样在当地叫作“样子”“样儿”，代表了孩子的模样，拿走了鞋样，就等于拿走了自己孩子的命。如果亲友想借鞋样，必须在照抄的鞋样上剪三个洞，以示破解。如果是一个佣人自己亲手剪的鞋样，那么在她离开主人家的时候，必须带走它；否则，她自己的孩子就会遭难。①

很多地方还有男孩穿花衣的风俗。如果是独生子，或经常生病的小男孩，父母往往将他打扮成女孩子的样子。民间以为女孩子好养活；男孩子是传宗接代的香火，命贵难养。如果将他们打扮成女孩子的模样，穿上花衣服，就可以混淆性别，蒙骗邪魔鬼怪，避免遭受

① 杨堃、张若名：《中国儿童之民俗学的研究》，《民俗研究》，1996（3）。

其侵袭。给男孩子留长发、扎耳朵眼、戴耳坠，也是出于这样的考虑，只不过只扎左耳、只戴一只耳坠罢了。

（三）虎头鞋、狗头帽

过去，生活条件、医疗条件很差，儿童死亡率很高。民间以为，小儿不能太娇贵，应该像猫、狗一样，泼辣好养，另外，动物凶猛威风，可以借其形象吓退病魔鬼祟，并且儿童天然喜欢动物，于是吉祥动物图案成了小儿服饰上的主要装饰图样。过去走进乡间山寨，村口路旁，热炕头上，绿树荫下，经常看到一个个小儿头戴虎头帽、脚蹬老虎鞋，迈着歪歪扭扭的步子，嬉戏撒娇，天真烂漫，给乡村生活画卷描上了最生动传神的一笔。

1. 虎头鞋帽

民间尚虎，认为虎是百兽之王，是威猛的象征，借它的形象，能除邪祟、镇妖孽，神气的虎头能给孩子壮胆，保护孩子顺利成长。家长们也祈求孩子能像老虎那样，虎头虎脑，身体健壮。于是在儿童服饰中，就有了虎头鞋、虎头帽等，穿戴以后，与小儿粉嘟嘟稚嫩的脸庞、稚气的走路姿势形成巨大的反差，显得娇憨可爱。

虎头鞋是民间小儿鞋式样之一。人们用杏黄色的棉布制作虎头鞋，在鞋头绣上虎头：圆睁的大眼睛黑白分明，凸起的鼻子，大嘴巴，嘴旁几道黑胡须，还有额头上威风凛凛的“王”字。小儿周岁时，父母就给他穿上新做的虎头鞋，以此辟邪壮胆，并对孩子说：“穿上虎头鞋，力气踢死虎。”在冬天，由于儿童的袜子也是棉的，很厚，所以，虎头鞋做得很宽松，近似一个长方形或者正方形，以便于脱、穿。

民间还流传着虎头鞋的传说，反映的是劳动人民的机智勇敢。相传，以前有个小伙子，家里穷，娶不上媳妇，靠摆渡船过日子。一天，有个老太婆背着包袱到江南去，正巧乘小伙子的船。到上岸时，老太婆对小伙子说：“我坐了你的船，可没有钱给你。”小伙子忙说：“没钱不要紧，算我帮你的忙吧！”老太婆一听高兴地说：“你是好心人，我有一张画送你吧。”说完将画送给了他。小伙子将画贴在墙上，画上的女子十分漂亮，并且那女子每天还能从画里走下来帮着船夫做好饭后再回到画里去。天长日久俩人就结婚了，一年多后，两人生了一个小男孩，并给孩子做了一双虎头鞋。事情传开后，本村有个地主趁船夫不在家，把画偷来贴在自己家的墙上，可是女子始终不出来。船夫知道美人画被地主偷走就去讨要，可一直要不回来，只好和儿子一块过日子。一天一天，一年一年，小孩慢慢长大了，整天向父亲要妈妈。当父亲的就把地主抢走妈妈的事如实告诉了孩子。这孩子为了找妈妈就偷偷跑到地主家，把母亲的那张画取下来就走，刚出门，正巧碰见地主，两人争夺，小孩抬脚踢地主，可没踢着，而鞋上绣的老虎跳下来，三口两口把地主咬死了。就这样，孩子的妈妈就回到家团聚了。从此，为了避灾祛病，人们都给小孩做虎头鞋穿。

民间重视童帽，孩子诞生、满月、周岁，父母都依男女性别、甚至生辰八字，制作各种式样的童帽。最常见的是虎头帽。吴地清末幼童戴黑色老虎帽。帽的前部呈虎腹形，用彩色绒绣上眼、耳、鼻，前绣一黄色大“王”字；或在脸部正中镶一银质老寿星，下方沿帽边镶银质“福禄寿喜财”或“长命富贵”字样，脑后垂彩色飘带。中原一带的“老虎头”帽子，多为黄、红颜色，有夹有棉，棉的留一片棉布遮掩后脖颈；帽脸很低，周围镶一溜茸茸的白兔毛；帽顶竖有两只耳朵，大大的，周围也镶有白兔毛，并且耳朵和帽体结合处是中空的，一是祈愿小儿耳聪，二是便于通风透气。戴上后，帽子覆盖多半个额头，又暖和，又能防止小儿跌倒磕破额头。

2. 其他动物式样的鞋帽

民间还有猫眼帽子和猫头鞋，形如虎头帽，只是额前不绣“王”字。按江苏太湖地区的习俗，会给刚学会走路的小孩子穿猫头鞋，并且要连续穿七双。传说从前猫是百兽之王，做事大公无私，排十二生肖的时候，将位置让给其他动物，不排自己。它教老虎学习本领，老虎忘恩负义反而想吃掉猫。关键时刻，猫使出了看家本领，爬到了树上。老虎羞愧难当，躲进了深山老林。

狗头帽也很有特点，帽子做成狗头形状，两只耳朵高高支起，两只眼睛乌黑有神，嘴巴大大的，露出用丝线做的锋利的牙齿，帽脸和帽边缘上黄色或者黑色、杂色的带毛的狗皮条，戴上显得机敏而又威风。狗头帽一般为冬季帽，脑后有披风，长可到肩，下缘成波浪形，两旁各缀有一根飘带，有的披风末端缀有几颗小银、铜铃铛，稍一动，叮当作响。之所以戴狗头帽，是因为民间有“狗保”的说法。传说有一家人家生了一个孩子，刚生下来就断了气，父亲便把他扔到了乱坟岗，而到了第二天，这家的大黑狗却又把哇哇啼哭的孩子叼了回来。原来，婴儿只是岔了气，狗在乱坟岗守了他一夜，待他缓过气来，才叼他回家。这家人非常激动，遂给孩子命名叫“狗保”，以此纪念狗的功劳。

此外还有狮子鞋帽、小猪鞋帽、兔头鞋帽、牛角帽等。狮子帽有后尾巴护住小儿后颈，配上飘带铃铛为装饰。猪头鞋红底黑帮，齐头作猪嘴状，鞋头沿红布边，绣朱红鼻孔，眼、眉毛绣为人模样，做两片猪耳朵，后沿口缝猪尾巴用以装饰，也作提鞋把手，多为小女孩穿。民间以为，猪能吃，不挑食，好养，又丑陋，不招邪祟。

3．制作、穿着讲究

民间对动物鞋的穿用，还有一些讲究，叫“头双蓝，二双红，三双紫落成”，意思是一般要穿三双，至少穿到三岁。蓝，谐音“拦”，只有拦下了，才能度过婴儿危险期；红，朱砂的颜色，可以辟邪；紫，谐音“子”，得子子落成，生根长大。

这些动物图案的鞋帽，不论是老虎、狮子式样的，还是狗、兔子式样的，都做得较大，并且装饰上八仙、罗汉，缝缀铃铛或者“长命富贵”“金玉满堂”等银、铜铸字，帽子像面具一样罩在小儿的头部，正面只留下眼、鼻子、嘴，即保暖又具有巫术功能。老虎、狮子的是以刚克邪，狗、兔子的是以贱欺瞒，目的都是祈求孩子少病少灾，长大成人。民间还以为，帽子、鞋上有“眼睛”，可以使邪魔畏惧，或者混淆邪魔的视线，帮助婴儿逃脱病灾厄运，这也是动物服饰至今兴盛的一个原因。

动物服饰寄托了父母对小儿深深的祝福和厚爱。它们绣工精细，造型潇洒自然，色彩强烈丰满，是女红中的上品。

（四）童鞋与童帽

1．童帽

民间有句老话，“六月里冻死月里的孩子”，说的是初生婴儿要穿暖戴暖，否则，大热的天也有可能被冻坏肚子、冰了身子。所以，无论多热，婴儿头上必须戴帽子，护住囟门。正是这个原因，使得民间儿童的帽子的式样、种类很多。

尖尖帽，是冬天戴的帽子，因其形似辣椒，中原一带又叫“秦椒帽”。多为红色，圆锥形，上面一个尖儿，下口外缝制一圈柔软的兔毛。这种帽子不分性别，有用棉布缝成的，中间套以棉絮，又轻又软又暖。有的用毛线织成，红、绿、蓝、紫、黑、白、杂色都有。有的有护尾，有的有帽脸边缘装饰或帽顶装饰，有的什么装饰也没有，但都在下巴处织两条宽宽的系带，像小围巾，交系于后颈，更暖和舒适。

公子帽，也叫“荷花公子帽”，前面饰荷花，后面饰荷叶，帽前缝有银铸的八仙，帽后是五片荷叶排列，每片荷叶上挂一个用细银链串着的铃铛，戴在头上走起路来叮当作响。

和尚帽，也叫“道士帽”，为夹帽，前宽后窄，边缘有褶，前额有图案，四周镶边，中间绣有“长命百岁”“富贵吉祥”等字，四字中间钉一枚镀金或者银铸的小罗汉，像戏曲里的道具行头。

围脖帽，也叫“马兜帽”“狗钻笼”“瞒头鲁”，为套头式样的帽子，少年儿童冬季戴。有两种样式，一种帽体长，帽尖用毛线扎住，上头缀一个小线球；一种在帽体上挖出脸部，脸部上边做上帽檐。它们都是用毛线钩制的，长及脖子，既当帽子，又当围脖。

辫子帽，由帽垫发展而来，形似半块西瓜皮，多用绸缎制作，色泽黑里透亮，帽顶结一个红绒球疙瘩，帽口处镶一溜窄窄的帽饰，脑后拖一条一尺左右的细细的假发辫子，为一到三岁儿童戴用。

女童帽子，有月亮帽、船帽、荷花帽、鱼帽、石榴帽、太阳帽等，一般饰有各种花卉、挂丝线，装饰得更为华丽，花枝招展。

2．童鞋

婴儿出生一个月内不用穿鞋，满月后至六个月，穿用两层布缝制的或者用毛线钩制的软底鞋，鞋子红红绿绿，软和和的，象征性地挂在脚上，起好看和保暖作用。六个月以后，婴儿要学坐、站及走路了，民间叫“有脚了”，才换上薄底布鞋、凉鞋、窝头棉鞋等。

儿童的鞋一般用粗线纳成的软底，穿着舒服。山东最常见的是“小绑鞋”，寓意“绑住孩子好养活”。这种鞋的鞋底、鞋帮用同一块红布或蓝布做成，另用一块小绣花圆布缝在鞋背上，鞋底贴布绣猫蹄花，鞋后跟缝上带子，穿时系在小孩脚脖子上。

还有一种童鞋叫“割花鞋”，男女均可穿。鞋头花用绒线绣制，既美观又结实。绣时将一双鞋面对贴，中间夹几层玉米包皮，玉米包皮的里层，又放两层密实的布对贴，纳绣完毕，先用小锤捶结实，再用面糨糊涂抹鞋面里层，黏死所绣针脚，然后用刀从中间割开，脱掉里面的布和玉米包皮，毛茸茸的花就在鞋面布上了。这就叫“割花”。

（五）小儿兜兜

民间把小儿围嘴和肚兜笼统地称为“兜兜”。前者的功能是防止小儿吃饭时弄脏了衣服，后者的功能是为了保护小儿不受凉。随着时代发展，民间艺人将它们制作得非常精美，成为民间手工艺品，反映了民间对小儿的喜爱和育儿风俗，寄寓了对小儿顺利成长的企盼。

1．围嘴

也叫“口围”“围嘴嘴”“腌旮旯”，围在婴儿颈部，防止婴儿涎水或者吃奶、吃饭弄脏衣服。围嘴有的用素布制作，有的用碎花布拼成，有的用多层纱布缝制；有做成虎头形的，还有做成青蛙形、莲花形的，既实用，又美观。

2．肚兜

也叫“暖肚”“兜肚”“裹肚”“棉肚”“棉兜”“遮护”等，是婴

年画中穿肚兜的儿童

儿童肚兜图案

幼儿的小衣服，夏日儿童赤身穿着，其他季节作内衣用。式样多为正方形，对角设计，上角裁去成凹状浅半豁形状，叫兜兜口子，在半豁两边角上缀系带用来挂在颈上；下角或尖或圆，一般男孩子的肚兜下角为圆形，女孩子的肚兜尖，通过小腹覆盖腿间；横的两角上各缀带子，用来扎在腰间。儿童的肚兜主要是护住肚子，避免腹部受风寒。

肚兜上一般都绣有或印有饰花。一种是作坊里制作的蓝布印花肚兜，中心花纹的周围都绕有一道宽阔的花边，花边一般由回纹或朵花组成，中心主纹和花边之间的空隙对称或者均衡地补缀小花；主纹一般为“连生贵子”、“福”字、“三多果”（即石榴、寿桃、佛手）、“连年有余”、“艾虎克毒”等，都是求吉利、避灾邪内容的图案。一种是绣花肚兜，多为红色，兜口处镶黑色布条，绣有装饰图样；兜面绣有主题画面“艾虎”“金鱼游荷”“鸳鸯戏水”“喜鹊登梅”“刘海戏金蟾”等，都是表现吉祥辟邪的或者是爱情幸福的图样。

关于带“克毒”图案的肚兜，泰山一带还有这样的传说：有一个年轻人父母双亡，要饭为生，在路上救了一条小蛇，带回家养大了。蛇的饭量很大，小伙子没有办法，常常自己饿肚子把饭给蛇吃。有一天，蛇开口说话了：“大哥呀，我不连累你了，我要走了，给你一双鞋子，想我的时候，穿上它就会找到我。”后来，小伙子娶不起媳妇，就穿上这双鞋子，翻山越岭，找到了蛇，大蛇便给了小伙子一个沉甸甸的小布包，让他回家娶媳妇用。小伙子回家打开一看，原来是一颗夜明珠。小伙子用它换来了许多银两，盖起了房屋，娶上了媳妇。后来，这颗夜明珠传到了皇帝手里，他下令要小伙子再向大蛇要一颗来凑成一对，否则就杀了小伙子。小伙子没有办法，就又穿上鞋子找到了大蛇。大蛇告诉小伙子，之前的夜明珠就是它的左眼睛，如果再将右眼睛挖出来，它就会死去。但是，为了救自己的恩人，它愿意跟小伙子到朝廷上去。于是，皇帝取出了大蛇的右眼睛，放了小伙子。大蛇死了，小伙子为了让刚出生的孩子也记住大蛇的恩情，将大蛇的形象绣在小孩的肚兜上。有了大蛇的形象在，别的毒虫也不敢来伤害他的小孩子了。

3. 罩衣

也叫“围兜兜”“大兜子”“胸牌”，为长方形，单片，下摆呈一条直线，或者裁成弧形，镶边；上半部分裁成荷花瓣形状，或者长命锁形状，或者荷包形状；颈项处留圆孔，中间缀有带子扎系腰间；也有的做上肩部。在罩衣靠近脐部处，缝缀有绣花月牙形的兜袋，用以盛放少量的物品。

（六）连脚裤与开裆裤

小孩下装中有特色的要数婴幼儿的连脚裤和开裆裤。从做工、款式上讲，它们反映了民间智慧；从审美特点上讲，它们很好地衬托了小儿的憨态和稚嫩。

开裆裤。小儿穿开裆裤即为拉屎撒尿方便。民间以为小儿的屁股最耐冻，不怕冷。为了防小儿随地乱坐受凉，开裆裤后腰处还需垫一个双层布垫，叫“掇帘”或“掇裙”。旧时孩子长到五六岁，现在长到三四岁时，就要合裆，穿合裆裤子。

连脚裤。连脚裤又叫“连身俏”，为连脚棉裤，就是将上衣、下衣和鞋、袜都缝在一起，主要是为了便于穿戴，并且特别暖和。“连身俏”样式上仿照老虎等动物，后面缀有小尾巴，刚学步的孩子穿上，更添一番生气。穿的时候，上衣背后有纽扣扣住，脚脖处用布带子捆住，然后穿上棉鞋。

蓑衣裤。蓑衣裤是用织布时剩下的栓机布头做成的。将剪下的布头上的残线捻成小穗，染成绿色，做出裤子的垂穗，如同蓑衣的样子。这种布头不结实，所以有“一穿一了，白头到老”的说法。

十二红。旧时服色以红色和蓝色、紫色为主。民间有“十二红”的说法，就是小孩生下来以后就要穿红衣服，不论单衣、夹衣还是棉服，要一直穿到十二岁。穿红色是为了辟邪；而穿紫色，是因为民间以为紫色是土地的颜色，是生根成长之色，并且也谐音“子”。

（八）特殊的忌讳与讲究

中国古代礼制不仅对什么人在什么场合穿着什么衣服有着严格规定，而且也对不能穿着的情况有所限制，这就形成了服饰的禁忌，虽说充满着迷信色彩，却也相沿成习。

小儿忌讳出生百日内穿裤子，只能穿小褂子。民间迷信说法，小儿不穿裤子腿脚会更灵便，如果不幸夭亡，也可以迅速转生；如果穿了裤子，就会被绊住腿脚，到了阴间就会一去不返。

浙江温州一带忌讳小儿穿鲜艳的衣服，如果小儿穿了红色的衣服，就要在外面罩上网衣，佩带虎爪图案或特制的腰带，以辟邪恶。

晒晾小孩衣物，忌讳搭在高处，以免引起孩子惊恐。忌讳小孩衣服过夜不收，因为据说夜间多鬼鸟，衣服在外过夜不收会被它们玷污，使孩子患疾病。也有的说夜晚的露水含有毒气、邪气，对孩子不利。

民间习惯，在春节、元宵节等传统节日里，把儿童打扮得花枝招展，领着游玩、走亲戚。所以一到过年，孩子们大都有一件新衣服，故有顺口溜说“小子盼放炮，小妞盼花袄”。

另外，为了祈求儿童身体健康、顺利长大，民间还习惯在一些节日给儿童佩戴饰品。在山东威海荣成，二月二儿童有戴“娘娘”的习俗。妇女们用五色布剪成铜钱大小的圆形，中间用小块高粱秸秆瓤串成一长串，挂在小孩子的胸前和背后，叫“戴娘娘”，俗以为可以驱虫去灾。安徽黄山地区则用彩纸剪成人形，也叫“娘娘”，戴在小孩胸前。

男孩子所戴的"娘娘"脚踩Z字形图案，女孩子的则脚踩V字形图案。到五月五，父母将五色绒线缠在一起，系在将满十二岁孩子的手腕、脚腕和项颈上，俗云"初一戴，十一开，不得病，不招灾"。

第五章 丧葬服饰的避凶就吉

古代重大活动和礼仪以“五礼”为制。“五礼”即吉礼、凶礼、军礼、宾礼、嘉礼，吉礼为祭祀之事，凶礼为丧葬之事，军礼为军旅之事，宾礼为宾客之事，嘉礼为冠婚之事。葬礼属于凶礼，但是，人们为了避凶就吉，使用了许多化凶为吉的方法，形成了一些特有的文化和习俗。这种避凶就吉的风俗、禁忌、解禳和讲究，同样表现在丧葬服饰中。

丧葬服饰包括殓衣和丧服。丧葬服饰的起源可追溯到原始社会。远古时代的人们以为，人死后灵魂不死，应该“事死如生”；人们也幻想在丧期穿戴着反常的服装以壮胆，可以回避、防御鬼魂；同时，也能充分地表达悲痛的心情，并营造一种神秘悲怆的气氛。丧服制度源于西周的粗疏的服丧礼，经过孔子的阐发，特别是制定了“三年丧”的制度后，才形成一套严密的宗法等级系统，纳入了礼制的范畴，被此后两千多年的封建社会奉为经典，并一直影响着今日民间的丧葬之事。

在丧葬的礼仪服饰上，民众沉淀了许多风俗习惯，这些风俗习惯多表现出求吉的心理，用民众的话来说，办丧事也要讲究“吉利”。尽管从 20 世纪 60 年代开始，我国的丧葬制度有了重大的改革，但是，丧葬服饰的物质形态、功能、穿着习惯和求“吉利”的讲究并没有发生大的变化。如殓服要“两头见棉”，以求子孙绵绵，“着毛变畜”为不吉利，禁忌殓服用皮毛衣料；病中的老人生日时穿上殓服“冲喜”为吉祥；“见丧就有孝”，亲友要分发丧服以见吉祥；遇见奔丧为好兆头等。

一、殓服

殓服指死者所用的装殓服饰，以及埋葬或者火化时用的什物的总称。古代称之为“袭”，俗称“寿衣”“老衣”“装老衣裳”。殓衣的分类很多，大致上有单衣、棉衣，内衣、外衣，长衣、短衣等区分，还有手里拿的和身上铺盖的。这些服饰都有很深远的历史，也都有很传统的避凶就吉的讲究。

过去，人们以为人死以后灵魂不灭，还会像活着时一样需要穿衣服，所以要给死者特别是长辈隆重穿戴，忌讳光着身子或者穿破旧衣服。给死者穿衣服叫“入殓”。《礼记·士丧礼》对死者脸上盖的、手中握的、脚上穿的和身上裹的、盖的、系的等衣物以及衣物的尺寸形状、颜色，都做了详细的规定。例如湖北江陵马砖一号墓死者殓服为：脸部覆着一件黄色锦缘的梯形绢巾，双手各握一件卷成长条的绢团，双脚的拇指用黄色的组带系住后再穿上鞋子；死者所穿为三件袍和一件裙，锦袍之上盖着一件黄绢做里的深褐色的锦巾。当然，旧时平民百姓地位低下，经济困难，根本不可能穿这么多套殓服，一旦遇兵荒马乱、灾荒之年，更是饿殍遍野。而富贵之人的殓服则穷奢极欲，在汉代甚至会制作金、银缕玉衣作为殓服。

（一）小殓的吉祥说法

殓服有很多讲究，古代入殓有“大敛”和“小敛”之分。小敛指为死者整容、放含口、洗面洗身、换寿衣，是停尸的主要内容。根据史籍的记载，古代小敛是在人死亡的第二天早晨进行，丧主家所有男女都要把头上的饰物卸下来，把头发盘束在头上，男子要露臂，在号哭声中，主持仪式的人开始为死者穿衣：先在床上铺席，再铺绞带，然后穿衣。给死者穿上十九套新衣，用被子把尸体裹上，然后用绞带捆紧。再把布囊即古代所谓“冒”，分为上下两截，套在尸体上，盖上被子，覆盖好尸体。

小殓主要是为亲友吊唁，所以小殓服饰特别重要，在用料、制作、穿着等各个方面都有严格的规定，吉祥讲究甚多。

一是殓衣有官服、便服的区别。有官爵的可以穿戴蟒袍（俗谓“花衣”）、补褂、官帽翎顶，内服小衣；便服只是长棉袍、马褂、瓜皮小帽等。女性殓服则全用时装，只有年老者可戴“九连环”“圣手折篮”“观音兜”等物。现在，民间称殓衣为“寿衣”，包括单衣、夹衣、棉衣、棉袍或棉大衣、小棉袄、挽边黑色帽子、蓝色或者黑色寿鞋，讲究的人家一件都不能少。贴身穿的，一般是白色衬衣衬裤。殓服讲究必须“两头见棉”，即有一件棉袄和一件棉裤，取以棉（谐音“眠”）为安息之义，也寓意子孙绵绵不绝。只有很穷的人家，才“原身打原地”，就是没有寿衣可换，穿着原有的衣服埋葬。

二是寿衣的做法有讲究。一般是老人六十岁，就开始置办；有的地方会在七十岁以后置办。有女儿的，寿衣的制作或者购买由女儿承担；没有女儿的，由老人自己动手，逐年准备一些。

寿衣整套服装不能有纽扣，纽扣俗称“扣子”，扣子会“把儿扣住”；要全部用系带，表示后继有人，有“带子”的双关含义。山西有的地方不上领子，“领子”的双关意思是把儿子领走；缝寿衣的针线，末端不能挽疙瘩，以免死者在阴间结疙瘩，就是遇到不顺心的事。

殓衣不许用缎，因缎子音同“断子”；可以用绸子，以谐音“稠子”，兆子孙兴旺。不穿皮衣毛衣，民间认为皮毛为野兽衣，“着毛变畜”，如果穿了，死者来世会转生为兽类，而且永远不会转生人类中来了，这是民间迷信的轮回观念；另外一种说法是为了保有“全尸”，怕人尸与兽革混杂一处而不能辨别。寿衣还不能用带“洋”字的布料制作，因为寿衣是给去世的人穿的，“洋”谐音“阳”，对于在阴间的死者不好，也穿不到阴间去。儿女在赶做孝衣时不能掉眼泪，否则滴落到寿衣上，死者穿去会经常思念儿女而心神不安。

寿衣的件数，汉族讲究单数，五、七、九件不等，或“五领三腰”；贫困人家用一衣多领的方式凑够件数。寿衣忌讳双数，以避“祸不单行”。有些地方因“九”与“狗”谐音，忌讳九重寿衣。烟台地区讲究最少五件，上身四件，下身一件，叫“一年四季保平安”。

三是寿衣的式样有讲究。山东临朐地区，寿衣如同传统婚嫁时新郎新娘的服饰。男性棉衣、棉裤、棉鞋、长袍、马褂、瓜皮帽，女性对襟小袄、连襟大袄、百褶裙、红棉衣、红绣鞋、红头巾，连颜色都相同；莒南一般是白衬衣、青布棉袍，男性帽顶缀一个红绒球，女性帽顶绣一朵白莲花。

四是寿衣的穿着有讲究。部分地区寿衣做成后，每逢节令或喜庆日子，还要让老人穿戴起来。民间认为活着时穿什么衣服，死后才能穿什么衣服。

亡人气绝后，山东、山西等地讲究趁其身体未僵硬时，以最快的速度给死者换上寿衣，还有些地方是在绝气之前就提前换好。这是因为死者身体僵硬后，替换衣服会更为困难。俗信以为，绝气之前穿的衣服，才能穿到阴间，俗语叫“得季”；身体僵硬后再穿，就被视为“光着身子走了”，再穿也穿不到阴间了，其子孙会遗憾终生。有的地方，可由孝子一件一件穿在自己身上，然后依次脱下，给死者穿上。替换下的死者的衣服，山西、山东等地讲究随手撂在房顶，待安葬时烧掉或任其日晒雨淋，不再处理，以祛除不祥。

还有一种情况，叫“冲喜”。人在病中，认为没有方法挽救时，要预备殓衣，北方叫“预备装裹”，称为“冲一冲喜”。如侥幸沉疴竟起，得以不死，便是冲喜发生了作用。民间经常传言某某“装裹”几天又“还阳”，活了几年、几十年的“实事”。

在给死者穿好寿衣后，还要将死者的脚腕用麻绳或红绒绳捆住，在胸口压一块生铁、犁铧，理发、洗涤，进行整容。各地讲究在死者的袖筒里放一些银子、铜钱、纸钱，或者面粉与头发揉成的圆球，然后用麻匹把袖口和裤腿口扎住，广州叫“实手利市”，山西叫“打麻绊”，认为这样可以给子孙带来福气。山西有些地方则在死者左手放一串与死者岁数相等的小面饼，名为“咬牙饼子”，再在死者右手放一条鞭子或拂尘，把死者咽气后烧化的锡箔用纸包好，放入死者怀中，最后再给死者揽上一条麻匹拧成的带子。民间迷信的说法，认为人死后魂归地府，纸钱、锡箔是用作盘缠的；去地府要经过恶狗村，有面球、面饼和鞭子就能够抵御恶狗的扑咬。山东、山西一带就把装在死者袖子里的小面饼称为“打狗饼”。

给死者装裹好以后，家人即将其从床榻上移置到一块木板上，叫“上灵床”，这叫作“停丧”或“停尸”。一般为仰面，以便亲人吊唁时瞻仰，也叫“见最后一面”。在山西晋城市沁县一带，还讲究“男正女侧”，即男性死者仰卧，女性死者侧卧。安置之后，要有一块布盖在死者脸上，运城市闻喜县一带用白布，临汾市曲沃等地则用红布。山西雁门关以北、忻州市五寨等地覆盖死者面部用的是一张麻纸，俗称“打善面纸”。山东、河北有很多山西移民，所以，山西的这些风俗在山东各地也能见到。为死者覆面，是因为人们以为家人不忍见死者之面，其实也是由于死者咽气后面容不太好看。总之，是表示对死者的尊重，让死者安息。

旧时，北京大富之家还有请僧、道念倒头经的。亡者停在灵床上，身上盖覆衾单，连脸盖住，穷人家只用一块方布。清朝王公大臣死后奏上遗疏，可由皇帝赏赐“陀罗经被”，即一幅印金字番经的白绫，用此盖在身上。陀罗经被也可自家购买，北京鼓楼东双盛染房后院专印陀罗经被，在各寿衣店均有代售。陀罗经被附有一个窄条的“路引”，也是白绫印成，纳在亡者袖内。现在，北方习俗，则以路引荷包挂于亡者胸前替代。

浙江宁波一带还有在死者灵前为死者烧草鞋的习俗。传说古时候太白山下有一个叫八牛的人，从小就在财主家里打工，一干就是四十年，财主嫌他老了，没力气了，将他赶出门外。为了生存，他学得了一手编织草鞋的好手艺。财主知道了，又想请他回去，他坚决不去，被财主打伤。八牛知道自己活不了多久，就把编织草鞋的手艺传给了乡亲们。由于家贫，八牛死后无陪葬品，乡亲们就把他编织的一双草鞋在他的灵前焚烧了。这个风俗也得以流传下来。

五是殓服还具有鲜明的民族性特征。相传，白族殓服一般穿三或五件，忌偶数，裤子要有一条棉裤和一条罩裤；条件好的，要给死者全身套丝绵，外加丝绸衣裤。穿戴、拜祭完毕，将死者抱到一块木板上，用布条从肩到脚腕扎五道，最后用红布从头到脚裹好，或只用双层布蒙住死者脸。滇西北高原的摩梭人，要将死者所穿的鞋子鞋底穿上孔，男性穿九个孔，女性穿七个孔。他们认为，死者去祖先居住的地方很遥远，在跋山涉水时，如果鞋里进去了泥沙，鞋底板有孔，就能抖落泥沙，免得磨破脚。客家人临终之际便将事先做好的寿衣穿上，叫“着寿衣”，过去有“上六下四”之说，即上身穿六重衣服，下身穿四重裤子。粤北排瑶人采用的是坐肢葬，殓葬时，男的要头戴红包头，穿好衣服，女的要戴红绒绣花的三角帽，穿结婚时穿过的红绒绣花衣裙；然后将其绑在一把椅子上，就是俗谓的“灵轿”，再给死者加上一件公用的镶有银圆牌饰的衣服，戴上一顶插满雉尾羽翎的冠，将死者的面目全部遮掩起来。

（二）大殓的吉祥说法

大殓是指收尸入棺，一般在小敛的第二天。大殓也有很多吉祥说法：要在棺底铺上一层谷草，然后再铺一层黄纸，意思是要死者的灵魂能够高高地升入天堂。其后，再铺上黄绫子绣花的棉褥子，俗叫“铺金”，褥子上锈海上江牙、八仙过海等图案，意思是超度死者的灵魂升天成仙，然后，放好枕头。死者所枕为“莲花宝枕”或“鸡鸣枕”，以求安息。接下来是入棺。入棺时，要解掉死者袖口和裤脚系的麻匹，将过“狗山”“鸡山”等用的馒头、饼子和打狗鞭或放亡人手中，或纳其袖中，或放其身旁。在山西襄汾一带，死者绝气后要用白布束身，入殓后把白布取出，分给儿孙束腰，名为“留后代”。最后是覆盖尸衣。尸衣有的为黄色织锦，有的为红色棉布，必须由已嫁女儿置备，俗称“铺儿盖女”。讲究的人家，三日为小殓，给死者穿常服；五日为大殓，给死者男的换官服、女的换凤冠霞帔，然后男的用红绸子、女的用绿绸子从头到脚连裹三层，最外一层再用白绸子，装裹如花瓶形状。孔府的殓衣就是这样的。

二、丧服

丧服，也叫“孝服”，是丧葬活动中的服装、饰物总称，包括丧服、铭旌，以及现在城市流行的白花、黑纱等。由于时代、民族、宗教的不同，丧服的款式和吉祥文化内涵也有所差异。

（一）丧服的复杂含义

第一，尊重死者，表示孝敬心意和沉痛的哀悼。丧服使用质地粗糙的未经漂染的白麻布，表示死者亲属悲痛到愿意放弃世俗享乐，以清苦的自我折磨的生活来面对死者的灵魂。在丧服制度中，特别强调晚辈要给长辈穿孝，主要是为了表示孝意和哀悼。第二，明亲疏、显贵贱、别等级。五服既反映了生者和死者的关系，也反映了生者之间的关系，人们以此相认同、相凝聚，重在表现死者生前的地位。第三，显示家族的势力，缓和邻里矛盾。丧葬操办规格主要看家族势力，特别是家庭财力和对社会的影响力。民间还讲究“人死如灯灭”，人死了，也就了结了一切恩怨，所以，即使是生前的冤家对头也来吊唁。第四，遵礼成服，打上阶级、等级的烙印。丧服制度是中国古代等级制度的一个缩影，并涉及宗法血缘与政治等级。丧服制度出自周礼，是儒家的礼制，不同阶层的人有不同的服丧标准；每个家族成员都要根据自己与死者的血缘关系，和当时社会所公认的形式来穿孝、戴孝，成了“礼”的范畴。这是中国传统儒家文化的主要标志之一。第五，丧服既然纳入了中国古代亲属关系的等级规范，就形成了一套严密的规范体系。丧服制度具体又可分解为服饰制度、服叙制度与守丧制度。服饰制度是亲属关系等级的外在标志，服叙制度是亲属关系的内在等级序列，守丧制度是亲属关系等级的外在行为规范。

（二）丧服复杂的结构体系

丧服服饰作为丧服制度的外在标志，有着一套结构极为复杂的穿戴系统。就服丧者而言，丧服表示亲属血缘关系的亲疏等级。服饰上依宗法血缘亲疏划分为斩衰、齐衰、大功、小功、缌麻五大等级，叫“五服制”。子为父、妻为夫着斩衰服；子为母、孙为祖父母、为兄弟、为伯叔父母等着齐衰服；为堂兄弟、为出嫁姊妹等着大功服；为再从兄弟、为外祖父母等着小功服；为三从兄弟、为岳父母等着缌麻服。就丧服服饰的外部表现形式而言，丧服包括衣、裳、冠、带、屦、杖等，“五服制”的每一等级的衣、裳、冠、带、屦、杖均不同；每一等级（除缌麻外）的服饰在守丧的过程中均发生变化，逐步由重服向轻服过渡，称为“变除”；而每一次变除，衣、裳、冠、带、屦、杖等均有变更。就丧服本身的传承来看，丧服旧用粗麻，后用土布，今用市布；丧服传统拜师制作，后来成衣铺生产，寿衣店出现，有了销售买卖；旧时严格遵守规范，到了近现代有了很大改变，特别是城市，左胸别一朵小黄花或小白花，左臂围一块黑纱，或发际插一朵白绒花，代替了烦琐的传统丧服。

（三）严格的“五服制”内容

丧服为凶服，要体现悲哀、哀悼的心情，所以用质地粗糙的布料，制作粗拙、不缉衣边、不加修饰，故意让断处外露；民间以为白色象征死亡，要用白色。根据与死者的亲疏血缘关系不同，在服制上有所区别。

斩衰。为男子重孝。古代丧服均以麻布制作，元代以后大功以下丧服改以棉布制作，斩衰、齐衰则仍以麻布，所谓“披麻戴孝”，就是指服斩衰、齐衰重孝。“斩”，一是指裁割，斩截布断之，取痛切之意；二是指不缉边，即丧服不缝边。“衰”，本指垂缀于丧服胸前的一块麻布，引申指上身丧服；下身丧服类似于裙，称为“裳”。斩衰冠也用麻布制成，以麻绳为冠圈，用以固定冠顶和系冠，系冠所余，垂下为缨。丧冠都有武、缨，但唯斩衰冠以麻绳为之，齐衰以下以麻布、澡布为之。现在乡村市井传统丧服中的孝帽，其基本式样还保持了这种体式。斩衰绖、带，包括首绖、腰绖和绞带。首绖是服丧时系于额部的麻带，以苴麻制成。腰绖、绞带是苴麻制作成的绳子，束于腰间。现代民间丧服中的腰绳，仍保留了这种体式。斩衰菅屦，指斩衰丧所着鞋子。菅，即菅草；菅屦，即用已沤成白色的菅草所编的草鞋。斩衰菅屦要外纳，即以菅草编丧鞋时，将菅草的结头和余头向外编结，以显粗疏。现代民间丧服中的孝鞋，也为白色，也用外纳的方式。斩衰苴杖，为一截竹，高与胸口齐，手持时竹根向下，表明孝子内心哀痛，不能自持，需以杖支撑病体。

古代女子丧服上下身连为一体，属于深衣制式，只有"衰"。女子要以麻布束发，除去盖头丝帛，露出发髻，并且除去象笄或玉笄三日。至今，民间丧服中，女子重孝一般仍为深衣体式，俗谓"岔褂子""白大褂子"。

古礼规定，凡诸侯为天子、臣为君、男子及未嫁女为父母、媳对公婆、承重孙对祖父母、妻对夫，都要穿斩衰。现在，则主要用于儿女对父母。

齐衰。齐衰为次重孝服，是用本色粗生麻布制成的。齐衰及其以下的孝衣，凡剪裁处均可以收边。孙子、孙女为其祖父母，重孙子、重孙女为其曾祖父母，玄孙为高祖父母均遵齐衰的礼制。

高寿者殁后，一般都视为喜丧，第四代孙既戴白又挂红。北京一带传统丧服，讲究孙子以下服喜丧。孙子孝帽子上钉红棉球，长孙钉一个，次孙钉两个，余者类推。孙子媳妇带三花包头，插一小红"福"字；未出嫁且未梳头的孙女用长孝带子在头上围一宽衰，结于头后，余头下垂脊背，头上亦插一小红"福"字。孙子、孙女的孝袍肩上钉红布一块，剪成蝙蝠或其他图案。按死者性别，男左女右，俗谓"钉红儿"。重孙孝帽上钉粉红棉球，亦长孙钉一个，次孙钉两个，余者类推。孝袍肩上也按男左女右钉两块红布，俗谓"钉双补丁儿"。玄孙肩上则钉三个钉丁儿。

大功。大功是轻于齐衰的丧服，用熟麻布制作，是为伯叔父母、堂兄弟、未嫁的堂姐妹，已嫁的姑、姐妹，以及已嫁女为母亲、伯叔父、兄弟服丧所用丧服。

小功。小功是轻于大功的丧服，用较细的熟麻布制作，是为从祖父母、堂伯叔父母、未嫁祖姑堂姑、已嫁堂姐妹、兄弟之妻、从堂兄弟、未嫁从堂姐妹和为外祖父母、母舅、母姨等服丧所用丧服。

缌麻。缌麻用稍细的熟布做成，是最轻的孝服。现在大多用漂白的布做成，俗谓“漂孝”，是为曾祖父母、族伯父母、族兄弟姐妹、未嫁族姐妹，和外姓中为表兄弟、岳父母穿孝所用的丧服。

五服之外，古代还有一种更轻的服丧方式，叫“袒免”，用于朋友关系。袒，是袒露左肩；免，指不戴冠，用布带缚髻。朋友之间如果亲自前去奔丧，在灵堂或殡葬时也要披麻；如果在他乡，就用袒免。

丧服服饰一经定型，在人们的世俗生活中随之也产生了某些禁忌：一方面，人们不宜穿过于艳丽的服装去吊唁；另一方面，旧时在吉庆节日不宜穿白色的衣服等。

（四）部分地区服丧风俗

1．旧时北京丧服服饰风俗

满族丧服，男子穿四开气儿①的孝袍，即左右前后都是独立的一幅。直系尊亲重孝，穿大庄粗布孝袍，衣边外吐，俗谓“吐边孝”；不钉纽扣，只钉布条，系粗布孝带；头戴青布小帽，安青线帽顶，足穿青布靴或青布鞋。本族人孝袍用绒花粗布缝制。凡穿绒花粗布孝袍的，可以不系布条而钉纽袢。亲侄为叔服孝也用大庄粗布孝袍，只是子用白领，侄用青布领。外甥为舅父母、姨父母，亲家儿对姻翁母，婿对岳父母，用最轻的孝服，着漂白洋布孝袍；婿还可以外穿石青马褂，腰系凉带，带“活计”，即配头褡裢、表绢、扇套等物。满族还有送

① 北京方言，白布的一幅叫“一气儿”。

孝带习俗。吊唁者凡穿孝袍的，全都散腰不系带，在灵前行过礼后，丧主家就会用铜茶盘送来孝带，说“您给免免罪”，俗谓“递孝”。至亲送绒花粗布孝带，远亲或朋友送漂白洋布孝带。

满族妇女的孝服，孝袍不留开气儿，孝带系在腰中，并根据死者的性别，分男左女右由肩上背过背后。为丈夫穿孝时，要拆头摞双辫，即摘去两把头，用青线另扎一个大把，将大把分为两绺，编成两个小辫不系辫绳，用发绕住白骨扁方将辫摞在脑后，然后用大庄粗布包头带子缠好，结于头后，用针卡住；所余带子即垂在身后，太长的可以拴在腰带上。“接三”以后，妻子不再摞下双辫，只摞左边单辫。如果儿媳为公婆服丧，要“拆头摞单辫”，可以用青头绳系辫梢；翁死摞左辫，姑死摞右辫，在“接三”之日，由娘家人代将摞辫梳上，至“接三”次日，再将辫子摞下，等到出殡下葬之日，再在茔地梳上，此后不再摞下，专等百日脱孝。

服孝时间，为母亲服三年，为父亲服二十七个月。只在百日之内穿孝袍，过百日即换青衣，直到除服。

汉族丧服，男子叫“披麻戴孝”，头戴白孝帽，上缀棉花球，穿大庄粗布孝袍，白鞋。民国后改戴麻冠、披麻带，穿大领孝衣、白鞋，内衣为灰布衬衣。妇女主要是戴麻花包头和搭头布。麻花包头就是用孝布拧成麻花箍在头上。麻花包头分三种：妻子和儿媳戴麻花包头，亲侄媳戴拧双花麻花包头，孙媳或远房侄媳戴拧三花麻花包头，出嫁和未嫁已梳头的女儿戴拧双花或三花包头，远族晚辈和亲戚家妇女只戴单层拧燕窝包头。外甥女和远戚应穿漂白洋布孝服的，只围一窄箍，或戴一白“福”字。未出嫁且未梳头的女儿、孙女，用长孝带围一宽箍，结于头后，下垂脊背。搭头布是垫在麻花包头下面的一方孝布。旧时妇女多梳“苏州撅”“喜鹊尾”“平三套”，服丧时都要先换白纂，或用白布包好，系上白头绳，然后戴搭头布、上包头。

汉族守孝，重孝例定三年。百日脱大孝后，仍穿本年白孝，即灰衣、白鞋、白帽结；第二年穿灰素服，第三年穿青素服。

2. 近代中原地区丧服服饰风俗

一是服孝分重孝、轻孝。死者之妻、子、媳、女为重孝；死者之同辈亲堂弟兄、姐妹、姑、姨、舅、表及其子女们，孙、侄孙及其以下均属轻孝。重孝男子身穿白布长衫，外披麻布与衫齐，再用麻皮系腰，足穿白袜及草鞋，头顶白色孝帽，帽子中间横箍一道箍子[①]，一边挽一个疙瘩，手拄哭丧棒（俗称“哀杖”）；重孝女子则身穿白袍，披麻布，穿白布鞋，头顶白布，即用一块宽约尺许、长约一丈的白布，叠成双折，将一头缝合，呈三角形头罩状，顶在头上，把额头遮住，有的则不用缝叠，直接将布搭在头上，省去了头罩，叫“褡头”，脚腕裹白布绑腿。轻孝则男女皆穿白袍，白包头。有的家境贫寒，只有搭头和孝帽子，不用白袍。轻服的孝帽子简单，没有横箍和下垂布条。死者的重孙辈，男性会在白包头上加一块红布，女性则头扎青色或蓝色的头绳，绑青色或蓝色的绑腿。

二是丧服服饰的缝制讲究。民间讲究“灵前灵后一片白”，孝子贤孙从头“白”到脚，其他吊唁者也是“见丧就有孝”，主家都要给吊唁者散孝，特别是大家人家，要做十几个种类、几十甚至几百件孝服。而孝服又不能提前做好，只有在人死后才能动手，并且必须在第三天“送盘缠”前做完。民间丧服都以白色为主，粗针大线，毛边朝外，一般由村子里专门从事这项工作的老太太组织热心的妇女缝制。缝制孝服必须在事主家里进行。分配好做活摊儿，量布的、撕布的、缝制的，每项工作井井有条。做完以后，就要撤摊儿，一旦撤摊儿，有遗忘或路远迟到的应该穿孝的吊唁者，只好不穿孝。这是因为“孝服掀了摊儿，再安犯重丧”。

儿子所戴孝帽是用白布缝制的圆筒帽，高约一尺，上口均匀地折

---

① 山西、河北有的地方箍前有三根长寸许的棉线系着三个小棉球，使棉球垂于额前，山东有的地方将箍子布条下延至肩，按死者性别，男左女右。

拢许多小褶，缝好后再翻过来，下口向上纶边两寸，毛边，俗谓“抽顶孝帽子”；女性用的盖头布，为长方形对折，四角两组重合，折缝成轴，从对轴任意一端开始，沿长边缝一尺，即成尖顶盖头布。其他男性孝帽为道观式样。白大褂缝制最麻烦，所以一般家境的人家，只给至亲缝制，如闺女、孙女等，其他人只有孝帽或搭头，没有孝服，只要穿身黑、灰、青衣服或者白褂子即可，民间称这种情况为“哭个姑，二尺五；哭奶奶，三尺咧”。

在山西揭西县农村，过去有丧事主家请缝衣师傅做孝服，孝子们有拜师傅的习俗。凡有人去世，主家要请缝衣师傅来家缝制孝服。孝子们来到缝制现场，用托盘端着三杯茶，敬拜缝衣师博。缝衣师傅拿着剪刀和尺子，端起一杯茶，说“头杯敬天”，把茶朝天泼掉，茶杯放回原处；接着端起第二杯，说“二杯敬地”，把茶泼向地；再端起第三杯茶，说“三杯敬亡人”，不泼茶，把茶杯原封不动地放回原处。然后，双手去扶起孝子，边扶边说：“一时之丧，万年吉庆。”

三是服孝讲究。在回灵之前，孝子、孝妇所穿孝衣是麻衣；回灵之后，全家脱下麻衣，孝子改在右臂挂麻布手圈或乌布手圈，或穿上带镶边的白色孝布褂子、白布鞋子；孝妇改在头上插白花，扎白绳，称为“带孝”“戴孝”“服孝”。河南一带服丧期间，鞋上要罩白布，而且鞋上的白布只允许自行破掉，忌讳用手扯掉，否则就会被认为是“扒死人的皮”；一般初丧时鞋上罩白布，“满五七”就已经烂掉，这时，儿女、媳妇要换上自己做的或买的白布面鞋，一年一双。一般为父亲服孝穿一双孝鞋即可，为母亲服孝要穿两双、三双才行。[1]在山东曲阜一带，父母一人去世，儿女用白布裱鞋稍、留口，二老皆亡则裱鞋全白，旁系亲属只用白布裱鞋头。临沂地区有在袖口、襟口裱白布条的，也有在帽檐上裱白布条的。惠民地区还有剪白纸蝴蝶戴在胸前襟

① 参见任骋：《民间禁忌》，作家出版社，1991，第405页。

上表示穿孝的。《小寡妇上坟》中描写了女子为丈夫守孝的服饰："三月佳节雨纷纷，玉白小姐来上坟，打扮穿孝的人。白绫褂子白绫裙，三尺白绫遮乌云，手拿白汗巾，打扮好像穿孝的人。煞白的白腿扎白带，煞白的白鞋素素跟……"

戴孝期间，男女均穿素色衣服，不能穿红戴绿，不宜嫁娶，逢有喜庆也不能办，要等到卸孝之后才补办。

四是卸孝讲究。卸孝就是服孝结束时卸下身上一切带孝的标志。农村重孝三年为期，过了三周年叫"满孝"；城市居民一般以上过百日坟为期，此后穿着正常。

第六章　节日服饰的吉祥象征

我国有许多传统节日，也有许多新兴节会，节日服饰是人们过节时的重要装扮之一。过节时，人们通过穿戴形形色色的节日服饰，来表达精神寄托和愿望。

一、节日与服饰概述

我国最大的传统节日——春节，男女老少要理发梳妆，换上新衣，拜祖宗贺新年，这既是对长辈的尊敬，也是对新年新生活的一种企盼；正月十五元宵节，人们更要华服靓妆，联袂出游，表达国泰民安的喜悦心情；五月初五端午节，北方出嫁的女儿要穿上红衣，头戴石榴花回娘家看望父母；中秋节时，人们盛装出游，亲友互相往还，也很热闹。少数民族更重视穿着节日盛装。回族的开斋节要换上自己最喜欢的新衣，壮族的“三月三”歌节男男女女都要打扮得非常漂亮一起赛歌。

长期的文化积淀形成了我国节日服饰的主要类型和风格，即华服盛装。华服盛装洋溢着强烈的民族感情，将民族节日打扮得喜庆吉祥、浓郁幸福、婀娜多姿，也使生活变得更加迷人、浪漫、难忘和深沉。它体现了人们对吉祥的追求，传递的友善，主题主要有祈祷健康长寿、生活富裕、喜事重重、一顺百顺、万象更新、瑞雪兆丰年、四季平安等。在色彩风格上，民间服饰用龙、凤、麒麟等吉祥图案和“福”“禄”“寿”“财”等吉祥语言作装饰，用蓝印花布、蜡染花布、云锦等，用酒红、大红、橙红、粉红、枣红、紫红等衣色，打造一个“红色中华”。不但如此，节日服饰还表现了实用、美观、礼仪、禁忌、风尚、习惯等民族文化综合因素：春天戴春，清明簪柳，端午戴艾，重阳插菊，以此与季节的变化相呼应；立春戴春鸡克瘟，端午戴艾虎驱邪，七夕乞巧，十月一送寒衣慰祖先，又有明确的功利目的。

二、春季节日吉祥服饰

（一）过大年，穿新衣

正月初一为一年之首，故在这一天要穿新衣服，叫“初一新，一年新”。过年穿新衣、花衣，也烘托春节火红热闹的气氛。“过新年，穿新衣”，小时候的童谣以及儿时过春节的热闹，对每个人来说，印象都极为深刻。女孩子新年里最高兴的事，就是穿上一身漂漂亮亮的新衣裳。女子的新衣，在北方旧时多为妈妈缝制，红底金花、黑丝绒盘扣，过年穿上它走亲戚，一进门，这件闪亮亮的新花衣便给满屋带来喜气，故民间说：“女儿盼过年穿花衣，男孩盼过年吃好东西”。但是，小孩子的新衣，忌讳正月里穿坏，民间认为穿坏新衣晦气，因此，孩子们要收起平时的野性，变得特别文雅、小心。当然，大人也要穿新衣。民间歌谣说：“糖瓜祭灶，新年来到，丫头要花儿，小子要炮，老头要顶破毡帽，老婆子要副破裹脚。”

（二）戴春

旧时春季习俗，在春天簪戴相应的物什，以应节气，以期防病健身。这种习俗叫“剪彩戴春”，起源于晋朝，那时，人们染绢为芙蓉，捻蜡为菱藕，或剪梅花，戴在头上。至唐，皇宫迎春日有赐花习俗，宋朝时则赐春幡。民国时期所戴之物更加丰富。有的地方戴春蛾。据民国《翼城县志》记载：“士女剪彩为燕，名‘春鸡’；贴羽为蝶，名‘闹蛾’；缠绒为杖，名‘春杆’。各簪头上，以斗胜焉。”闹蛾也叫“闹嚷嚷”。清窦光鼐、朱筠《日下旧闻考》引余氏《辨林》曰：“今京师凡孟春之月，儿女多剪彩为花，或草虫之类插首，曰‘闹嚷嚷’，即古所谓闹装也。”又引《瑮谭》云：“燕地上元节用乌金纸剪成飞蛾，以猪鬃尖分披，片纸贴之，或五或七，下缚一处，以针作柄，妇女戴之，名曰‘闹蛾儿’。”有的地方戴春娃。据民国《灵石县志》载，立春之时，以绢做小孩人偶，俗名“春娃”，让小孩佩带；又制作小袋，内藏豆谷，挂春牛角，以期消痘疹之灾。有的地方戴树枝圈。浙江一带每逢立春，人们出郊外探春，折松柏枝条编成圆圈，戴在小孩头上，谓可以保证四季清健。现在在农村比较常见的是，春节期间，买一些红头绳、绢花、漂亮发卡、发带等，作为小姑娘的头饰，将其打扮得花枝招展，喜气洋洋。

（三）戴人胜

正月初七为“人日”,有“戴人胜”风俗。南朝梁宗懔《荆楚岁时记》曰：“剪彩为人，或镂金箔为人，以贴屏风，亦戴之头鬓。”

（四）戴布鸡

也叫“戴红鸡”“戴公鸡”“戴春鸡”等。指用花布条或彩色碎布缝制成菱角状，内裹棉花，一角当鸡尾，鸡尾缀以布条，一角当鸡头，鸡头缀花椒仁作鸡眼，叫作“春公鸡”“春咕咕”，大约一寸长，立春这天戴在小孩的胳膊上，一直带很多天。山东有些地方要在元宵节或正月十六赶庙会时扔掉。鸡谐音“吉”，俗以为戴布鸡可保孩子一年无病，身体健康，吉祥如意。有的地方还将它戴在小男孩花花绿绿的虎头帽子上，更加威风。此俗一直流传到20世纪70年代。在民间还存在这种风俗的变式，即“鸡啄豆”。春天是痘疹流行期，人们做一布公鸡，喙下啄一串辣椒种或一串豆粒，几岁叼几粒，钉在小儿袖子上，男左女右，以期防痘疹。民间还以为，春天到来，气候转暖，各种毒虫出现，危及儿童安全；鸡是蜈蚣、蝎子、蟾蜍、蛇、蜥蜴“五毒”的克星，春鸡会成为儿童的护身符，寄托着保佑儿童不受毒物伤害的良好愿望。

（五）不动针线与动针线

民间称春节为“闲日子”，按照迷信说法，不能劳作，劳作叫“穷忙”，会越忙越穷，越穷越忙，并且特别讲究不能动针线活：正日不能动剪刀，一年之首忌破，有家破人亡之虞；正月初五忌动剪刀，否则一年不安宁；正月初七忌动针线，以为“人日做针线，专扎婆婆眼”；正月十七，妇女不动针线，不纺织，恐招蚰蜒、生疮伤；二月二不能动针线，否则会扎坏龙眼，影响一年的收成；立春后的第五个戊日为社日，也忌编织、缝纫，否则令人耳聋不聪。

有些地方，正月的某些日子又必须动针线，俗以为闲懒了，针线技艺就生疏了。山西《平遥县志》载，正月十七这天妇女要做针线，名曰“刺蚰蜒”。其实是提醒人们，一过正月十六，年节就结束了，妇女们也该劳作了。

其他忌讳还有：河南正月初一、正月十五不洗衣服，否则，红白之事会遇到刮风下雨天气；黑龙江正月里忌讳姑娘打袼褙，以为会死舅舅，母亲不许絮棉花，否则就要“续姑娘”[①]。

（六）二月二剃龙头

农历二月初二是民间所说“龙抬头”的日子。俗话说“龙不抬头，天不下雨”，龙是祥瑞之物，又是和风化雨的主宰。农历二月二，人们祈望龙抬头兴云作雨、滋润万物。民俗专家表示，这一天，中国民间最大的习俗就是“剃龙头”。民间以为此日剃头会使人红运当头、福星高照，大人精神旺盛、身体健康，小孩则能够“鲤鱼跳龙门”，学业有成、前程似锦。因此，民谚说“二月二剃龙头，一年都有精神头”。

（七）清明戴柳

在清明节，妇女、儿童要在鬓髻、头上簪柳、戴柳球或柳圈儿，俗称“记年”，意思是要珍惜韶光，以祈青春永驻。民国广东《怀集县志》记载：“清明，插柳门楣，扫封茔，少长咸集，饮于墓所，头每簪花，谓之‘记年’。”清乾隆湖北《东湖县志》曰：“又戴杨柳于首，并插柳枝于户，谓之‘记年华’。”俗还以为柳叶味苦，可以辟

---

① 已出嫁的女儿死了，女婿又要娶一个媳妇，她要认丈夫前一任妻子的母亲为母亲，她自己便是“续姑娘”。

毒。清明节插柳、戴柳、打秋千，至今在部分地区仍能见到。

“清明不戴柳，死后变黄狗”，也有说“变小狗”“变猪狗”的。《熙朝乐事》载当时谚语云：“清明不戴柳，红颜成皓首。”都是号召青少年踊跃戴柳的。据史志记载，戴柳、插柳风俗从唐至清、自宫中至民间皆然。《酌中志略》说，京师一带称清明为“秋千节”，戴柳枝于发，安秋千，民众男女簪柳扫墓，或插柳看花。有的则戴柏叶杨柳，以为可以“目清勿盲”。山东有的地方，人们将柳枝与松柏枝一起戴，寓意兴旺葱茏；有的用柳条编成帽圈，戴在头上，说一年不生癞；将柳条帽圈套在狗的脖子上，说不生狗蝇。

戴柳、插柳风俗有多种内涵。从源头上看，应与寒食、禁烟、换新火有关。民间为了强化冥节祭祖的习俗，又有了“变狗”之类的说法：不戴柳就是忘了祭祖，就是不孝。从踏青的习俗看，将青柳翠柏插于家、戴在头上，就等于踏了青。《春明岁时琐记》则说，民间谓柳苞为“柳苟”，又有“清明不戴柳，死在黄巢手”之说，从而推测：“盖黄巢造反时，以清明日为期，带柳为号，故有是谚也”。而民间所谓驱邪辟毒、清心明目、防病治病之说，则是以上内涵的延伸和俗化。

踏青图

穿得花红柳绿，郊游踏青，是清明时妇女、孩子们最高兴的事。

清明节前后两日为“鬼日”，山西一带父母给孩子佩挂五色线带，叫“戴红花紫子”，实际不止五色，一般有蓝、白、红、紫、黄、绿，用以象征蓝天、白地、红阳婆、紫阴影、黄芽芽、绿草草，大多用布缝成棋子大小圆片，用线依次穿成一串，挂在小孩右胸前。鬼日过后，将其取下，弃于十字路口，表示将灾送走；如果拣回别人丢弃的五色线带，则被认为是将灾祸带回家。[①]

（八）三月服饰风俗

山西地区把农历三月初一叫作桃花节，未婚女子都要在衣襟上系戴桃。桃子用桃红色布料缝成，以各色丝线为缀穗，里面装有大蒜香草。因桃谐音"逃"，以此象征逃离灾难，平安吉祥，起到护身符的作用。

江、浙一带俗谓三月三为荠菜生日，乡间妇女有采荠菜尝新、簪其花于发的习俗，以为可以辟蚁虫，又可明目、医头痛，也以之祈富贵。《中华全国风俗志》记江苏此俗云："乡间妇女均摘荠菜花插于鬓边，以为纪念。谚云'三月三，荠菜花赛牡丹。女人不插无钱用，女人一插米满仓'。"记浙江湖州此俗云："凡妇女小孩，头簪荠菜花，俗云可避一年头痛之病。"清顾禄《清嘉录》曰："村童叫卖不绝，或妇女簪髻上，以祈清目，俗号亮眼花。"

民间还传说，唐代薛平贵投军征西，其妻王宝钏独守寒窑十八春。夫妻团圆之时，正值三月三，王宝钏正在田里挖荠菜，头戴荠菜花。以后村妇相沿成俗。

在海南，黎族女性们有三月三着筒裙比美的习俗。这天，女人们穿上精心绣织的彩筒裙，斗艳比美，对歌约会，谁的筒裙最标致，谁就成了节日的明星；谁的筒裙丑陋，谁就成为众人嘲谑的对象。

（九）赛衣节

彝族节日，又叫"服装节""赛装节"。在云南省大姚县三台一带，每年农历三月二十八日举行赛衣节。传说很久以前，三台有一位美丽

---

① 叶大兵、乌丙安：《中国风俗辞典》，上海辞书出版社，1990，第229页。

聪明、能歌善舞、勤劳勇敢的牧羊姑娘米波龙，被霸占三台土地开金矿的黑罗看中了，黑罗企图抢她做小老婆。米波龙将计就计，在农历三月二十八日这一天，穿上艳丽的服装，抱着黑罗跳进了黑水潭。她舍身除霸，死后变成了美丽的小鸟。为了纪念她，这一带的彝族妇女便在她的殉难之日穿上盛装，聚在一起载歌载舞，后来慢慢演变成赛花衣新裙。赛装场上，满眼都是妇女们花花绿绿的绣花服饰。她们在帽子、衣服、围腰、挎包、鞋子上绣满了各种图案，叫人眼花缭乱，目不暇接。节日期间，当地彝族姑娘们身带数套花衣，齐聚在三台区跳歌场，围成圆圈，在小伙子的月琴、唢呐伴奏下挽手起舞。跳一会，退出跳舞场，再换套新装，又来跳，以此比试姑娘的灵巧、富足和美丽，这往往也成为小伙子们寻找心灵手巧的意中人的好机会。

二、夏季节日吉祥服饰

（一）端午节辟五毒服饰

旧时民间以为农历五月是毒月，蛇、蜈蚣、蝎子、蜥蜴、癞蛤蟆（蟾蜍）五毒[①]和一些瘟疫肆虐害人，因而此月多灾多难，要想办法辟五毒。增加饰物就是其中一个办法。妇女们喜欢用丝绸之类缝制成小小的粽子、鸡心、葫芦、樱桃、桑葚，以及小猴、小虎形状的手工艺品，或用丝线缠成小小的粽子，端午节时和香包一块儿，挂一两件在自己和孩子们胸前，认为这样做可以防病。戴到端午正午时，要把它扔掉，称为“扔灾”。

1. 戴饰物

这些饰物有人偶、荷包、符、扇、袋、囊、丹、艾虎等，有的地

① 对于“五毒”的说法各地不一，本书不强求一致。

方叫“符儿”，起辟邪作用。这些饰物内，多装有芳香的艾草、蒲草，以及驱邪毒的菖蒲、雄黄、朱砂等物，起到护身符的作用。

艾虎。民间以虎为镇祟辟恶之物，是保护神，故端午用艾编剪成虎形，或剪彩为虎，粘以艾叶，佩带于发际身畔。这种风俗已有上千年的历史。宋陈元靓《岁时广记》中就有这样的记载，清富察敦崇《燕京岁时记》中也说，每至端午，闺阁中之巧者，用绫罗制成小虎及粽子，用彩线穿着，悬在钗头，或系在小儿背上，意在借虎辟灾。

健人，也叫“豆娘”。江、浙一带用金银丝或铜丝金箔做成小人骑虎形状，有的另加钟、铃、缨或粽子、蒜等，插于妇人发髻，也用于馈赠。《唐宋遗记》曰：“江淮南北，五日钗豆彩胜之制，备极奇巧。凡以缯绡剪制艾叶，或攒绣人物、禽鸟、虫鱼、百兽之形，八宝群花之类，绉纱蜘蛛、绮縠凤麟、茧虎绒蛇、排草蜥蜴，又有螳螂蝉蝎，又葫芦瓜果，色色逼真。加以幡幢宝盖、绣球繁缨、钟铃百状，或贯为串，名曰‘豆娘’。”

雄黄荷包。也叫“雄黄袋”。吴曼云《江乡节物词》小序曰：“杭俗，妇女制绣袋绝小，贮雄黄，系之衣上，可辟邪秽。”《清嘉录》又补充说，也可另盛细辛、白芷、干松、于香等中草药物，气息芳香浓郁，醒神辟毒。

午时袋。也叫“端午香包”，荷包内装艾、菖蒲、雄黄等，用锦缎缝制，多给妇女、儿童佩带。此俗至今保留，山东枣庄一带还讲究男子系在腰带上，女子系在衣扣上。

鸡心袋。用红布制成，形似鸡心，内装茶叶、米、雄黄等，挂于小孩胸前，以驱邪纳福；又鸡心谐音“记性”，俗以为端午挂之，小孩读书记性好，将来必定有出息。

此外，还有蒲人（以菖蒲棒镂刻成小人，佩带于身）、五毒符（在纸上绘五毒形象，或将五毒形象绣于衣、肚兜，插戴或穿戴在小孩身上，以辟五毒）、五毒扇（在小纸扇上画五毒以辟之）、裹绒铜钱（用

五毒图案的服饰

彩绒裹铜钱为五色符，系襟带间以辟邪）、独头蒜囊（独头蒜特别辣，民间以之为狠毒，端午给小儿挂之，以辟疫、毒；如果找不到独头蒜，也可用一瓣蒜裹以红布为囊挂之）、辟瘟丹（以苍术、白芷、大黄、芸香之类制之，男女佩带，以辟疫祛毒）等。

佩带之物不但避邪驱瘟，而且点缀襟头、腰间，富有情趣。香囊内有朱砂、雄黄、香药，外包以丝布，清香四溢，再以五色丝线弦扣成索，做各种不同形状，结成一串，形形色色，玲珑夺目。于是，民间又有抢香包的风俗。陕西一带，端午节前，少女们用色布彩线精心制作各种香包，有粽子、老虎、金鹿、蝴蝶、燕子、孔雀、金瓜、寿桃、梅花等形状，内装香料，下坠缨穗，五光十色。民间有许多爱情故事，就是从抢香包开始的。

2．穿饰衣

端午饰衣以五毒背心、五毒鞋最为出名。俗以为从五月开始，百毒滋生，要给小儿穿五毒背心、五毒鞋。天津一带的五毒背心以黄布为底，上绣五毒；陕西一带用红、蓝、黄、白、绿五色布拼凑成衣，同样绣五毒。

3．画面

民间还以画面的形式辟毒，一般用雄黄在小儿面部画一个“王”字，

“王”字为虎的象征。

4. 佩长命缕

北京地区叫“丢命索”，即在小女孩胳膊上系彩线。还要给小女孩头戴用花线编的老虎、蝙蝠、桑葚、樱桃等，叫“福儿”，鬓边插石榴花。过了端午，就要将这些东西全部扔掉，叫“扔灾”。

长命缕

（二）六月六

农历六月初六是民间专设的晒衣服节日，有“六月六，家家晒红绿”的说法，“红绿”指的就是五颜六色的各样衣服，也有的地方说成“六月六，家家晒龙袍”。扬州一带，传说乾隆皇帝在扬州巡游的路上恰遭大雨，淋湿了外衣，又不好借百姓的衣服替换，只好等待雨过天晴，将湿衣晒干再穿，这一天正好是六月六，因而有“晒龙袍”之说。江南地区经过了梅雨天，藏在箱底的衣物容易上霉，取出来晒一晒，可免霉烂。在北方，则说皇帝要晒龙袍，以免捂坏。民间则晒衣被，也叫“晒龙袍”。据说这天晒的衣服易存放，不返潮，不招虫儿，不发霉。如果这一天下雨，民间认为湿了龙袍要发生旱涝灾害：“六月六，湿龙袍，旱涝四十天。”以后的四十天，正是秋季作物生长的关键四十天，最怕发生灾害。

旧时此日民间晒衣被，官府晒官衣，士人晒书籍，僧人晒经书。旧上海全城裁缝于是日到城隍庙举行晒袍会，除洗涤神器、晒衣饰外，还举行庙会，演大戏。江浙一带妇女于该日浣发，认为可让头发不腻不垢。

由晒衣物，还引出夸富风俗。据《晋书·阮咸传》载，阮咸对门住着一个富户，晒衣服时挂出来的都是锦绣绫罗，灿烂耀眼，以此夸耀富贵；阮咸却用一根长竹竿挑起一件又脏又破的亵衣来晒，当人们问他时，他嘲笑说："未能免俗，也晒晒衣服。"

三、秋季节日吉祥服饰

（一）立秋日后拆洗衣服

北方以立秋日为开始做棉衣的日子。立秋日三天后，促织开始叫。促织为寒虫，它的叫声，民间模仿为"拆拆洗洗"，一闻寒虫叫，妇女们便开始拆洗、缝补衣裳，做棉衣、棉裤和棉被，以御冬寒。

（二）七月七乞巧节

在民间传统节日里，人们专门设了一个七月七作为女子节日，以乞巧作为主要内容，祈求自己心灵手巧，能裁剪缝制出漂亮合身的衣服，嫁一个好丈夫，得到家人、乡亲的称赞。

乞巧就是女子们用瓜果祭牛女二星，向织女求巧工，希望能像她那样巧于女红，织出云朵般的锦绣，有一流的刺绣、缝纫技术。

穿针乞巧。这是最早的乞巧方式，始于汉，流行于后世。《西京杂记》说："汉彩女常以七月七日穿七孔针于开襟楼，人俱习之。"南朝梁宗懔《荆楚岁时记》说："七月七日，是夕人家妇女结彩缕，穿七孔针，或以金、银、鍮石为针。"《舆地志》说："齐武帝起层城观，七月七日，宫人多登之穿针。世谓之穿针楼。"五代王仁裕《开元天宝遗事》说："七夕，宫中以锦结成楼殿，高百尺，上可以胜数十人，陈以瓜果、酒炙，设坐具，以祀牛、女二星，妃嫔各以九孔针、五色线向月穿之，过者为得巧之侯。动清商之曲，宴乐达旦。土民之家皆效之。"元陶宗仪《元氏掖庭记》说："九引堂台，七夕乞巧之所。至夕，宫女登台，以五彩丝穿九尾针，先完者为得巧，迟完者谓之输巧，各出资以赠得巧者焉。"

喜蛛应巧。这也是较早的一种乞巧方式，其俗稍晚于穿针乞巧，大致起源于南北朝之时。南朝梁宗懔《荆楚岁时记》说："是夕，陈几筵、酒、脯、瓜果于庭中以乞巧。有喜子网于瓜上，则以为符应。”五代王仁裕《开元天宝遗事》说：“各捉蜘蛛闭于小合中，至晓开视蛛网稀密，以为得巧之候。密者言巧多，稀者言巧少。民间亦效之。”宋孟元老《东京梦华录》说，七月七日“以小蜘蛛安合子内。次日看之，若网圆正，谓之得巧”。宋周密《乾淳岁时记》说：“以小蜘蛛贮合内，以候结网之疏密为得巧之多少。”明田汝成《熙朝乐事》说，七夕“以小盒盛蜘蛛，次早观其结网疏密以为得巧多寡”。由此可见，历代验巧之法不同，南北朝视网之有无，唐视网之稀密，宋视网之圆正，后世多遵唐俗。

投针验巧。这是七夕穿针乞巧风俗的变体，源于穿针，又不同于穿针，是明清两代盛行的七夕节俗。明刘侗、于奕正《帝京景物略》说：“七月七日之午，丢巧针。妇女曝盎水日中，顷之，水膜生面，绣针投之则浮，看水底针影。有成云物、花头、鸟兽影者，有成鞋及剪刀、水茄影者，谓乞得巧；其影粗如槌，细如丝，直如轴蜡，此拙征矣。”《直隶志书》也说，良乡县（今北京西南）“七月七日，妇女乞巧，投针于水，借日影以验工拙，至夜仍乞巧于织女”。清于敏中《日下旧闻考》引《宛署杂记》说：“燕都女子七月七日以碗水暴日下，各自投小针浮之水面，徐视水底日影。或散如花，动如云，细如线，粗如锥，因以卜女之巧。”

在全国各地，旧时乞巧习俗丰富多彩。山东济南、惠民、高青等地的乞巧活动比较简单，为陈列瓜果乞巧，第二天早晨见有喜蛛结网于瓜果之上，就算乞到巧了；威海妇女则供牛女图，捉蜘蛛覆于碗下，天明见网，多以获巧。此外，还有一些较复杂的乞巧活动。有的地方盛行穿针乞巧，是用芝麻芽或用线穿过缝衣针或特制的七孔针。单县七夕之夜，梳洗打扮的少女们呼朋引伴，相聚在庭院中，摆上香案，陈列供果和各种化妆品，一起祭拜七姐姐，边拜边唱：“天皇皇，地皇皇，俺请七姐下天堂。不图你的什，不图你的线，光学你那七十二样好手段。”然后每人从老奶奶手中接过一根针，七根线，借着微光，穿针引线。谁穿上线，就算谁乞到了巧，穿得快者为最巧，以后可以嫁个好丈夫，过一份好日子。有的漂针乞巧，即准备一碗水，在太阳底下晒一中午，然后将针或者谷物的细芽放进碗里，让它漂浮于水面，看水底的针影，水纹波动，成各种花纹者为得巧，如针影粗直、细微，则是拙的征兆。此俗兴于招远、黄县一带。有的要拉巧，即举行巧的比赛。旧时长岛的拉巧，其实就是斗巧风俗的演变。节前，姑娘们聚在一起，精心装饰巧棚，装扮上狮子、斗鸡、凤凰、鲤鱼跳龙门、戏出子、转灯、饽饽、金钟等饰品。节日期间，姑娘们晚饭后坐在布置一新的巧棚里，明灯亮烛，唱喜歌拉巧，观众络绎不绝。有的还到外村表演，一般延续四天左右。

乞巧还有许多其他的活动。胶东地区在乞巧之前要请七姐姐。姑娘们白天到田里去偷拿一些青秫秸，一路上不许回头，不许说话，回家后扎一佛龛，或在土台上搭一小棚，把牛女图供在里边，入夜后，姑娘们再手持秫秸围井台转一圈，请七姐姐归佛龛，然后坐在牛女图前，对拍巴掌向织女乞巧，边拍边唱："一拍巴掌一月一，姐姐教我纳鞋底；二拍巴掌二月二，姐姐教我绣花裙……"一直唱到十二月。女孩子们还要"吃巧巧饭"。鄄城、曹县、平原等地有吃"巧巧饭"的风俗。七夕这天，七个要好的姑娘凑面凑菜包饺子，把一枚铜钱、一个顶针、一个红枣分别放在三个水饺里，乞巧以后，她们一起吃水饺过节，吃到钱的有福，吃到顶针的手巧，吃到枣的早婚。沂水一带则是用凑起的米煮粥，在粥里放钱币、枣，以乞巧。

无棣、长岛等地生"巧芽"，在七月初一将谷物浸泡在水中，令其发芽，叫"巧芽"，七夕这天煎芽做汤。荣成儿童特别重视吃"巧芽"。长岛还有《乞巧歌》："初一初二巧芽生，初三初四上天空。拍登巧，更能巧，两把小剪对起来铰。铰对鸳鸯铰对鹅，铰那个小孩花朵朵。铰那个燕，慢打扇，铰那个雀，满山落。铰那个金鱼和银鱼，铰那个鲤鱼跳龙门。高秫秸，矮秫秸，秫秸底下一汪水，俺请姐姐洗洗腿。姐姐那腿是好腿，从小吊着那金棒槌。姐姐那头，是好头，从小搽的那桂花油。姐姐那脸，是好脸，从小搽的官粉赛白茧。姐姐那牙，是好牙，从小长的那糯米花。姐姐那耳，是好耳，从小戴的那金坠子。越包越窝越小脚，接，接哪里？沟里，那不捎个花兜兜哩。接，接哪里？道里，那不捎个花帽帽哩。接，接哪里？井里，那不捎个花顶顶哩。接，接哪里？苞米地里，那不捎个苞米穗哩。”

（三）烧花衣节

台湾有“烧花衣”节，意为给逝去的祖先送上新衣服，好让祖先穿起新衣服去看戏。俗谓农历七月初九日、初十日，祖先要参加“公婆睇会”，十六日睇会归来。烧花衣那天，宰鸡鸭祭祀，烧红、黄、蓝、紫五色纸和银宣纸，给祖先送去衣物和钱财。

（四）重阳插茱萸、簪菊

1. 插茱萸

茱萸也叫“越椒”，有吴茱萸、山茱萸之分，其果实似椒子，秋后成熟，可入药。《本草纲目》说它气味辛辣芳香，性温热，可以治寒驱毒。重阳节插茱萸的风俗，在晋代葛洪《西京杂记》中就有记载，在唐代已经很普遍。古人认为在重阳节这一天插茱萸可以避难消灾。茱萸大多是妇女、儿童佩戴，但从唐诗的描写中看，有些地方，男子也佩戴。带时佩戴于臂，或作香袋把茱萸放在里面，还有插在头上的。现在此俗已经消失。

2. 簪菊

重阳节插菊花也有悠久的历史。菊花应时而又有明目清心功效，故此俗大兴。宋代还有将彩缯剪成茱萸、菊花来相赠佩戴的习俗；到清代，北京重阳节的习俗是把菊花枝叶贴在门窗上，解除凶秽，以招吉祥，这是头上簪菊的变俗。现在此俗已经消失。

四、冬季节日吉祥服饰

（一）十月一烧衣包

农历十月初一，北方农村称之为“关柴门”的日子，此时农活全部结束，地里收入多少已成定局。从这天开始，有能力者关上门出去做工、做小买卖；大多数人家则男子上山打柴，女子在家捻毛线。捻毛线需要用“拨锤子”，拨锤子长十厘米、直径三厘米左右铁丝，两头粗、中间细，当中有孔，穿一根铁丝，下边盘住，上边留十厘米长的一段，从上端将其弯成向下的钩状。捻毛线时，将棉团或麻团、毛团捻上一个线头拴在钩上左手握团吊起来，右手拨动“拨锤子”使之快速旋转，给线头上劲，并马上抽出右手，从左手的团中往外捻出新的线段。线段到了一定的长度，便盘在拨锤子上，如此反复，一天能打捻一二拨锤子线。捻好的线，用来织毛衣、毛袜子等。

十月以后气候渐渐寒冷。人们担忧在冥间的祖先缺衣少穿，因此，就在十月初一到十月十五期间举行祭祀仪式，称农历十月十五为“下元节”。在祭祀时除了食物、香烛、纸钱等一般供物外，还要焚化纸扎的冥衣给祖先，叫作“送寒衣”。因此，十月初一又称为“烧衣节”。有的地方不烧寒衣，而是烧包袱，就是把许多冥纸封在一个纸袋之中，写上收者和送者的名字以及相应称呼，然后烧掉。故又叫“烧包”。人们认为冥间和阳间一样，有钱就可以买到许多东西，包括衣服。

民间还有给在外的亲人送寒衣的习俗。电影《马路天使》插曲《四季歌》唱道：“冬季到来雪茫茫，寒衣做好送情郎，血肉筑得长城长，侬愿做当年的小孟姜。”讲的就是孟姜女给修长城的丈夫范喜良送寒衣及哭倒长城的故事。

（二）孝天

民间以腊月为“孝天”。冬天对老年人来说是一个严峻的考验，气管炎、感冒等病多发，甚至危及生命。每当公婆病重的时候，儿媳就在院中摆下香台对苍天许愿：如果老天让公婆病好，自己宁愿冬穿单、夏穿棉。老人病好以后，儿媳真的实践自己的诺言，腊月只穿单衣，伏天穿着棉衣。人问“冷不冷”，答曰“不冷”；人问“热不热”，答曰“不热”。于是，人们以为，这是孝心感动了苍天，使其冬不冷、夏不热。腊穿单、伏穿棉，也就成了“孝装”。

第七章 服饰制作、洗晒的风俗

服饰是我国民俗文化吉祥追求的主要载体之一，所以在制作、洗晒诸多方面都有许多吉祥讲究。同时，在纺织、印染、刺绣等过程中，也要使用大量的吉祥图案。

一、服饰的制作

（一）传统机织布

机织布,也叫“本地布”“土布”“小布”“丈五弦子”“棱布”“家织布”等。家织土布需要的纺织工具有轧花机、弹棉弓、捻线纺轮、脚踏或手摇纺车、绕线架、撷染架、踞织机等。经过轧棉花（就是用压车将棉籽与棉絮剥离分开）、弹棉花（用木弓将棉絮弹松软）、纺线（用纺车将棉絮纺成线）、织布几个工序，才能织成棉布。一般产棉区，棉布大多由农家纺织，既省钱又耐用，穿着又舒服又暖和。在山东，棉布大多数是窄面，幅约一尺三寸，20 世纪 20 年代后，出现少数宽面土布，幅宽约二尺六寸。鄄城一带从前织布以两丈一为“一钩子”，正好做一身衣服或一床被面。有一种染线织成的花布，常作青年妇女和儿童服装衣料，称为“土花布”，其花纹有枣花、大笆砖、小笆砖、斗纹、水纹、狗牙、条花、镶边等数十种。

家织很慢，妇女要勤劳，所以过去浙江南部就叫机织布为“鸡鸣布”。据传说，一个织女经常白日浣纱到日落，然后一夜劳作，鸡鸣天亮便织成一匹布，她的勤劳和能干为其他织女所羡慕钦佩，故名之为“鸡鸣布”。

基诺族用腰机手工纺织，织成的土布因其织布方式命名为“砍刀布”。织布时，妇女席地而坐，经线的一头拴在自己的腰上，另一头拴在对面的两根木棒上，纬线绕在竹木梭上。操作时用双手持梭来回穿行，每穿行一次用砍刀式的木板将纬线推紧，如此周而复始，一块漂亮的“砍刀布”便织成了。

组织锦吉祥图案

手工织布是农家女的必修课。除了能织出“老白布”以外，还可以用彩色线织成紫花布、花方格条纹斜纹布等，供年轻妇女和孩子们用作衣料。衣料之外，被褥面、被单、包袱、手巾，都可靠手工织布。

侗锦是侗族所特有的手工织物。传统的侗锦有“素锦”和“彩锦”之分，用黑白棉线织成的称为“素锦”，用黑白线和彩线交织织成的称为“彩锦”。侗锦要经过轧棉、纺纱、染纱、绞纱、绞经、排经、织锦等多道工序手工操作而成。锦上吉祥图案常见的有人字形、十字形、口字形、之字形、米字形、万字形等，图案多由几何纹样构成，常用棱形、四方形、圆形、三角形等，使用的是绣、挑、雕补等手工技艺。

侗锦图案

侗族妇女土布衣服

壮族的土布叫壮锦。壮锦历史悠久，源远流长。据《后汉书·南蛮传》记载，早在汉代，壮族先民已织出了“斑布”。唐代，壮族的蕉布、竹子布、吉贝布、斑布、丝布等已成为朝廷贡品。宋代称壮族织锦为“緂”，北宋元丰年间在四川设蜀锦院，织锦四种之中就有广西锦（即壮锦）为进贡的锦帛之一，可见壮锦之名贵。宋周去非《岭外代答》记载：“邕州左右江峒蛮，有织白緂，白质方纹，广幅大缕，似中都之线罗，而佳丽厚重，诚南方之上服也。”据南宋范成大的《桂海虞衡志》记载，壮锦当时出产于广西左右江，称为“羰布”，其质“如中国线罗，上有遍地小方胜纹”。明代，织有龙凤图案的壮锦是著名的贡品。清代，壮锦以棉纱杂五色丝绒编织，“手艺颇工”，“与刻丝无异”。当地地方志书记载：“壮人爱采，凡衣裙巾被之属，莫不取五色绒线杂以织布，为花鸟状。”“嫁奁，土锦被面决不可少，以本乡人人能织故也。土锦以柳绒为之，配成五色，厚而耐久，价值五两，未笄之女即学织”。

壮锦一般以白棉麻线为经，五彩丝绒为纬交织而成。织时纬线起花，织物正反面均成纹样。壮锦图案有自然形和几何形。自然形图案有鸟、兽、虫、鱼、龙、凤、花草和山川等，几何纹有菱形纹、回纹、万字纹、水波纹等，形象简朴而和谐。壮锦的常用纹样凤鸟纹，形象矫健，刻画简略。此外，十字纹锦、回纹菊花锦也很有特色。现如今，普通壮族妇女仍以壮锦作头帕，或作为衣袖口、裤脚边的装饰，并用

壮族织锦图案

在褶裙、围腰、绣鞋以及被面、包等日用品上。

壮锦包含着多种吉祥含义：一是心灵手巧。传说宋代有一名叫达尼妹的壮族姑娘，看到蜘蛛网上的露珠在阳光照耀下闪烁着异彩，从中得到启示，便用五光十色的丝线为纬，原色细纱为经，精心纺织成锦。从此就产生了瑰丽的壮锦。二是美好的愿想。三是对远祖的崇拜。壮族民众对青、黑色的喜爱源于先民对青蛙、青蛇、青鸠的图腾有关。壮族为古百越的骆越、西瓯的后裔，"瓯"为壮语的蛙音。青蛙是壮族先民的图腾，广西花山壁画上的蛙人形象，被认为是蛙崇拜遗迹之一。每逢正月初八，壮族人要过"蛙婆节"，举行盛大的祭蛙仪式。古越人以蛇为图腾也反映在壮族服饰上，《说文》称"东南越，蛇种也"。明代就成为贡品的"蟒蛇花"图案壮锦，就是一种以蓝黑色为主调的织锦。四是对一方土地与生活的热爱。壮锦图案有数十种之多，大都选取生活中的可见之物和象征吉祥幸福的花纹。常见的有方格纹、水波纹、云纹、回字纹、编织纹、同心圆纹以及各种花草和动物图案，如蝶恋花、凤穿牡丹、双龙戏珠、狮子滚球、鲤鱼跳龙门等。凤的图案在壮锦中占重要比重，"十件壮锦九件凤，活似凤从锦中出"。壮族人民喜爱凤凰，视之为吉祥的象征。

（二）蚕茧养殖与丝绵的生产

丝织工艺很早就在我国流传，殷周已有了华美的暗花绸，精工的刺绣，飘逸的罗纱，柔软的织锦。春秋战国时期，养蚕业的兴盛，使丝织物成为普遍的衣料。湖北江陵马山墓的出土文物，包括绢、锦、罗纱、绮等织物，证明了这一时期我国的丝织业得到快速发展。当时，刺绣与织锦齐名，世人合称其为"锦绣"，并称中国为"锦绣中华"。

丝织来源于养蚕。《诗经·豳风·七月》就写到妇女采桑养蚕、制作布帛衣裳的事。此后，出现了细致洁白的平纹薄绸齐纨、鲜艳夺目的提花彩缎蜀锦、秦国的绮、鲁国的缟等。但是，轻薄柔软的丝绸织品向来都是为富贵人家所用，一般民众视之为奢侈品，极少穿用，间或用在为新生孩童祝福，为年逾花甲者祝寿，或是描龙绣凤的婚服上，也少量用于鞋帽、披肩、肚兜等饰物上。

过去，养蚕是农家的一项主要副业，妇女们都有养蚕的喜好和技术。蚕专吃桑叶，蜕皮四次，一次十天左右，蜕皮不动叫“眠”，眠后吐丝叫“老”，然后成蛹，蛹后变蛾产卵。“四月里来麦梢黄，家家户户养蚕忙”“过了立夏节，采桑不停歇”，都是描绘养蚕妇女的辛劳。收了蚕茧，不能靠自己的力量织成绸缎，只能卖给茧商，一般都流聚到了江南苏杭等有大型丝绸纺织厂的地方；中华人民共和国成立后，蚕茧大都卖给丝绸公司蚕茧站，在那里缫丝，进行初步加工。现在，各地桑蚕生产成为我国农业的支柱产业之一，丝织品各具特色，誉满全球。

丝绸的生产过程中形成了不少民俗。一是蚕神信仰。蚕神马头娘的故事将蚕、马、人糅合在一起，扑朔迷离，恢宏怪异，在民间广泛流传。据《蜀图经》载：高辛氏时，有蚕女不知姓氏，父为人所掠，唯所乘马在。其母誓于众曰：“有得父还者，以此女嫁之。”马闻，跃而去。数日，父乘马归，母以誓众之言告之，父曰：“誓于人不誓于马。安有人而偶非类乎？”马跑，父怒杀之，曝皮于庭。蹶然而起，卷女飞去。旬日，皮复栖于桑上，女化为蚕，食桑叶，吐丝成茧，以衣被于人间。一日，蚕女乘云驾此马，侍卫数十人，谓父母曰：“太上授我以九宫仙嫔矣。”至今，蜀之风俗，宫观皆塑女像，披马皮，谓之“马头娘”，以祈蚕焉。

二是轧蚕花风俗。在桐乡、吴兴（今湖州市郊一带），清明节有女子插蚕花的习俗，这是轧蚕花系列节目中的一项。此地有一座山，叫含山，传说有一年清明节，蚕花娘娘扮作村姑，踏遍此山，留下了蚕花的喜气，谁能够脚踏含山，就能够把喜气带回。因此，这一带的蚕农每年清明节都要到含山走一走，久而久之，形成了轧蚕花的习俗。据说轧蚕花的人越多，轧得越热闹，蚕花就越兴旺；凡是到含山轧过蚕花的女子，将来蚕茧一定丰收。在这三天时间里，蚕乡女子每人都要买一朵纸制的蚕花插在头上，据传说，这是西施留下的风俗。西施当年离越去吴路过蚕乡，遇到正在采桑的十二位姑娘，为了表达对故国的眷恋深情，吩咐侍女将花篮中的十二朵艳丽的绢花送给了姑娘们，并祝福道："十二位姑娘十二朵花，十二分蚕花到农家。"而后这一年姑娘养的蚕果然大丰收。从此，蚕乡就传下了插蚕花的风俗。

我国的丝绸产品久负盛名，最有名的要数蜀锦、云锦、宋锦、壮锦等，还有柞蚕绸，也叫"山茧丝"，俗称为"宁海绸""府绸""大茧丝绸""疙瘩绸"。

土家族的西兰卡普（又称"打花铺盖""土花铺盖"）也以其独特的工艺和美妙的构图被列入中国名锦之列。

（三）印染的吉祥讲究

蓝色花布是中国传统的民间手工印染工艺品。它纹样生动活泼，图案吉祥美观，寄寓着美好的理想追求，散发着浓厚的乡土气息。20世纪50年代以后，它曾因工艺原始、繁杂、效益低下而逐渐消失，但随着对传统工艺保护意识的加强和人们对自然的崇尚、对朴素淡雅美的追求，蓝色花布又成为现代都市人所追求的高档时尚衣料。其清新明丽、古朴深厚的风格，也受到国外人士的广泛喜爱。蓝色花布有扎染花布、蜡染花布和蓝印花布几种。

在化学合成染料普及之前，民间多用蓼蓝和槐根提取靛蓝，加工青蓝色布和蓝印花布。靛蓝是蓝印花布所使用的一种特殊的染色材料。采集蓝草制作靛蓝在我国的古籍中早有记载。蓝草，泛指含蓝汁可制靛蓝染料的植物，有蓼蓝、菘蓝、木蓝、马蓝等。据光绪《通州志》记载："种蓝成畦，五月刈曰头蓝，七月再刈曰二蓝，甓一池水，汲水浸之入石灰，搅千下，戽去水，即成靛。用于染布，曰'小缸青'。出如皋者尤擅名。"

旧时，民间染坊遍及全国各地，故谚云："天下无二行，除了药店是染坊。"旧时的衣料布，绝大部分是青色、蓝色和蓝印花布。染色时用的是土靛。其步骤是：先抽靛脚子，就是用抽水葫芦抽出沉在染缸底的"靛脚子"；再下靛，就是置土靛于箩中，在缸水中淘洗，使细靛漏下，再把碱和石灰加入水中；然后疏缸，就是用缸棍子搅动缸水，用缸碗看颜色深浅；最后是染布，就是在缸中间悬挂一个用铁丝编成的网状“缸罩子”，把缸水分成上、下两层，把布浸在上层，染二十分钟后取出，叠起来放在缸口上的“担缸板”上，轻轻压出水分，摊开晾干，布就由黄变绿、由绿变蓝了。染坊工匠将白布下染缸浸染，第一次染出的颜色为淡蓝色，浅蓝色，俗称“月白色”；晾干后再浸染一次，蓝色就深一层，愈染愈深，由月白依次渐深的颜色为二蓝（俗称“天蓝”）、深蓝（俗称“毛蓝”“老蓝”）、鸦青（俗称“缸青”），最深的蓝色近于黑色，称为“青”。一般老年人穿深色，年轻人穿浅色。

蓝色花布印染技术主要有扎染、蓝印、蜡染、浆染、彩印几种。扎染，古称“绞缬”，是我国历史上三大缬染工艺之一。染布时先用针和线，在布帛中间作成旋涡状，然后把线拉紧，用线绑紧布帛结，也可将布帛折叠成长形、方形，用木条或者金属条块复压在上面，用夹子固定。然后，将其放入清水中浸透，以便使扎结部位产生排染作用，最后才放入染液中染色，到固定后再拆去缝扎的线结，便可以出现深浅不同的黑、白、灰多种层次晕染效果的花纹。蓝印花布又称“药斑布”“青花布”，工艺程序比较复杂。制作时先把镂空花版铺在白布上，用抹子把由豆面、石灰等拌成的防染浆剂刮入花纹空隙，漏印于布面，等到干后浸染靛蓝，然后刮去染浆粉，就显现出蓝白花纹了。蜡染，古称“蜡缬”，因用蜂蜡做防染剂而得名。染布时先用蜡绘花于布，染后去掉蜡，则显现出原布色花纹。其图案色彩多以蓝白为主，疏密相间，清新明快。豆浆印染是水族“水家布”印染技艺，相传已有七百年的历史。印染时，先将硬纸板镂成各种花鸟及几何图案，然后将模板平铺于白布之上，再刷上特制的黄豆浆，待豆浆干透后即浸入靛缸中浸染，最后洗净、晒干，刮去豆浆，即呈现出蓝底或青底白花图案。彩印花布就是用各种色彩染织的花布，多用于制作包袱、门帘、帐檐、枕顶、桌围、褥面、被面等，间或用作衣料。

表达吉祥寓意的，主要是这些花布的图案。

山东蓝印花布的花纹，据统计有七类 140 余种：植物类有梅花、牡丹、荷花、菊花、枣花、海棠、水仙、兰花、绣球花、桃花、茉莉骨朵、山茶花、玫瑰花、甜瓜花、韭菜花、桂花、葵花、红蓼、菱花、石榴花、石竹花、卷草、灵芝、水藻、葡萄、石榴、桃子、佛手、莲藕、杏子、樱桃、柿蒂、香橼、海棠果、天竹子、瓜、葫芦、茄子、辣椒、白菜、荷叶、藤蔓、芡菇叶、竹子、松树、蒺藜；动物类有喜鹊、凤、孔雀、鸽、绶带鸟、鹤、鹭鸶、黄莺、白头翁、公鸡、雀、燕、鸳鸯、麒麟、狮子、鹿、猴、蝙蝠、艾虎、猫、鲤鱼、龙、幼鱼、金鱼、蝴蝶、蛾子、蜂、蜻蜓、蝈蝈、蜘蛛、蜈蚣、壁虎、蟾蜍、蛇、蝎；器物有果篮、花瓶、琴、棋、书、画、绣球、古钱、宝珠、金锭、拍板、扇子、花篮、渔鼓、笛、剑、戟、荷包、飘带、流苏、长命锁、花灯、秋虫笼子、花砖、皮球花；几何纹有鱼子、珠子、三瓣花、猫蹄花（又称“七点梅”）、大猫蹄花、画眉眼、鱼眼、弧线、环纹、鱼鳞、太阳、月牙、冰裂纹、波纹、云头、绳纹、旋花（风转）、三角纹、鸡心、盘长（八

部分蓝印花布图案

吉）、直线、锯齿纹、龟背纹（蜂窝）、方块、五角纹、回纹（挽不断）、方格、斜九点、八角（茴香）、十字；吉祥文字有福、寿、喜、双喜、长命富贵；人物有儿童；建筑物有龙门。其中通用花布一般用连续花纹，有散花、缠枝花、格子花、满地花等形式。散花俗名“碎花布”，按排列方式不同有直趟、对花、骰子五点、斜趟、错格、踩斜垅、赶网扣、骰子四点、插空、乱排等花样；缠枝花又名“串枝花”“穿枝花”，就是把散花用枝蔓连接起来；格子花，又称“锁链”“金砖”“花砖”，就是在几何格子中填充散花；满地花，又名“花包花”“铺地花”“遍地锦”“锦地”，就是在浮纹下面铺满地纹。

（四）女红的含义

旧时，民间把制作、缝补衣服等针线活，叫作“女红”。从更宽泛的角度讲，女红包括了我国传统的服装材料和服饰工艺、服饰制作等各方面的内容。

过去，女红是衡量一个女子才华德行的重要标志。首先，未出阁女儿做女红是正事、大事。作为富家女，既做女红，又享受绣制品，衣、衫、裙、帽、鞋，枕、衾、帐、帏、屏，均用绣工制作，各种用金线、彩线绣的奇花异草、珍禽灵兽图案，活灵活现，技艺绝妙；而一般家庭的妇女，不但要会纺会织，还要会做衣服、鞋袜，扎花描鱼儿，管好自己家里人的穿戴。

其次，人们以女红水平的高低评价女性。民间有谚曰“不看吃的看穿的”“妻子巧不巧，但看丈夫身上衣；妻子好不好，但看儿女身上袄”，说的就是一个女人应该承担全家老小的针线活。自己的穿着，更要靠自己的女红。《孔雀东南飞》有“妾有绣腰襦，葳蕤自生光”，南朝宋沈约诗句中有“领上蒲桃绣，腰中合欢绮”，唐李白诗句中也有“翡翠黄金缕，绣成歌舞衣”等，都说的是这些女子女红出类拔萃。

再次，女红水平高低直接影响自己的婚嫁和婚后的感情生活质量。民间有许多笑话，嘲笑女红拙劣的女人，比如说媳妇将丈夫缝进了棉被而被休掉；在过去，真的有妻子因为不会缝制衣服而被休掉的。因此，在婚嫁场合，女人总是极力展示自己的女红。

此外，女子还可利用自己精湛的女红技艺绣制荷包、鞋子、腰带送给情人，所以，女红往往会注入女子丰富而细腻的感情，有“等闲妨了绣功夫，笑问鸳鸯两字怎生书”的情调。

（五）刺绣的意蕴

刺绣是我国传统的工艺品。根据《周礼·冬官考工记第六》“画缋（绘）之事，杂五色……五采备谓之绣”的记载，可知画绣皆用色，绣须画后刺之，所以叫“刺绣”。汉以前刺绣的主要是衣裳，如皇帝服装以五色绣之，以显示其极尊贵。至清，刺绣工艺发展到顶峰，帘、垫、衣饰无不用绣。据统计，《红楼梦》一书写到的绣品就有绣衣、绣袍、绣裤、绣鞋、绣褥、绣帐、绣靠背、绣毯、绣椅搭、绣帘、绣幔、绣墩、绣旌、绣茵、绣靴、绣绦、绣带、绣床裙、绣裙、绣帕、绣香囊、绣巾、绣幕、绣凤銮、绣枕、绣荷包、绣桌围、绣盘、绣幄等四十多种，都具有吉祥的含义。现在，尽管民间服装已经少见刺绣，但是作为一种新兴的旅游、外贸文化产业，中国的刺绣工艺几乎遍布全国，刺绣作为一种艺术品，工艺精细复杂，名绣辉煌灿烂，深受中外客人喜欢。

刺绣日常服饰，过去叫“绣花”，是女红的最高境界。小绣用绣花绷子——一大一小里外紧扣的两个竹圈，把布撑紧，绷住，大绣则要用绣床。针是极小极细的七号针，线是五颜六色的丝线。过去在苏州一带，专门有一种称作“绣娘”的职业，从事富裕人家女儿的刺绣教习。过去女子不仅要刺绣自己的衣裳、嫁妆，还要制作很多荷包、汗巾等绣品，以便出嫁时送给男方的亲友。因此，绣花也就成为衡量女子心灵手巧的一个重要标准，说谁的女红做得好，就说“做工真好，就像绣的花一样”。

对吉祥、富丽的追求，成就了我国著名的四大名绣。明清时期，商业发达地区，生活侈靡，刺绣大盛，名家辈出，自成流派。其中以蜀绣、湘绣、苏绣、粤绣最为出名，号称“四大名绣”。蜀绣，是成都一带的刺绣，旧时民间广为盛行，成都周围郊县的农村女子多以刺绣为副业，城乡妇女闲时也多自绣鞋帽、枕套、头巾甚至帐帏、被面等，街市多有销售。现在的绣品中，既有巨幅条屏，也有普通日用消费品，都是作为商品生产的。湘绣，即湖南手工刺绣。它以中国画为基础，运用七十多种针法和上百种颜色的绣线，精细入微地刻画物象的特点，绣品有条屏、画片、被面、枕套、床罩、靠垫、桌布、手帕及各种绣衣。苏绣，发源于苏州。苏州为水乡，江南女子性情柔和，心灵手巧，擅长慢针细活。据民国史料记载，苏州绣娘有十多万人，真是“家家有刺绣，户户有绣娘”。苏绣图案秀丽、色彩典雅、针法丰富、绣工精细，以真丝被面最为出名，所绣图案，以“凤穿牡丹”为代表。粤绣，是广东地区的刺绣，它色线对比强烈，红绿相间，炫耀夺目，颇显喜庆欢乐气氛。除了“四大名绣”之外，还有“顾绣”。上海露香园顾氏之绣，由明代传至清，着意宋元名画题材入绣，点染成文，无不精妙，世称“顾绣”。“顾绣”是典型的闺阁画绣，几成民间刺绣代表。清末连成都、苏杭的锈铺都打着“顾绣”招牌经营，可见其人气之盛。

民间刺绣大都出自女子之手，以姑娘绣作为最多。过去大家闺秀住的房间，叫“闺房”“绣房”“绣楼”，就是女子描鸾绣凤做女红活的地方，除了卖花样子的老妪，一般人不得随便进入。传统的刺绣技艺往往通过家传、互相之间的交流而得以延续。好一点的家庭，从闺女六七岁留头扎脚（即梳辫子、裹脚）开始，一直到出嫁，其间十多年时间，就在闺房中由母亲或请的女先生教学女红。绣花在她们的成长过程中，成了一项重要的艺术活动。在农村，就无所谓“绣房”了。很多情况下，姑娘们是跟姐妹、婶子、嫂子学习绣花的。

在刺绣针法上，民间刺绣主要用斜针、平针、散针绣、打子绣、套扣绣和盘金绣等多种针法。刺绣扎花讲究“像”，即“花是花，叶是叶”，线色对，边沿整齐，有情趣。基本窍门叫作“扎花不用学，里外大针脚”。这些刺绣装饰，多用在妇女、儿童的衣物上。而显示女子心灵手巧的，主要是新娘的嫁衣和儿童的鞋帽，这是一个女子事关终身的两件大事，所以，这一方面的女红成了妇女们表达感情的重要形式，她们尽量在式样、颜色配搭、做工等方面精益求精、独出心裁。

过去结婚时，除了嫁衣等大件之外，女方还要绣枕头套、鞋垫、门帘送给男方，同时还要准备一些荷包、针扎送给男方的亲戚朋友。其中，绣花鞋讲究红缎子小鞋藕芽尖，鞋帮上扎满花，镶边沿口，鞋尖上打缨缀穗，后跟上加溜根儿，需要花费很多时间。结婚时缝制的长方形合枕，两头绣以“鱼采莲”或“石榴赛牡丹”，也很费工夫。

民间风俗，哥、姐的小孩满月时，做姑姑、姨姨的要给娃娃送虎头鞋、虎头帽、虎头枕、肚兜、布老虎，为孩子消灾灭难，保佑孩子健康成长。这些物品件件都要缝绣精湛，图案造型别致。而自己小孩穿的猫头、虎头鞋帽和大风帽、小凉帽、莲花盔等，件件都要绣花、褙花，用线锦镶、辫子滚，还要打缨、缠穗，要把孩子打扮成“花娃娃”。

女子日常服饰和用品中，也可见不少绣品。妇女特别是青年女子，往往喜爱在衣服的胸口、领口、袖腕之处，精工绣制各种花鸟图案来装扮自己。腕袖或上衣袖口多绣二方连续图案；领口多绣如意云，上衣胸口多绣鱼戏莲、牡丹花，花鞋多绣“蝶恋花”“蟾宫折桂”。有的女子还会在衣服破损之处巧妙地补贴花色图案，既实用，又好看。

女子还将绣品用作定情物，表达爱情的含义。一是绣花鞋子、鞋垫。鞋子是女子给男子的定情物。有的女子在送给心上人鞋子的鞋底上，用细绳纳上钩云图案，愿出门的亲人走得快，快去早回。鞋垫也常常作为未婚女子赠送未婚夫的礼物，她们在上面绣有“福海无边”“事事如意”“莲花童子”等图案花纹以及“月儿圆”“正月十五”等组字图案，寄托感情，祈求福祉，表达对心上人的关怀。即使是现在，一些农村姑娘在对象当兵走时，仍然送上几双鞋垫，有的上面绣有“保家卫国”或“思”“爱”“想”等字样，倾注爱意，寄托情思。二是绣花荷包。荷包就是可随身携带的袋囊，有钱荷包、烟荷包、香荷包、针线荷包、杂物荷包等，形状有圆有方，还有鸡心、葫芦、香草等式样。因为荷包随身佩带，所以会绣制得非常精美。常见的图案有“鱼戏莲”“凤穿牡丹”“麒麟送子”“喜鹊登梅”“榴生百子”等。

部分绣制吉祥图案

旧时，有女子赠送男子荷包作传情之物的风俗。由于封建社会的婚姻制度压迫，许多青年女子是瞒着父母绣荷包送给心上人作为定情信物的。思念情人时，女子绣荷包捎寄给他；留情于某一男子时，也可以缝制荷包赠予示爱。元杂剧、明清小说中的服饰描写，时常提及荷包。《霓裳续谱》载《绣荷包》一曲，详细歌唱了绣制过程。民间有故事说，有人受朋友之托，照顾其妻子，友日久未回，其人虑友妻年少，不可使温饱安闲，乃故出怨言，日向其索要绣荷包，估价给值，使不冻馁，也不至盈余，所得荷囊，尽储一箱，待其夫回时呈现。外人不知内情，只见一少妇日绣荷囊，时赠其友，故编造歌谣以辱之。绣制荷包一般要先照着样子裁好，金线锁口，绣上鸳鸯、凤凰等图案，图案上物象要成双成对。荷包图案多绣鸳鸯或并蒂莲，喻有情人终不分离；针针线线，极尽工巧，最见女子蕙心深情。这又赋予了荷包深刻的社会内涵，使绣荷包成了在封建礼教压抑下，民间女子表达爱情的一种方式。山西著名的民间小调《绣荷包》，从情人捎信写起，到买针线，选绸料，剪花样，再到刺绣，叙述了绣荷包的整个过程。而山东民歌《绣荷包》则主要写绣制的图案，引用许多典故，天上人间、情事合一，显得富丽恢宏，又直截了当：

姐儿房中绣荷包，手拿钢针轻轻描，显显为奴手段高。

一绣星辰共日月，下绣白鹅水上漂，黄莺站树梢。

二绣八仙来过海，王母娘娘赴蟠桃，金鸡把翅摇。

三绣蓝桥大水淹，下绣洞宾戏牡丹，白鹅两翅扇。

四绣西施星星女，下绣河南马文清，蝴蝶戏蜜蜂。

五绣九红把山下，遇着红娘来调情，嘟啦（即蝉）叫百声。

六绣门前一棵松，下绣郭孩王二英，他二人大交兵。

七绣牛郎共织女，一个东来一个西，撇在两岸里。

八绣八月秋风凉，下绣孟姜送寒衣，哭倒长城里。

九绣荷包绣得高，绣得蒙山一棵蒿，绣得跳蚤共蚊子，苍蝇水上漂；男姓张来女姓苗，叫声郎哥别掉了，掉了为奴不绣了。

十绣凤凰百鸟朝，俺把荷包绣好了，给俺郎带上；青丝带来蓝丝条，俺给郎带上；我郎大街去玩耍，大街走来小街摇，可别把奴忘了。

过去妇女们一般在端午刺绣各种荷包，装上香草或中药，称为“香荷包”，互相馈赠，以驱邪避毒。新婚女子必须在回门返回婆家时，带回一些精心制作的荷包，分送给婆家人。

刺绣佩饰除了可随身佩挂的荷包以外，还有香囊、扇袋、帕袋、眼镜盒、钱袋等一系列刺绣小品。香囊，也叫“香包”。民间习惯五月端午绣制“五毒”香包，相互馈赠，挂在衣襟或帐钩上，以避除“五毒”。平时的香包还有虎、鸡、如意、寿桃、蝙蝠形状的，以取福、禄、寿、喜等吉祥含义。西安多用彩缎、色布缝制香包，有老虎、蚂蚱、兔子、金鱼、蝴蝶、葫芦、金瓜、寿桃等形状，生动活泼，招人喜爱，有谚曰：“西安香包样子巧，老虎瞪眼蚂蚱跳”。扇袋，是男子身上的重要佩饰，与荷包、香囊、眼镜盒等一起悬挂腰间，刺绣有“高山流水”“岁寒三友”“流水落花”“梅兰竹菊”等多种图案。帕袋，原为装手帕的袋囊，后改为单纯的佩饰，挂在大襟纽襻上。

民间婚丧嫁娶也用绣品。迎娶新人用的轿、车上装饰的轿帘、车衣等，都用花绣。葬礼灵堂、殿宇中用的供桌裙帏、神龛帷幔等，也都饰有龙凤仙鹤、福禄寿禧、明暗八仙等精工绣物。棺椁外面的棺罩和亡人的寿衣、寿鞋上，绣工也很讲究。

（六）做花的吉祥意义

除了刺绣以外，民间还有很多做花手段，如盘花、挑花、贴花、补花、锁花等。

挑花。是用斜“十”字针脚组成花纹，故又称“十字绣”，有单纱、双纱和三纱之分。单纱的留底较多，双纱、三纱挑花的结实厚重。具体针法有翻针和顺针之分，翻针即进针与退针交叉使用，顺针即只朝一方向进针。贴花是将色布剪成二方连续或对称二方连续纹样，贴在服装固定部位，再沿边压丝编或用布条缝牢，有的还缀贴银片、银箔、泡花为饰。穿花也称“手绣”，一般是顺经历纬而成花纹，效果略似提花织机上的包纬起花，工整而有规律，常施于飘带、腰带等类小件衣饰之上，有时也与挑花及其他工艺并用，增加花样的表现力。锁花也叫“锁边绣”，与现代锁边机效果相同。花纹有两种，一为顺经线用针，由短而长，再由长而短，绣成若干等腰三角形的锯齿纹，俗称“牙花”，二为以斜针绣成的复线连续成“人”字纹，状如折带。锁花很少单独使用，常常与镶嵌花边等手段并用，饰于袖口、裤脚，尤其是头帕前沿。盘花也叫“辫绣”，它根据花样的需要先选好色布，截成细条，缝成灯芯状的辫料，然后在饰位上盘出花样。盘花有较强的立体感，装饰趣味浓厚，多用于小孩服饰。滚花用稍宽的布条，和明显区别于底色的颜色（即深底用浅色，浅底用深色），缀于领口、襟上、袖筒等饰位，牵滚成连续的回纹、波纹、菱纹、弦纹及三叶纹。纹样简洁大方，装饰感强。补花是将布面剪成纹样轮廓，下贴铺色布再压滚纹样边，视觉效果明显。

人们一般按耐磨和美观两个标准去决定装饰部位，主要在衣领、袖臂、项背、下摆、裤筒、裤脚，以及鞋子、帽子、头帕、挂包、围腰等上面加花装饰，其图案一般分为三类：一为具象的，如动物、植物、山水、天象等；二为寓意的，有吉庆、祥福、爱慕、繁育的含义；三为抽象的，有各种几何形组成的图案，也具有一些特定的吉祥含义。

绢花。也叫“京花儿”，是我国具有悠久历史和浓厚装饰色彩的手工艺品。绢花在我国宫廷和民间婚、丧、寿诞、节日等风俗活动中有着广泛的用途。据《燕京岁时记》载：“崇文门外迤东，自正月起，凡初四、十四、二十四日有市。所谓花市者，乃妇女插戴之纸花，非时花也。花有通草、绫绢、绰枝、摔头之类，颇能混真。”北京崇文门外的花市大街，就是因生产和销售“京花儿”而得名的。

制作绢花的主要原料是真丝织物，也有少量的棉织品，还有染料、铁丝、淀粉等。绢花的制作要经过选料、上浆、染色、窝瓣、烘干、定型、粘花、组枝等工序。式样上，有什么样的鲜花，就能仿造出什么样的绢花。近年来，绢花又向着实用方面发展，有戏剧花、胸花、帽花、装饰瓶花、生日蜡烛花、礼品花、宴席盆花、结婚礼服花、光荣花等品种。

托样。“衣不差寸，鞋不差分”。为了合体，民间做衣、做鞋、绣花皆有谱样，分别称为鞋样、兜子花样、枕头顶花样、膝腿子花、鞋花样、枕头花、兜子花、手巾花、门帘子花样等。

向人讨样儿俗称“托样”，托样用剪纸、烟熏等方法。将样纸钉在白纸上，在灯上用烟熏，然后揭去样纸，就有了黑白样了，叫“熏样儿”；还有“扒鞋样”，就是依照成鞋，用纸剪成鞋帮、鞋底的样子，或者先看脚的大小，用旧纸剪出鞋底样，然后把脚放在鞋底样上，根据大小肥瘦，再缩或放，修整到合适为止。因为家庭做鞋就是一家人穿，鞋样是基本固定的，所以要将鞋样用完后收藏起来，准备下次使用。收拾“样儿”的簿册，一般是旧账本子或弃之不用的书本，俗名“样册”“书本子”，专门用来保管全家人各种各样的“样子”，也存放各色花线。

过去有专门挎篮子或者挎包袱的老太太，经常走街串户，卖缝纫工具，其中花样子最多。一般家庭妇女的花样子，大都是从她那里买来的。常见的有男童的“鸡吃白菜”、蛤蟆、龙、虎、王小卧鱼，女童的“头顶莲花脚踩藕”、豆瓣子花、桃花、杏花、单朵牡丹、“蝴蝶拉瓜”，青年女子用的“凤凰戏牡丹”“二龙戏珠”“龙凤呈祥”“事事如意”“十样景儿”“刘海撒金钱”，老年妇女用的透珠子花、梅花、菊花等。

（七）服饰缝补讲究

缝纫衣服首先要穿着合适，民间叫“可身”（衣着适合身体）、“可脚”（鞋、袜的大小肥瘦与脚相适合）、“可头”，“衣不差寸，鞋不差分”。其次，有些衣服由于时间、条件制约，可以不进行拆洗。“连穿子”就是指未经拆洗而第二年继续穿的棉衣。再次，缝纫有一定的时间性，在特定的日子不能缝纫。民间忌七月拆被，俗传七月为牛郎织女月，拆被子会拆散夫妻姻缘。闽南一些地方旧时认为，妇女做鞋、袜之类针线活必须在一天内完成，否则，穿此鞋袜者日后不能走远路。

旧时，由于生产力低下，物质极其贫乏，百姓经常破衣褴褛，家中几乎没有不带补丁的衣服，俗称“新三年，旧三年，缝缝补补又三年”。民间风俗也是“笑脏不笑补”。所以，缝补衣服，也是妇女的一项基本女红。

但是，缝补也有一定的讲究，以图吉利。如，衣服不可穿在身上缝补，只能穿在身上缝补时，衣物的穿着者必须口噙草棍，俗传只有这样才不会被针扎伤皮肉。也有人说，不这样衣服容易被人偷走。缝补者一边缝，一边念叨：“坐着补，站着连，谁偷懒，伤大天。”据说这样做是为了防止被缝补衣物者乱动而被针所伤，故而让其口含东西，使注意力集中，不再乱动。福州和闽南人也忌身穿衣服缝补，需脱衣缝补，一为穿针引线方便，二则不会失手针戳人身，此外可能涉及忌巫事中针刺木偶以加害之术。安溪、晋江、惠安等地的一些乡里老人，对此笃信不疑。惠安人遇因外出不得已须在身上缝补时，也要口中念道：“怨针不怨人，怨人嘴生虫。”以此消灾。

二、服饰的洗晒

（一）新衣下水

有很多地方有新衣下水的习俗，即新做的衣服必须洗过才能穿在身上。关于这种习俗，合肥一带还有一个传说，说包拯任陕西路转运使的时候，按规矩皇帝要赐一套章服给他穿着上任，宋仁宗忘了给他，包公也没要，就穿着原来的衣服上任了。少数朝官借此机会整他，以有失体统参他的本。宋仁宗却说，穿着旧衣服是廉洁，是良臣行为。于是，包家便以穿旧衣服为荣，久而久之形成了新衣下水当旧衣服穿的地方习俗。在其他地方，也有这种习俗，但是说法有异。有的以为新土布衣服粗糙又容易掉颜色，不下水容易擦伤皮肤，因掉色染污了内衣；有的以为新衣服缩水，买的时候挑选大一个号的，洗后才合身不再缩水；有的以为新衣服经过了制作、销售，脏，有细菌，洗后就洁净了。

旧时洗衣，男、女衣服不可混置一桶。后来又有男衣在上、女衣置下的讲究。洗衣物时忌讳有人从衣服上跨过，否则认为穿此衣者日后要倒霉。现在，洗衣服忌讳主要是从科学角度出发的：禁忌将深色、浅色放在一起浸泡；禁忌将内衣、外衣一起混合洗涤。

洗好的衣服一般都是晾晒在院子里扯起的绳子、铁丝上；也有的就晾晒在河滩上。农村妇女喜欢反晒，就是晾晒衣服时，把衣服反过来，衣里朝阳，衣表背阴，这样可避免衣服褪色。

（二）禁用竹竿

人们晾晒衣服有很多忌讳：南方晒衣用竹竿，但是不能直接穿竿上取下之衣，必须把晾干的衣服叠好放一段时间再穿。迷信认为，如果拿下来就穿，会招“竹竿鬼”，或者变成“竹篙鬼”。这是因为晒衣大都将竹竿穿过两袖张开，视觉上如同人被穿在竹竿上，先收衣叠妥再穿，有化解之意。竹竿尾也不可晾衣，因为那种样子就像丧事时所举的幡旗。

民间讲究洗过的衣物夜里不可晾在屋外，儿童、女子衣服尤其不能露夜，必须在日落以前收拾进屋，否则会冲犯夜游神煞。如果被夜游星抚摩、照射，就会招致病灾。民间还传说，豫章迳阳县多女鸟，新阳男子于水际得之，与共居，生二女后，衣羽而去，故豫章养儿不露其衣，言是鸟落尘于小儿衣中，令小儿病。岭南一带旧时传说，有虫名暗夜，见小儿衣，夜必飞毛着其上，儿必病，热寒久，则疲不可疗，其形如蝴蝶。[①]

旧时，人们还忌从晾晒的女人衣服下穿过。如果男子从女子晾晒的衣服下面走过，就等于自己被女人践踏、跨过，会倒霉，因为运气已经被女子所沾走。特别是男孩子，若从女裤下走过，俗认为日后一定长不高，事业不发达。

（三）内衣不外晒

过去还有“内衣不外晒”的讲究。内衣因为接触性器官而成为亵衣，是不洁和神秘的东西，因此，不能暴露在大庭广众之下。《世说新语》载，旧时七月七日为晾晒衣服的日子，阮咸将自己的裤衩拿出来晒在院子里，就遭到人们的指责、质问。

内衣不但不能外晒，而且不能放在屋里显眼的地方，《礼记》就说，内衣不能放在床头让人看见，应该把它藏起来。

① 参见《巴山县志》，民国二十八年（1939 年）刻本。

参考文献

[1] 张廷兴. 中国民俗通志：服饰志 [M]. 济南：山东教育出版社，2007.

[2] 刘德龙，等. 山东省志：民俗志 [M]. 济南：山东人民出版社，2017.

[3] 张廷兴. 中华民俗一本全 [M]. 南宁：广西人民出版社，2010.

[4] 张廷兴，邢永川，等. 八桂民间文化生态考察报告 [M]. 北京：中国言实出版社，2007.

[5] 叶涛，张廷兴. 江湖社会习俗 [M]. 济南：山东教育出版社，1999.

[6] 刘德龙，张廷兴. 民间俗信与科学文化 [M]. 济南：山东教育出版社，2002.

[7] 张廷兴，董佳兰. 民间俗信 [M]. 济南：山东教育出版社，2017.

后　记

服饰是人类融实用、审美、礼仪于一体的伟大的艺术创造，具有特有的吉祥含义，而我国传统服饰所含有的吉祥含义更是丰富多彩的。

如何界定“服饰与吉祥”的范畴，是一个难题。本书只能平面地呈现服饰在规制、形态、制作、穿着方面的一些讲究与禁忌，以体现服饰与吉祥文化的内在联系和外在表现，其中难免有偏颇之处，恳切希望专家给予指导。

我对服饰民俗的研究，起源于叶涛老师安排的任务。那是2005年，齐涛老师要主编一套《中国民俗通志》，《服饰志》的编写任务交给了张廷兴老师。因此，作为张廷兴老师的学生，我跟随着他接触了大量的服饰研究的著作，其中有沈从文先生的《中国古代服饰研究》、孟宪明先生的《民间服饰》等，受益匪浅，也觉得民间服饰风俗讲究特别多，很值得研究。

十年前，山东省社科联刘德龙主席提议，要写一套吉祥文化丛书，我就想从吉祥文化普及的角度，写一本图文并茂的小册子，对吉祥服饰进行粗线条的描述。所以，我就以张廷兴老师的《中国民俗通志·服饰志》为基础，结合自己对服饰吉祥讲究的理解写成此书。在此，对刘德龙先生和张廷兴先生表示由衷的敬意和衷心的感谢。

在写作过程中，为了突出服饰与吉祥的主题，区分服饰的实用性叙述和服饰的吉祥意义挖掘，我做了一些非常艰苦的工作，同时也吸收了专家学者大量的研究成果，在此一并表示感谢。

本书收录了多幅精当的图片，这些图片包含着丰富的民俗文化意蕴，起到了画龙点睛的作用。其中大部分图片由我本人拍摄，其他还有一些图片来源于历史资料，如果涉及版权问题，请与我联系。

感谢中国艺术研究院的杨耐老师，为书稿提出了非常宝贵和中肯的修改意见，突出了服饰的官、民两个维度，梳理了服饰文化衍生出来的吉祥意义，按照纵向的历史考查和横向的质料、纹饰、色彩、规制分析进行描述和说明。

本书还有很多不尽如人意之处，如吉祥文化要素的进一步挖掘，吉祥内涵精确的论述和梳理,等等。我将以此作为进一步研究的内容，继续努力。

特此说明。

董佳兰

2018.11.4